KB271024

마태가(家)의
비밀

마태가家의 비밀

글쓴이 오경준
펴낸이 이재철
만든이 정애주

편집 이현주 한미영 한수경 김혜수 최강미 김기민 신지은
미술 권진숙 서재은 조은애 문정인
제작 홍순홍 윤태웅
영업 오민택 국효숙 이재원 김경아 이진영
관리 이남진 박승기 백창석 안기현
총무 정희자 김은오 마명진

펴낸날 2008. 1. 21. 초판 1쇄 인쇄
        2008. 1. 28. 초판 1쇄 발행

펴낸곳 주식회사 홍성사
1977. 8. 1. 등록 / 제 1-499호
121-883 서울시 마포구 합정동 196-1
TEL. 02) 333-5161 FAX. 02) 333-5165
http://www.hsbooks.com   E-mail: hsbooks@hsbooks.com

ⓒ 오경준, 2008

ISBN 978-89-365-0769-5
값 10,000원   ※잘못된 책은 바꿔 드립니다.

마태가의 비밀

오경준 지음

홍성사.

차 례

뭔가 잘못되어 가고 있다.

어떻게 이런 일들이 연달아 일어날 수 있는가?

한 달 전, 할아버지가 돌아가셨다. 보름 뒤에 할머니마저 열녀마냥 그 뒤를 따랐다. 연이은 장례식이 끝나자 이번에는 아버지가 급성 간 질환으로 병원에 입원했다. 아버지 입원이야 부모 잃은 슬픔 때문이라 쳐도, 곧이이 내 누나와 여동생이 차에 치인 사고는 어떻게 설명할 수 있을까? 매일 헬스 기구들과 씨름하며 멋진 몸매를 자랑하던 두 여인은, 사흘 전 피트니스 클럽 주차장에서 갑자기 튀어나온 정체불명의 차에 부딪치고 말았다. 여동생은 척추를 다쳐 하반신이 마비된 상태고 누나는 양쪽 종아리뼈가 부러졌다. 특히 누나의 오른쪽 다리는 일곱 조각이 나서 심각하게 절단까지 고려하는 중이다. 사고 낸 놈은 뺑소니로 오리무중.

그 와중에 어제 어머니마저 쓰러졌다. 아침에 우아하게 정원을 산책하던 어머니는 평소 무척이나 아끼던 매화나무 곁에서 갑자기 의식을 잃고 쓰러져 정원사 신 씨 등에 업혀 집 안으로 들어왔다. 여왕처럼 품위 있던 어머니가 입에 거품을 물고 정원사 등에 침을 흥건히 흘리며 업혀 온 장면은 충격이었다. 결국 어머니도 아버지와 두 누이가 누워 있는 병원에 입원했다. 어머니는 다행히 의식을 회복했지만 아직 말을 제대로 못한다. 원인이 분명치 않아 정밀 검사를 해야 한단다. 어떻게 이럴 수 있는가? 어젯밤 병원에서 이모가 중얼거리던 대로 정말 집안에 마(魔)가 끼었나? 귀신이 붙어 장난치는 것인가? 집안에 멀쩡한 사람은 이제 나뿐이다.

병실에 누운 아버지는 박 비서에게 철저한 보안을 명령했다. 특히 집 주위를 맴도는 기자들이 낌새를 채지 못하게 해야 한다고 거듭 강조했다. 하지만 국내 최대 기업인 마태그룹 가문의 연속된 불운이 조만간 신문이나 잡지의 가십난 한자리를 차지할 것은 불 보듯 뻔한 일이었다. 아버지는 내게 바깥으로 나돌지 말고 집에 붙어 있으라 했다.

물론 나도 우리 가문의 연속된 불운에 위축감이 생겼다. 하지만 화창한 봄날 피 끓는 청춘이 집구석에만 처박혀 있을 수는 없는 일. 나는 골치 아픈 생각을 떨치고 시원하게 샤워를 한 뒤 주차장에 내려갔다. 내 애마인 '페라리 360 모데나'가 나를 기다리고 있었다. 시동을 걸자 엔진에서 야수의 울부짖음 같은 굉음이 들려왔다. 기분이 풀리기 시작한 나는 그대로 차를 몰고 학교로 향했다.

온통 벚꽃이 흩날리고 있었다. 학기 시작 직전이라 캠퍼스는 신선하게 출렁거렸고 내 우울한 마음은 훨씬 가벼워졌다. 오래전 고등학교 시절은 내내 지옥이었다. 아버지의 명령에 따라 과목마다 가정교사가 하나씩 붙어 꼼짝없이 감옥 같은 생활을 해야 했다. 아버지는 반드시 내 실력으로 명문 대학에 가야 한다고 강조했다.

나는 아버지의 기대대로—물론 특별 보너스를 약속받은 가정교사들의 노력도 있었지만—명문 사립대학에 합격하였다. 나름대로 문학에 관심 있어서 영문과를 택했다. 아버지는 나의 과 선택을 그리 탐탁해하지 않았지만, 졸업 후 유학 가서 반드시 경영학 석사 과정을 하겠다는 다짐을 받고 그동안 히든카드처럼 써먹던 스포츠카를 사 주셨다. 물론 VIP 전용 카드가 든 명품 지갑과 함께. 페라리에 시동을 거는 순간 지난날의 고통은 참을 만했다는 생각이 들었다. 물론 지금의 'F360 모데나'는 작년에 대학원에 입학하면서 다시 업그레이드 시킨 차다.

영문학 공부는 꽤 적성에 맞았다. 키츠나 번즈의 낭만적인 시나 셰익스피어의 명문들로 가득 찬 대본들을 읽는 것은 색다른 기쁨이었다. 하지만 대학 생활이 점차 몸에 이어 가면서 나 자신이 이런 것들로만 만족할 수 있는 존재가 아님을 깨달았다. 인간은 정신적 만족만으로 살 수 있는 존재가 아니다. 정신적인 것보다 훨씬 더 빨리 반응하고 느끼는 육체가 있기 때문이다.

어느새 나는 육체의 쾌락이 주는 기쁨들을 배워 갔고 점점 그 속에 탐닉해 들어갔다. 이것은 흔히 말하는 타락이 아니라 인생의 참 진리를 깨닫는 것이었다. 나는 2,400년 전에 육체적인 쾌락을 지고의 선이라고 생각한 키레네학파를 창설한 아리스티포스의 가르침을 받아들인 것이다.

아리스티포스. 그는 내 인생에서 찾은 최상의 가정교사다. 쾌락이 인생의 유일한 선이요, 참된 목적이라고 주장한 그는 서양 최초로 부부교환 클럽까지 만들었던 선각자다. 생각해 보라. 유한한 인간이, 살아 있는 동안 얻을 수 있는 쾌락과 기쁨을 거부한다는 것은 얼마나 어리석은가! 죽으면 모든 것이 사라지는데 죽기 전에 생을 즐기는 것은 누가 뭐래도 옳은 일이다. 쓸데없는 종교와 윤리를 내세워 유일하게 한 번 주어진 인생을 일부러 절제하고 억제한다는 것이 도대체 말이 되는가?

그런 측면에서 보면 키레네학파의 두 번째 지도자 테오도루스가 "현자는 조국을 위해서도 죽지 말아야 한다"고 한 것은—어설픈 인생들은 펄쩍 뛰며 반발하겠지만—얼마나 타당하고 깊이 있는 통찰인가? 살아 있는 동안 육체의 감각으로 느낄 수 있는 것만이 진실일 뿐이다. 그 감각을 만족시키는 일에 충실한 것이 진실한 삶을 사는 것이다.

물론 키레네학파의 쾌락주의는 세 번째 대표자인 헤게시아스에 와서 좀 이상하게 변질되긴 했다. 그는 일반 사람들은 쾌락의 이상을 실현하기 힘들므로 자살해야 한다고까지 말해서 당대의 추종자들을 허무하게 만들었다. 하지만 그의 허무한 의견이 내게는 전혀 적용되지 않는다. 평범한 인간들은 인생에서 다양한 쾌락을 추구하며 살기 힘들다. 그러기에 깊고 오묘한 쾌락의 경지에 이를 기회가 거의 없다. 아마 헤게시아스도 자신이 원하는 만큼 쾌락에 몰두할 여건이 안 되었기에 스스로 어떤 허탈감에 빠졌던 것 같다. 하지만 나는 태생이 다르다. 21세기 첨단 시대에 태어나 모든 것이 가능한 돈과 배경을 소유한 나. 이런 나는 남에게 없는 특권을 가졌기에 남이 경험치 못할 심오한 쾌락의 경지에 이르도록 열심히 노력할 의무마저 있다.

내가 학부를 졸업하자마자 대학원에 입학하여 여전히 국내에 남아 있는 것도 낯선 외국에 유학 가서 적응하느라 낑낑대느니 차라리 집안의 힘과 재산을 만끽할 수 있는 한국 땅에서 못다 즐긴 것들을 마저 즐기는 것이 더 낫다는 생각에서였다. 아직은 여기가 더 맘 편히 놀 수 있는 곳이니까. 물론 좀더 시간이 지나 이 땅에서 더 즐길 것이 없다고 여겨지면 아버지의 성화대로 외국으로 이동할 생각도 있다.

한마디로 나는 지금 청춘을 바쳐 열심히 인생을 즐기고 있는 중이다. 물론 찌질이들처럼 캠퍼스 잔디에서 막걸리 통이나 껴안고 노는 것이 아니다. 내게 있는 돈과 배경, 그리고 늘씬한 스포츠카는 언제나 충성된 친구들과 예쁜 애인들을 제공해 주고 있다. 요즘 내 가장 큰 즐거움은 단연 크라운 미팅이다. 유학 가려는 내 발목을 가장 강하게 붙든 것도 솔직히 이 모임이다. 대학 졸업반 때부터 심취한 크라운 미팅은 언제나 내게 신선한 기쁨을 제공한다.

인생이 지겨워질 때면 어김없이 새로운 이벤트를 전해 오는 이 미팅은 우리나라 황태자들만의 비밀 모임이다. 상당한 액수의 회비뿐 아니라 엄격한 자격 심사를 거친 상류층 젊은이들만 참가하는 일종의 비밀 아방궁. 물론 모인 놈들 중에는 마약에 절어서 오자마자 흰 가루를 코에 대거나 팔뚝에 주사기를 꽂고 나자빠지는 이들도 있다. 하지만 마약은 내 관심사가 아니다. 내 스승인 아리스티포스도 강조했듯이 쾌락은 지배하고 즐겨야지 그것의 노예가 되면 안 된다. 나는 인생을 추하지 않게 오래오래 유쾌하게 즐길 것이다.

크라운의 업무를 관할하는 총무는 예의가 깍듯한 밤거리 주먹 출신으로 우리들의 사적인 비밀을 완벽하게 보장해 주면서 매주 특별 이벤트를 열어 우리를 즐겁게 해 주곤 한다. 지난주에는 서로 앙숙인 두 고등학교의 짱들을 부추겨 광장에서 패싸움을 시켰다. 우리 제왕 2세들은 미리 마련된 전망 좋은 빌딩 안에 편히 앉아 깡 좋은 십대들의 피 튀기는 혈전을 보며 각자 돈을 걸고 내기를 했다. 경찰차가 오고 병에 찔려 피범벅이 된 놈들 대여섯 이 응급차에 실려 갈 때까지 계속된 그들의 싸움은 우리에게 짜릿한 구경거리였다.

캠퍼스 가득 꽃향기가 봄바람을 타고 진동했다. 그 사이로 많은 학생들이 도로 옆 인도를 따라 본관 쪽으로 걸어가고 있었다. 주차표를 받는 게이트에서 잠시 속도를 줄였던 나는, 쏟아지는 벚꽃들 사이로 하늘거리는 차림을 한 여학생들의 다리를 흘끔거리다가 무심코 가속을 했다. 그게 실수였다.

속도 내는 일에 익숙한 나와 언제든지 달릴 준비가 된, 4.5초 만에 시속 100미터에 도달하는 내 차는 순간적으로 무섭게 튀어 나가 그만 횡단보도를 지나던 학생 놈 하나를 치어 버렸다. 다행히 정면충돌은 아니었지만 모서리에 비껴 부딪힌 그는 두 바퀴 쯤 뒹굴다 도로 옆 화단에 나가떨어졌다. 그가 들고 있던 통기타도 공중에서 몇 바퀴 원을 그리더니 요란한 소리를 내며 떨어졌다. 그 다음이 문제였다. 내가 당황한 나머지 실수로 브레이크가아닌 가속 페달을 또 한 번 밟아 버린 것이다. 결국 나는 뺑소니를 치는 꼴로 좀더 달려가다가 바퀴에서 뭔가 잔인하게 부서지는 느낌이 들어서야 정신을 차리고 차를 멈췄다. 땅에 떨어진 기타를 차로 깔아 버린 것이었다.

그러자 곧 학생들이 개미떼처럼 몰려들었다. 난감했다. 일반도로라면 대충 돈으로 해결할 수 있는데 여긴 학교다. 민중이니뭐니 하며 나 같은 귀족에게 불만 많은 놈들이 가득한 곳이다.그들 눈에 내 스포츠카는 오래전부터 증오의 대상임을 나도 잘안다. 차 안에서 잠시 멍하게 앉아 있자 그와 동행인 것으로 보이는 수염 덥수룩한 사람 하나가 보닛을 탕탕 치며 굵직하게 외쳤다. 외모를 보니 학생은 아닌 것 같고 어설픈 양복 차림으로보아 보따리장수(시간 강사) 같았다.

"이 자식이 사람을 치어 놓고 뺑소니를 쳐? 야 인마, 뭐 하고있어? 빨리 병원으로 옮겨야 할 것 아냐?"

차 뒤에 모여는 다른 학생들의 서슬도 퍼렇다. 재수 없다는 생각이 들었지만 할 수 없이 내려서 차에 치인 학생을 부축했다.넘어지면서 땅에 부딪힌 그의 머리에는 피가 흘러내리고 오른쪽팔은 부러진 듯 비정상적인 각도로 꺾여 있었다. 나는 그를 부축하여 운전석 옆자리에 앉히고 병원에 가려고 했다. 그러자 보닛을 두드리던 수염이 옆에 억지로 끼어 탔다. 내가 도망갈지도 모른다고 하면서.

불행 중 다행이었다. 그는 두피가 꽤 찢어지고 오른쪽 팔이 부러졌지만 생명에 지장이 있거나 뇌를 다치지는 않았다. 그래도 의사는 6주 정도 입원해야 한다고 했다. 나는 복도에서 의사와 이야기를 마치고 다친 학생의 병상으로 돌아왔다. 벌써 다른 학생들이 잔뜩 문병 와 있었다. 내가 들어서자 그들의 시선이 일제히 내게 꽂혔다. 머쓱했다. 살면서 이렇게 기죽고 난처한 적이 있었던가? 하지만 천하의 김민훈도 지금은 어쩔 수 없다. 왠지 모를 억울함이 솟아오르고 누군가에게 이유 없이 분풀이라도 해야 할 것 같은 기분이 자꾸 들었지만 결국 사과해야 할 사람은 나였다.

나는 누워 있는 그에게 떠듬떠듬 사과를 했다. 팔 전체를 니은 자로 깁스한 그는 수염 난 사람과 이야기를 나누다 고개를 돌려 나를 보았다. 나는 그의 얼굴을 보고 흠칫했다. 한국 사람이라기에는 좀 검은 피부색, 마르고 자그마한 몸집, 움푹 꺼진 뺨과 깊고 강한 눈빛. 아무래도 중동이나 동남아시아인의 피가 섞인 듯한 얼굴이 무척 낯익었다. 그러고 보니 그는 우리 학교 학생이면 누구나 다 아는 캠퍼스 명물이었다.

낮 12시, 점심시간만 되면 어김없이 개교기념관 앞 넓은 계단에 혼자 서서 휴대용 앰프에 마이크와 기타를 연결해 노래를 부르는 나와 비슷한 또래의 대학원생이었다. 꽤 오래전, 학부 3학년이던 그가 캠퍼스에서 처음 노래 부르기 시작했을 때, 검은 외모에서 풍기는 서글픈 후진국 분위기 때문에 학생들은 꼴값 떤다는 반응이었다. 하지만 이런 분위기는 며칠 만에 싹 바뀌었다. 그의 노래와 기타 연주가 일품이었기 때문이다. 포크송에서 블루스 리듬까지, 게다가 근래에 유행하기 시작했다는 뜻 모를

CCM[1]까지 망라하는 그의 미성은 〈빈센트〉를 부른 젊은 날의 돈 맥클린보다 더 감칠맛이 났다. 그러다 보니 그가 노래하는 시간이면 아예 김밥을 사 들고 앉아 기다리는 고정 팬들도 생겼다.

음악을 좋아해서 취미로 꽤 오랫동안 트럼펫을 배워 온 나도 지나가다 그의 노래와 기타 소리에 잠시 넋을 잃은 적이 있다. 하지만 그가 더욱 학교의 명물이 된 것은 고정적으로 부르는 마지막 곡 때문이었다. 한 30-40분을 가슴 저리게 노래한 뒤 그는 전혀 분위기에 맞지 않는 4.4조의 민요를 마지막 곡으로 불렀다. 가끔씩 기타 울림통까지 두드리며 반주를 맞추는 노래는 대충 이런 가사였다.

어화세상 벗님네야 이내말씀 들어보소
……
이내몸은 죽어서도 영혼남아 무궁하리
인륜도덕 예수공경 영혼불멸 모르며는
살아서는 목석이요 죽어서는 지옥이라
……

자신이 직접 만든 노래일까? 혼혈아처럼 보이는 그의 입에서 구성진 민요 가락이 능숙하게 나오는 것은 상당히 특이했다. 물론 이 노래가 마지막 곡인 것을 아는 구경꾼들은 하나 둘씩 자리를 뜨기도 했다. 그래도 그는 떠나는 사람들의 뒤꼭지를 향해 꿋꿋이 민요를 끝 절까지 불렀다.

천당지옥 가보았나 세상사람 시비마소
있는천당 모른선비 천당없다 어이아노
시비마소 예수공경 믿어보고 깨달으면
영원무궁 영광일세 영원무궁 영광일세

노래를 다 마치면 그는 마지막으로 이렇게 외치고 자리를 떴다.

"예수 유일한 진리, 예수 유일한 행복."

아름다운 노래 뒤에 나오는 그의 예수 전도 가락은 맥 빠지는 한 편의 코미디였다. 하지만 비가 오나 눈이 오나 시험 기간이나, 또 어설픈 학내 록 그룹들의 박자 안 맞는 드럼 소리와 거칠게 내지르는 소리가 귀 떨어질 만큼 시끄러운 축제 기간에도, 그는 변함없이 자신의 자리를 지켰다.

결국 우리 학교 점심시간은 늘 그의 고운 노래로 시작해서 우스꽝스런 민요로 끝났다. 민요 가락이라는 것이 듣다 보면 귀와 입에 착 달라붙는 것이어서 어느덧 학생들이 '어화세상 벗님네야 이내말씀 들어보소'를 흥얼거리며 캠퍼스를 걸어 다니는 것은 이제 평범한 장면이 되고 말았다. 그런 명물을 내 차로 친 것이었다. 그의 분신 같은 기타와 함께.

내가 힘겹게 사과하고 있는데 곁에 있던 덥수룩 수염이 기다렸다는 듯이 입을 열었다. 역시 듣기 싫은 소리였다.

"얼씨구. 사람 죽일 뻔해 놓고 미안하다면 다냐!"

그러자 모여 있던 다른 학생들 입에서도 줄줄이 잔소리가 터져 나왔다. 학교가 자동차 경주 연습장이냐, 도대체 이 차 막히는 대한민국에 스포츠카가 왜 필요하냐, 돈지랄을 한다 등등.

화가 났지만 꾹 참고 있을 수밖에 없었다. 손 기사가 빨리 와서 모든 일을 속히 종결시키길 바라면서. 그런데 누워 있던 그가 다치지 않은 왼손을 흔들며 모두 조용히 하라고 했다. 웅성거림이 가라앉자 그는 나를 향해 또렷한 목소리로 이렇게 말했다. 물론 유창한 한국말이었다.

"저, 민훈 씨 맞죠? 김민훈 씨, 내일 오후 이맘때 한 번 더 찾아와 줄 수 있겠어요?"

나는 고개를 들어 그를 보았다. 주변 학생들의 차가운 눈길이 다시 내게 꽂혔다. 나는 무심결에 고개를 끄덕였다.

병원 입구에서 손 기사를 만난 나는, 그놈이 원하는 대로 다 해 주라고 한 뒤 집으로 돌아왔다. 하지만 저녁 무렵에 손 기사는 짜증 나는 소식을 갖고 돌아왔다.

"도련님, 좀 곤란한 일이 생겼습니다. 그놈이 합의를 안 하고 그냥 사고 처리하겠답니다."

갑자기 화가 치밀어 손에 들고 있던 휴대폰을 바닥에 내던지며 고함을 질렀다.

"그냥 해 달라는 대로 다 해 주라 그랬잖아요?"

화난 내 목소리에 주눅 든 손 기사가 다시 말했다.

"아 글쎄, 그놈이 돈은 필요 없답니다요. 대신 도련님이 내일 약속대로 오시면 된다고 하던데요. 만약 도련님이 오시지 않으면 절대 합의 안 하고 사고 처리해서 재판까지 갈 거랍니다."

'빌어먹을……'

물론 이게 나의 첫 사고는 아니다. 이 교통 복잡한 나라에서 필요 이상의 속도계를 가진 스포츠카를 몰고 다니자니 자질구레

한 사고가 여러 번 있었다. 하지만 사고를 내면 기사 아저씨들이 다 알아서 하기 때문에 피해자들을 다시 만날 필요가 없었고 대부분 후한 합의금에 만족했다고 들었다.

그런데 이놈은 왜 귀찮게 빈대처럼 달라붙는가? 왜 다시 나를 만나겠다는 것인가? 사실 아까 병실에서 고개를 끄덕이긴 했지만 그를 다시 만날 생각은 추호도 없었다. 하지만 그놈 말처럼 만약 합의를 안 해 준다면 곤란한 상황이 예상되기는 한다. 다른 곳도 아닌 학교 캠퍼스에서 유명한 명물을 너무 많은 목격자들이 보는 앞에서 치어 버렸기 때문이다. 더군다나 잘못하면 뺑소니 혐의까지 뒤집어쓸지 모를 일이었다.

오전 내내 망설이다 차고로 내려간 나는 페라리의 문을 열려다 말고 주차장 구석에 세워진 검정색 국산 세단에 올라탔다. 스포츠카를 몰고 나가기 곤란할 때 가끔씩 이용하는 차다. 차를 몰고 학교로 들어간 순간, 어제 내가 저지른 사고 여파가 의외로 심각함을 알 수 있었다. 캠퍼스 초입부터 자가용으로 등교하는 학생들을 규탄하는 플래카드가 줄줄이 붙어 있었다. 동시에 외제차를 모는 오렌지족 규탄 표어까지 해방·민중 나부랭이 동아리 이름들과 함께 여기저기 나부끼고 있었다.

처음에는 그까짓 거 하는 마음도 있었다. 하지만 학생들의 눈을 피해 도서관 뒤로 차를 주차하다가 벽에 붙은 살벌한 벽보를 발견하고는 기가 좀 꺾였다. 거기에는 붉은 색으로 이렇게 쓰여 있었다.

'학내 뺑소니 교통사고 주범, 재벌 아들 김민훈을 민중의 이름

으로 처단하자!'

　결국 나는 주차하다 말고 그놈이 입원한 병원으로 가지 않을 수 없었다. 병원 주차장에서 잠깐 망설이긴 했지만 매점에서 과일 바구니 하나를 사 들고 기어이 병실로 올라갔다. 다행히 그는 혼자였다. 침대를 세우고 앉아 깁스한 손으로 불편하게 신문을 읽고 있는 그의 무릎 위에는 뭔가를 복사한 문서들이 잔뜩 쌓여 있었다. 반갑게 맞는 그의 이국적인 얼굴을 뚫어지게 쏘아보면서 나는 단도직입적으로 물었다.

　"도대체 왜 합의를 안 하려는 겁니까?"

　그러자 그는 대답 대신 자기가 읽고 있던 것을 불쑥 내밀었다. 미처 읽지 못한 오늘자 신문이었다. 제법 큼직한 제목의 기사가 눈에 들어왔다.

　'마태그룹 재벌가 불운의 연속'

　그 아래로 근래에 벌어진 우리 집안의 비극이 소상히 적혀 있었다. 할아버지와 할머니의 연이은 죽음, 아버지와 어머니의 입원, 누나와 여동생의 사고. 하지만 기사 마지막은 이렇게 끝맺고 있었다.

　"그래도 마태그룹 주식들은 여전히 꾸준한 상승 곡선을 그리고 있다."

　아버지가 보면 펄펄 뛰겠지만 이미 예상한 기사였기에 큰 충격은 없었다. 나는 신문을 돌려주며 비웃는 어조로 물었다.

　"아하, 그쪽은 내가 마태그룹 회장 아들이란 걸 미리 알고 있었군요?"

　머리에 붕대를 동여맨 그가 풋 하고 웃었다.

"제가 노래하는 튀기 예수쟁이로 이 학교에서 유명한 것만큼 김민훈 씨가 마태그룹 후계자인 것도 웬만한 사람은 다 아는 사실이지요. 게다가 우리 둘 다 학부 때부터 대학원까지, 이 학교 다닌 지 꽤 오래됐잖아요."

"그쪽이 지금 보여 준 기사는 예상한 거라 별로 놀랍지 않은데……, 왜 그걸 내게 보여 주죠? 손 기사가 제시한 합의금이 적다 이건가요?"

그는 내 말에 아무 대꾸도 않고 이번에는 무릎에 놓인 문서들을 내게 건넸다. 신문과 잡지를 복사한 것들이었다. 그 맨 위에 있는 아주 오래된 신문 기사의 제목 하나가 눈에 띄었다.

'정부, 드디어 땅 주인과 합의. 현재 경마장 한강변 뚝도로 이전 예정'

1954년 4월 5일자 신문이었다. 이것도 대충 아는 이야기다. 뚝도는 우리 집안과 매우 연관 깊은 땅이다. 1941년 내 증조할아버지는 무슨 이유인지 재산을 다 팔아서 한강변에 있는 뚝도라는 땅에 들어가셨다. 거름 냄새나는 뚝도의 밭들을 잔뜩 사들인 증조부는 1945년 일본이 물러가고, 이후 한국 전쟁 중에 잠시 남으로 피난을 갔다가 다시 서울로 올라와 뚝도에 자리 잡았다. 그런데 1954년, 지금 그가 건넨 오래된 기사에 나온 바대로 정부는 증조부의 뚝도를 인수하고 싶어 했다. 경마장을 만들기 위해서였다. 당시 우리나라는 이미 1933년에 일제가 조선 경마령을 내린 이후 경마장을 계속 운영하고 있었는데 한국전쟁으로 잠시 중단되었다. 다시 경마의 맥을 잇기 위해 고심하다가 정부는 뚝도를 경마장으로 쓸 최종 후보지로 물색한 것이었다.

처음에 증조부는 뚝도를 팔려 하지 않았는데 정부는 꽤 솔깃한 제안을 해 왔다. 정부가 뚝도를 인수하면 땅값 외에도 증조부께 정부의 중요한 직책을 맡기겠다는 것이었다. 결국 증조할아버지는 뚝도 땅을 정부에 팔고 이후 경마를 담당하는 정부 기관인 마승회 이사로 채용되었다. 그것은 상당히 좋은 기회였다. 탁월한 수완으로 자기 입지를 계속 넓혀 가던 증조부는 마침내 마승회 회장까지 역임하였고 정계와 재계에 거대한 연줄을 만들었다. 마승회 자체가 엄청난 재력을 가진 기관이었기 때문에 우리 집안은 금세 거물급 집안이 되어 갔다.

이때 맹활약을 한 것은 증조부의 아들, 즉 얼마 전에 돌아가신 할아버지였다. 타고난 사업 감각을 지닌 할아버지는 증조부의 배경과 연줄을 이용해서 여러 가지 사업에 손대기 시작했다. 이제 막 성장하려는 대한민국에는 건드리면 움켜쥘 수 있는 것들이 너무 많았다. 처음에 할아버지는 의류, 식품 등을 공략하더니 탁월한 수완으로 곧 철강, 자동차, 조선에까지 손을 뻗쳤다. 정부의 지원은 적극적이었고 마침내 우리 집안은 한국 정상의 재벌이 되었다.

그때 할아버지가 내건 회사 이름이 '미테'였다. 이 명칭은 증조부가 돌아가시기 전에 지어 준 것이라 했다. 경마장과 연관 지어 말 마(馬)자에 클 태(太)자를 사용한 것이었다. 물론 그 명칭이 예수쟁이들 성경책에 나오는 마태와 음이 같다는 것쯤은 우리 식구도 알고 있었지만 별로 신경 쓰지 않았다. 우리 집안은 어떤 종교와도 관련이 없었다. 그런데도 해외에서 우리 그룹의 브랜드를 '매튜'(Matthew)라고 씀으로써 외국 바이어들에게 인지도를 높일 수 있었고 말[馬]과 연관된 우리 집안의 내력을 알리기도 쉬웠다. 왜냐하면 '마태'라는 이름의 의미, 그것이 매튜와 동의어로 한국어 성경책에 나온다고 일러 주면 바이어들이 호감을 가졌기 때문이다.

물론 지금은 이것도 새로운 이야기가 아니다. 이미 세계 곳곳의 유명 광장이나 국제 경기들의 광고판마다 마태그룹의 이름이 박혀 있다. 인기 있는 외국 영화에까지 마태그룹의 자동차나 첨단 전자기기가 자주 등장한다.

그가 건네준 다른 기사도 모두 마태그룹과 관련된 것이었다. 주로 마태그룹이 그동안 어떻게 확장되어 왔는지에 대한 것들이 주를 이루고 있었다. 자동차뿐 아니라 텔레비전이 방송되는 휴대폰 등 첨단 전자제품으로 세계 시장을 폭넓게 주름잡고 있다는 최근 기사까지 있었다.

나는 종이 뭉치를 그에게 돌려주면서 말했다.

"왜 남의 집안 역사를 캐고 다닙니까? 게다가 이건 대한민국 국민이라면 거의 다 아는 얘기 아닙니까? 도대체 뭘 원하는 겁니까?"

그는 돌려받은 문서 뭉치를 오늘자 조간신문과 함께 종이 가방에 담으며 말했다.

"민훈 씨는 기부금으로 우리 학교에 입학한 게 아니라더군요. 학부도, 대학원도 실력으로 입학했고 공부 잘하신다는 소문 들었습니다. 똑똑한 분이니까 이 기사들을 집에 가져가서 다시 한 번 조용히 읽어 보세요. 어제부터 이 자료들 찾느라고 친한 선배가 고생 좀 했습니다. 꼭 읽어 보세요. 이것과 함께 말이지요."

　그는 병상 옆 탁자에 놓인 자기 성경책을 집어 들더니 문서를 넣은 종이 가방에 담았다.

　"성경 전체를 다 읽어 보는 것은 분량이 많아서 힘들 겁니다. 그래서 성경책 맨 앞에다가 한 가지 과제를 적어 놓았어요. 좀 엉뚱한 요구이긴 하지만 그 숙제를 해 오시면 그때 합의를 해 드리겠습니다. 물론 제 요구가 무척 불쾌하실 거예요. 하지만 제가 이렇게 하는 것은 어쩌면 민훈 씨를 위한 것일지도 모릅니다. 어쩌면 민훈 씨 집안에 일어나는 불행들이 성경 내용과 연관이 있을지도 모르거든요. 지금 민훈 씬 저랑 빨리 합의하려고 마음이 급할 겁니다. 하지만 그러시면 더더욱 제가 적어 놓은 숙제를 해 주세요. 숙제만 해 오신다면 아무 조건 없이 무조건 합의를 하겠습니다."

　나는 울컥 화가 치솟았다. 초등학생 장난도 아니고 무슨 숙제 타령인가? 우리 마태그룹과 이스라엘 신화인 성경이 무슨 관계란 말인가? 하지만 그의 목소리는 진지하고 단호하게 계속 이어졌다.

　"반약 서절하신다면 저도 합의해 드릴 수 없습니다. 사실 오전에 총하생회 간부들이 왔었는데 이 사건을 크게 만들고 싶이 하는 눈치더군요. 하지만 제 제안을 받아들이신다면 저도 그러고 싶은 마음은 없어요."

　문득 조금 전 학교에서 본 살벌한 문구들과 함께, 선택의 상황이라면 최대한 손해가 적은 쪽을 신속히 택해야 한다는 아버지의 평소 지론이 떠올랐다. 짜증은 나지만 따지고 보면 그다지 손해 볼 것도 없는 제안이었다. 어차피 이번 사고로 재판을 한다면 승산이 적을 테고 무엇보다 내 인생이 복잡하고 피곤해질 것이 뻔했다. 더군다나 우리 집안의 불운 소식이 이미 신문에 나간 이상, 마태그룹 후계자가 학교에서 낸 교통사고 소식도 또 하나의 국민적인 망신거리가 될 것이었다. 결국 나는 고개를 끄덕이고 그가 건넨 종이 가방을 멋쩍게 흔들며 병실을 나서야 했다.

집에 오니 친구가 한 명 와 있었다. 우리 집을 들락거릴 수 있는 몇 안 되는 친구 중 하나로 고등학교 때부터 친하게 지낸 영화배우 강민이었다. 요즘 들어 워낙 엄청난 인기를 누리기 때문에 자주는 못 보지만 그래도 가끔 함께 크라운 미팅에 나간다. 솔직히 친구지만 내가 봐도 너무 잘생긴 놈이다. 우리나라는 물론 중국, 대만, 일본, 싱가포르까지 명성이 자자하다. 얼마 전, 덧니 난 일본 아줌마들이 그놈이 앉았다 일어선 의자 바닥을 앞 다투어 쓰다듬는 장면을 텔레비전에서 보며 실소한 적도 있었다.

방 안에는 스테레오에서 흐르는 묵직한 힙합 리듬이 가득하다. 소파에 길게 누워 드럼 비트에 따라 고개를 끄덕이던 강민은 나를 보자 다짜고짜 화부터 냈다.

"야 이놈아, 1년에 몇 번 날까 말까 한 빈 날이라 찾아왔더니 어딜 쏘다니다 오냐? 휴대폰도 안 되고."

휴대폰? 맞다. 어제 화가 나서 집어던진 휴대폰이 박살났다. 그래서 지금껏 어디서도 아무 연락이 없었구나. 하여간 차에 치인 그놈이 내 인생을 무지 짜증나게 만든다. 재벌 아들의 차에 치였다고 한몫 단단히 잡으려는 것인가? 생긴 것은 꼭 에티오피아 난민 같은 놈이. 합의를 보고 나면 크라운 총무에게 부탁해서

24

그놈 다리를 한 번 더 분질러 달라고 할까? 하긴, 그러려고 해도 어찌됐든 그놈이 내준 과제부터 해야 한다. 짜증이 계속 밀려온다. 일단 휴대폰부터 마련해야겠다. 요즘은 어떤 기종이 새로 나왔을까…….

이런저런 생각이 꼬리를 물고 이어지는데 강민이 내 어깨를 흔들었다.

"민훈아, 왜 그래? 어쭈, 얼굴에 수심이 가득하네."

그제야 비로소 나는 생각의 꼬리를 자를 수 있었다. 강민이 다 이해한다는 듯 말했다.

"하긴 너네 집안 소식은 나도 들었다. 뭐, 다 잘 될 거야. 금방 회복하시겠지. 천하의 김민훈이 그 정도로 기죽으면 되겠어?"

그러나 그의 말에 오히려 잊고 있던 우리 집안의 불운이 떠올랐다. 나는 손에 들고 있던 종이 가방을 신경질적으로 책상 위에 뒤집었다. 꽤 많은 분량의 문서가 성경책과 함께 쏟아졌다. 그냥 돌아서려다 성경책을 집어 들고 겉장을 한번 펴 보았다. 맨 앞장에 보라색 사인펜으로 이런 구절이 적혀 있었다. 초등학생이 쓴 깃처럼 삐뚤삐뚤한 글씨체였다.

모든 육체는 풀과 같고
그 모든 영광이 풀의 꽃과 같으니
풀은 마르고 꽃은 떨어지되
오직 주의 말씀은 세세토록 있도다.

(베드로전서 1장 24-25절)

꼭 무슨 불교 경전에 나오는 문구 같았다. 밑에 이런 글도 함께 적혀 있었다.

1999년 3월 2일 사랑하는 아들 김은진에게, 엄마가.

다시 한 장을 더 넘겼다. 거기에 이른바 '과제'가 적혀 있었다. 반듯한 글씨체였다.

김민훈 씨. 이 성경책 211쪽을 보면 고린도전서 11장이란 부분이 있습니다. 그중 17절에서 34절까지를 읽어 보세요. 거기에는 고대 기독교회 안에 있었던 한 가지 사건이 나와 있습니다. 그 사건을 꼼꼼히 읽어 보시고 당시에 있었음 직한 상황을 최대한 재현해서 A4용지에 정리하여 제게 가져다주세요. 영문학을 공부하셔서 글을 통한 상황 파악에는 익숙하실 테니 그리 어렵지는 않을 겁니다. 분량은 아무래도 좋습니다. 그것만 해 주시면 민훈 씨의 과제는 완료됩니다.

김은진.

그놈 이름이 '뽕따이', '꽁까이' 뭐 이럴 줄 알았는데 그냥 한국말로 김은진인가 보다. 하긴 혼혈아도 한국에서 태어났으면 한국 사람이겠지. 근데 이미 각오는 했지만 과제 내용이 정말 황당하다. 그때였다.

"미친 놈."

갑작스런 욕설에 깜짝 놀라 뒤돌아보니 강민이 어깨너머로 내가 펴든 성경책을 뚫어지게 보고 있었다. 나는 급히 성경책을 닫았다.

"인마, 너 갑자기 예수쟁이 되려고 그러냐? 집안에 우환이 겹치더니 너 약간 돌았구나. 아서라, 아서. 예수쟁이 되면 인생 갑갑해진다. 하고 싶은 거 못 하고 먹고 싶은 거 못 먹고……. 우리 스텝 중에 지독한 예수쟁이가 하나 있는데 내가 보니 지옥같이 재미없는 삶을 살더라. 하긴 걔는 지옥 안 가려고 그렇게 산다 하드라만, 등신들. 그건 그렇고 인마, 오늘 미팅 있는 날이잖아. 그래서 바쁘신 내가 이날을 특별히 비워 둔 거 아니냐. 빨리 가자. 스트레스 한번 확 풀어야지."

핸드폰이 망가진 통에 문자로 전달되는 미팅 소식을 못 받은 모양이다. 크라운 미팅이라…… 다른 때 같으면 벌써 몸에 엔도르핀이 돌아야 하는데, 오늘은 좀 피곤하다는 생각이 앞섰다. 그렇다고 책상머리에 앉아 김은진이 내준 과제를 하며 성경책 읽을 생각을 하니 속이 더 답답했다. 그래, 일단 모든 것을 잊고 신나게 한번 즐기자. 그러면 기분이 훨씬 좋아질 거다. 나는 성경책을 집어던지고 강민과 함께 집을 나섰다.

크라운 미팅 장소는 수시로 바뀐다. 일반인들의 눈길도 피하고 고속 드라이브도 즐기면서 비밀을 만끽하려는 우리의 취향 때문이었다. 강민이 전달받은 오늘의 장소는 강원도 둔내의 산자락 속에 위치한 실내 체육관이었다. 평일 늦은 오후의 영동고속도로는 탁 트여 있었다. 나는 둔내 인터체인지까지 힘차게 달렸다.

톨게이트를 지나 조금 헤맸지만 네비게이션 덕분에 그럭저럭 찾아갔다. 체육관 주차장은 꽤 널찍했다. 아마도 어느 회사 농구팀 전지훈련 장소로 사용되는 곳인 듯했다. 주차장에는 이미 도착한 다른 회원들의 울긋불긋한 차들이 수십 대 서 있었다. 입구에 서 있던 체격 좋은 총무가 강민과 나를 보자 달려와 깍듯이 고개를 숙였다.

그날의 이벤트는 무제한 맨손 격투기였다. 체육관 한가운데 마련된 링에는 벌써 두 명의 여인이 치고받고 싸우고 있었다. 지르는 괴성으로 보아 일본 여인들인 것 같았다. 보통 여자 운동선수들은 덩치 크고 무식하게 생겼는데 어디서 데려왔는지 이 여인들은 모두 팔등신 미녀였다. 손수건만 한 비키니를 걸치고 링에서 싸우고 있는 두 여인은 강렬한 에로티시즘과 처절한 폭력의 미학을 뿜어냈다.

그녀들의 싸움은 단순한 쇼가 아니었다. 서로 마구 차고 때리고 비틀고 꺾는 진짜 싸움이었다. 총무는 우리를 링에서 가까운 탁자로 인도했다. 가까이서 보니 두 여인의 얼굴은 이미 피로 범벅이 되어 있었고, 알 만한 얼굴들이 링을 둘러싸고 피 냄새를 맡은 하이에나 떼처럼 열광하고 있었다. 어느 틈에 강민도 주먹을 휘두르며 자기가 돈을 건 여인을 응원했다.

피가 엉겨 떡진 그녀들의 머리칼이 눈앞에서 갈래갈래 흔들렸다. 너무 가까이서 보고 있기 때문일까? 평소와 달리 그런 모습이 역겨웠다. 괴성을 지르며 싸우는 여자들의 얼굴이 섬뜩했다. 돈 때문에 하는 경기겠지만 실상 두 여인의 원한은 돈벌이 수준을 넘어선 것 같았다. 서로 고통을 주고받으며 악감정이 쌓인 두 여인은 살쾡이처럼 독을 품고 상대를 거꾸러뜨릴 틈을 노리고 있었다.

잠시 떨어져 상대를 노려보다가 다시 하나로 뒤엉킨 여인들은 서로 머리카락을 쥐어뜯으며 링 바닥을 굴렀다. 그러다가 키가 좀 작은 여인이 틈을 노려 다른 여인의 얼굴을 팔꿈치로 힘껏 후려쳤다. 정통으로 눈을 얻어맞은 여인은 정신이 멍해진 듯 행동이 굼떴다. 이 틈을 노려 키 작은 여인은 벌떡 일어나 뒤꿈치로 재빨리 상대의 배를 모질게 밟았다. 순간 고통으로 호흡이 정지된 여인은 바닥에 몸을 구푸리고 어쩔 줄 몰라 했다.

키 작은 여인은 이 기회를 놓치지 않았다. 재빨리 상대의 등에 달라붙은 그녀는 뒤에서 팔로 상대의 목을 감고 온 힘을 다해 조르기 시작했다. 다리는 이미 상대의 온몸을 꽁꽁 감싼 상태였다. 뒤 맨손 조르기, 이른바 '리어 네이키드 초크'(Rear Naked Choke) 기술이었다. 목이 졸린 여인의 얼굴이 바로 내 코앞에 있었다. 벌겋게 타오르는 그녀의 얼굴. 그 뒤로 이를 악물고 괴성을 지르며 목을 조르는 살벌한 여인의 표정과 근육질의 팔뚝이 포개졌다.

고통으로 일그러진 여인의 얼굴이 점점 하얘지다가 어느 순간 파랗게 질린다 싶더니 눈동자가 갑자기 휙 돌아가 버렸다. 핏발선 허연 눈이 코앞에서 귀신처럼 나를 바라보았다. 놀랍게도 목이 졸린 그녀의 입 꼬리는 귓가로 올라가 마치 웃는 것처럼 보였다.

등골에 냉기가 스쳐 지나갔다. 그녀의 얼굴을 피하고 싶은데 이상하게 눈을 뗄 수가 없었다. 오싹한 느낌이 점점 올라와 모골이 송연해진다 싶은 순간, 심판이 경기를 멈췄다. 목을 조르던 여인이 두 팔을 들어 승리를 기뻐하자 눈이 돌아간 여인은 썩은 나무 둥치처럼 쿵 하고 링 바닥에 쓰러졌다. 관중들은 승자를 향해 환호하기 시작했다. 하지만 나는 여전히 내 눈앞에 쓰러져 있는 여인을 바라보고 있었다.

평소 같으면 늘씬한 몸매에 비키니 차림을 한 여인이 아무렇게나 누워 있는 모습에 성적 매력을 느꼈을지도 모른다. 하지만 내 앞에 누운 그녀의 육체는 누군가 구겨서 버린 물건 같았다. 그러자 엉뚱하게도 연민이 가슴에 밀려왔다.

'뭐냐, 이 더러운 기분은……'

황급히 정신을 차리면서 탁자 위에 놓인 술을 들이켰다. 독한 술이 넘어가자 목구멍이 뜨거워지면서 머리가 한 바퀴 휭 도는 듯했다. 아무래도 김은진을 차로 친 후부터 좀 이상해진 것 같다. 연거푸 술잔을 더 비웠다. 머리가 또 한 번 띵해 온다 싶더니 갑자기 예상치 못한 단어 몇 개가 떠올랐다.

'모든 육체는……'

김은진의 성경책에서 본 말 같다. 하지만 다음은 더 이상 기억나지 않았다. 다시 고개를 드니 쓰러졌던 여인이 겨우 정신을 차리고 로프를 잡더니 안간힘을 다해 일어서고 있었다. 퍼렇게 부어오른 그녀의 눈이 잠깐 나와 마주쳤지만, 그녀는 곧 등을 돌려 반대쪽으로 걸어 나갔다. 그녀의 군살 없는 등과 탄탄한 허벅지가 갑자기 마른 코스모스 줄기처럼 시들해 보였다. 그러자 갑자기 다음 구절이 떠올랐다.

'풀과 같고……'

경기는 계속 이어졌다. 이번에는 남자들이었다. 거의 아무 규칙이 없는 싸움판. 심판의 역할은 선수가 죽지 않도록 배려해 주는 정도였다. 링 바닥에는 선수들의 피와 땀과 침이 흥건했다. 계속 속이 역해서 자꾸 술을 들이켰다. 위스키 한 병을 다 비워 가는 나를 보면서 강민이 잠시 흠칫하였지만 곧 다시 경기에 몰입했다. 머리가 너무 뜨거웠다. 찬바람을 쐬고 싶었다.

나는 천천히 일어나 탁자 사이를 비틀거리며 걸어 나가려 했다. 실내는 광란의 도가니였다. 언젠가 본 텔레비전 뉴스에서 광신도 집단들이 열광적으로 박수치며 노래하던 모습이 언뜻 스치고 지나갔다. 그들은 자기들의 신이나 교주에게 열광하고 있었을 것이다. 그럼 지금 링을 보며 소리 지르는 우리들은 무엇에 열광하고 있는가?

입구를 지키는 경비 직원들에게 잠시 바람을 쐬고 오겠다며 밖으로 나갔다. 서늘한 밤바람에 정신이 좀 깨는 것 같다. 건물을 따라 걷는데 한 모퉁이에 긴 나무 의자가 놓여 있고 곁에 모래가 담긴 커다란 재떨이 항아리가 있었다. 의자에 앉아 주머니에서 담배를 꺼냈다. 한 개비뿐이었다. 담배에 불을 붙이고 빈 담뱃갑을 구겨 항아리를 향해 던졌다. 정확히 들어가나 했는데 도로 튀어나왔다.

그런데 담뱃갑을 튕겨 낸 모래 속에 빳빳한 종이가 한 장 꽂혀 있었다. 구겨 버린 것이 아니고 누군가 일부러 꽂아 놓은 것 같기에 항아리로 다가가 종이를 살펴보았다. 나무, 풀, 꽃 등을 바탕 사진으로 해 그 위에 "당신은 지금 어디로 가는 중입니까?"라는 문구가 적혀 있었다. 척 봐도 예수쟁이들이 길에서 나눠 주는 전도지 같았다. 무심결에 모래에 박힌 종이를 빼 들었다. 순간 술이 확 깼다. 김은진의 성경책에서 본 구절이 그대로 쓰여 있었기 때문이다.

> 모든 육체는 풀과 같고
> 그 모든 영광이 풀의 꽃과 같으니
> 풀은 마르고 꽃은 떨어지되
> 오직 주의 말씀은 세세토록 있도다.
>
> (베드로전서 1장 24-25절)

나는 종이를 든 채 서서 담배 연기를 깊이 들이마셨다.

'모든 육체가 풀이라…… 그리고 그 영광이 풀의 꽃이라…….'

그렇게 따지자면 지금 저 링 위에서는 풀 같은 인생들이 자그마한 꽃 한 번 달아 보려고 피 흘리며 싸우고, 링 밖에서는 날 때부터 꽃을 달고 태어난 재수 좋은 풀들이 그들의 싸움을 보며 즐기고 있다는 것인가. 전혀 달라 보이는 이 둘의 운명. 그런데 이 둘의 끝이 결국 같은 것이다? 콧방귀로 날려 버릴 만큼 흔해 빠진 인생무상을 드러낸 경구 한 조각이 아까부터 왜 자꾸 내 인생에 기어들어 오는가. A4용지에 과제를 해 와야 합의하겠다는 김은진의 황당한 요구 때문에 너무 과민해진 것인가?

머리가 아파 오자 나는 종이를 도로 구겨 버리고 체육관을 천천히 돌기 시작했다. 멀리 산 아래 시골 마을 하나가 동그맣게 불을 밝히고 있었다. 체육관 뒤편에는 산 정상으로 이어지는 오솔길이 있었다. 오솔길은 점점이 꽂아 둔 솔라등 때문인지 그다지 밝지는 않아도 꽤 분위기가 있고 걸을 만했다. 은은한 분위기와 시원한 밤공기에 이끌려 무심코 산길로 접어들었다. 처음에

완만하던 길은 점점 가팔라졌다. 한참 오르자 중턱 즈음에 꽤 넓은 공터가 나타났다. 술이 과했는지 숨이 차서 근처 바위에 걸터앉았다.

땀이 식고 어둠에 눈이 익어 갈 무렵에 숲 사이로 뭔가가 눈에 띄었다. 얼핏 봐도 사람의 형상이었다. 기분이 섬뜩해 도로 내려가려고 일어서는데 그 형상은 계속 나를 바라보고 있었다. 갑자기 궁금했다. 누군데 꼼짝 않고 서서 나를 보고 있는 걸까? 한참 형상과 눈싸움을 하던 나는 술기운인지 뭔지 알지 못할 힘에 이끌려 그쪽으로 천천히 발길을 옮겼다.

가까이 갈수록 형상이 조금씩 흔들리고 있다는 사실을 알 수 있었다. 뭔가 희끄무레한 것이 형상 뒤편에서 함께 흔들리고 있었다. 그것은…… 끈이었다. 플라스틱 성분의 질긴 끈. 이제 보니 그것은 목매어 자살한 사람이었다. 소스라쳐 뒷걸음질 치다가 얼핏 그의 얼굴을 올려다보았다. 이럴 수가……. 달빛에 드러난 그의 얼굴이 낯익었다.

크라운 미팅에 나타나면 언제나 이벤트에는 별 관심을 보이지 않고 고무줄로 팔을 묶고 가느다란 마약 주사기를 팔에 꽂은 뒤 조용히 한구석에 누워 뒹굴던 임철식. 마태그룹과 라이벌 관계인 대풍그룹 둘째 아들인 그는 나보다 두 살 위라서 만나면 형이라고 불렀다. 물론 그의 정신이 온전할 때만. 대부분의 경우 그는 약에 취해 누워 있었다.

하지만 그를 아는 몇몇은 임철식이 독일에서 철학을 공부했고 쇼펜하우어나 니체의 원서를 줄줄 외우는 수재였다고 했다. 그 말을 듣고 임철식과 따로 이야기를 나누고 싶다는 생각을 해 본 적도 있었다. 나 또한 폼 나는 독일 철학에 한때 심취한 적이 있었기 때문이다. 하지만 그는 지금 이 산속에서 스스로 목숨을 끊었다. 대체 왜일까?

멜빵 달린 그의 양복바지 아랫단이 찢겨져 있었다. 나무 위로 올라가려고 안간힘을 쓰다 그렇게 된 것 같았다. 검은 숲 속이지만 그의 얼굴은 달빛에 희게 빛났다. 임철식의 얼굴 위로 조금 전에 목이 졸려 희퍼렇게 변하던 격투기 여인의 얼굴이 겹쳤다. 그러자 무서운 생각은 사라지고 갑자기 어떤 수수께끼 하나가 머릿속을 채웠다. 잡초 같은 여인은 살아 보려고 링 위에서 목이 졸리는데 삶이 장미꽃 같은 놈은 왜 스스로 목을 매고 죽었을까? 아이러니가 아닐 수 없었다.

산에서 내려와 총무에게 임철식의 죽음을 알렸다. 그는 역시 모든 사태를 깔끔하게 처리했다. 사건은 마약에 중독된 재벌 2세 임철식이 인생을 비관해 외딴 산속에서 홀로 목맨 것으로 마무리되었다. 세상 사람들과 언론은 그의 자살 이유를 금방 결론지었다. 그가 혼인 외 관계에서 태어나 대풍그룹 본가와 갈등을 빚어 오다 결국 그룹 후계자 명단에서 빠진 것을 비관했기 때문이라고 했다.

임철식의 죽음이 내게 각별할 이유는 없었다. 하지만 집에 돌아온 나는 며칠 동안 두문불출한 상태로 술만 들이켰다. 나무에 목을 맨 임철식과 링에서 목이 졸리던 여인의 창백해진 얼굴이 자꾸 뇌리에 겹쳐 떠오르는 증상에 시달렸기 때문이다. 식사도 거른 채 며칠을 방 안에 꼼짝 않고 있자 손 기사가 기어이 내 방문을 두드렸다. 그때 나는 술기운에 거의 탈진해서 바닥에 쓰러져 있었다. 손 기사는 내 몰골을 보더니 당장 병원에 가야 한다고 호들갑을 떨었다. 병원이라는 말을 듣자 정신이 좀 들었다.

'우리 집안의 악운이 결국 이렇게 이어지는가? 드디어 나마저 병원에 입원하는 것인가?'

나는 힘을 다해 몸을 일으킨 후 별 문제 없으니 안심하라고 말하여 손 기사를 내려 보냈다. 비틀거리면서 옷을 다 벗고 욕실로 들어가 샤워기를 틀었다. 온몸에 따스한 물줄기가 쏟아지자 약간 정신이 들었다. 사우나의 스위치를 올리고 한참 땀을 흘렸다. 정신이 서서히 또렷해 오고 몸도 조금 상쾌해지기 시작했다. 수건으로 대충 몸을 닦은 나는 침대에 엎어져 그대로 잠에 빠져 들었다.

하지만 잠에 빠져 들자마자 이번에는 악몽이 시작되었다. 임철식과 링 위의 여인의 몸이 수백, 수천 개로 불어나 내 주변을 덮칠 듯이 휙휙 날아다녔다. 눈이 뒤집히고 얼굴이 피범벅이 된 여인과 임철식은 깔깔거리면서 내 주변을 날아다녔고, 나는 그들을 피해 도망 다녔는데 놀랍게도 내 몸은 실오라기 하나 걸치지 않은 벌거숭이 상태였다. 소스라쳐 깨어나기를 몇 번이나 반복했는지 모른다. 하지만 다시 잠이 들면 곧바로 그 악몽이 또다시, 마치 연속극처럼 이어졌다.

네 번째인지 다섯 번째인지 모르겠지만 다시 피범벅으로 나를 덮치려는 여인의 모습에 소스라쳐 깨어났다. 하지만 정신만 들었을 뿐 땀에 젖은 몸은 가위 눌린 듯 꼼짝할 수가 없었다. 정신이 가물가물한 가운데 있는 힘을 다해서 고개를 반대쪽으로 돌렸다. 엄청난 불쾌감 속에서 몸이 조금 살아나기 시작했다. 나는 좀더 정신을 모으려고 눈을 부릅떠 보았다. 그러자 저만치 책상 위에 팽개쳐 있는 김은진의 성경책이 눈에 들어왔다.

어쩌면 뱀파이어에게 손가락 십자가라도 내밀고 싶은 심정이 었을까. 나는 젖 먹던 힘까지 다해 굳은 몸을 일으켜서 기다시피 해서 책상 위의 성경책을 움켜쥐고 침대로 와서 다시 쓰러졌다. 몸은 다시 걷잡을 수 없는 잠 속에 빠져 들기 시작하였고 악몽에 대한 두려움도 밀려왔다.

그리고 얼마나 잤을까? 희한하게도 마지막 잠은 꿈도 꾸지 않고 달게 잤다. 아직도 이전의 꿈에서 본 잔영들이 머리에 남아 있긴 했지만 마지막 단잠 덕분에 몸이 한결 가벼웠다. 정신을 차리려고 침대에서 상반신을 일으켰다. 그러자 가슴에서 뭔가 툭 떨어졌다. 조금 전에 필사적으로 가져온 김은진의 성경책이었다. 침대에 앉은 채로 성경책 앞부분을 펴 보았다. 그러자 임철식이 죽던 날 본 구절이 다시 나타났다.

> 모든 육체는 풀과 같고
> 그 모든 영광이 풀의 꽃과 같으니
> 풀은 마르고 꽃은 떨어지되
> 오직 주의 말씀은 세세토록 있도다.
> (베드로전서 1장 24-25절)

'육체'라는 말은 아마도 인간을 가리키는 것 같다. 육체가 풀과 같다는 것은 인간의 나약함을 상징하는 말임에 틀림없다. 이것은 인생을 논하는 책마다 흔히 나오는 이야기다. 풀도, 풀의 영광인 꽃도 결국 사라지는 것처럼 인간도 결국 시들고 사라져 버릴 것이라는 경고. 나는 침대에서 나와 담배를 한 대 물고 창가로 갔다. 창밖으로 보이는 정원의 목련들이 곧 터질 것 같은 탐스런 봉오리를 가득 달고 있었다. 신 씨가 일하다가 나를 보고 꾸벅 인사를 했다.

　창문을 열고 밖으로 연기를 길게 뿜어내면서 생각을 이었다. 사실 지금까지 한 번도 죽음에 대해 진지하게 생각해 본 적이 없었다. 죽음을 생각하기에는 내 인생은 자극적인 것들로 가득했고 몸에는 에너지가 넘치고 있었다. 그러나 나를 자꾸만 따라다니는 성경구절 때문인지 얼마 전에 돌아가신 할아버지가 갑자기 생각났다.

　할아버지의 죽음은 나에게 꽤 큰 충격이었다. 매사에 거침없고 자신만만했던 할아버지. 어릴 때부터 나는 할아버지를 내 이상적인 남성상으로 삼고 할아버지 흉내를 자주 내었다. 냉소를 머금은 얼굴, 끝을 반말 비슷하게 흐리는 말투, 상대가 눈을 돌릴 때까지 일정하게 넘의 눈을 지속적으로 바라보기 등. 과연 그런 태도는, 실제로 심세하고 내성적인 편인 내 성격의 약점을 감추고 친구들 사이에서 어떤 리더십을 발휘하게 하는 도구로 작용했다. 나는 강자의 모습을 가진 할아버지를 존경했다. 물론 그 환상은 할아버지가 죽기 전 병원에 입원하면서 여지없이 깨지고 말았지만.

　할아버지는 죽기 2년 전에 자서전을 출간하였다. 그 책은 부자를 꿈꾸는 이 나라 국민들에게 지금도 상당히 인기 있는 베스트

셀러다. 하지만 나는 할아버지의 자서전을 아직 제대로 읽어 본
적이 없었다. 담배를 끄고 책장으로 가서 책들을 죽 훑어보았다.
한구석에 할아버지의 자서전이 꽂혀 있었다. 두툼한 하드커버가
한눈에도 고급스런 느낌을 주는 책이었다. 책 표지에는 어딘가
를 손으로 가리키는 중년 시절의 할아버지 사진과 '나의 영광스
러운 투쟁'이라는 제목이 박혀 있었다. 저자가 할아버지로 되어
있지만 실제로는 작가를 불러들여 몇 개월 동안 인터뷰를 하면
서 대필한 책이다. 책 제목이 히틀러의 《나의 투쟁》에서 따온 것
같다. 나는 책상 앞에 앉아 김은진의 성경책을 잠시 밀쳐 두고
할아버지의 자서전을 펴 보았다. 책 여기저기를 뒤적이다 한 부
분이 눈에 들어왔다. 나는 거기부터 천천히 읽어 나갔다.

사람들은 꺾이지 않는 뚝심과 개척정신이 내게 있다고 하는데
거기에는 우리 집안의 숨겨진 내력이 있다. 사실 우리 김씨 집안
은 초기 천주교 순교자 집안이다. 내 6대조 조부님은 다산 정약
용 등과 함께 최초로 천주교를 받아들인 학자이셨고, 그 이후 우
리 집안은 천주교 신앙을 계속 지켜 왔다. 3대와 4대조 할아버지
에 이르러서는 병인년 박해, 그러니까 1866년 대원군의 천주교
박해 때 부자가 함께 순교하셨다. 당시 존경받던 두 어른이 함께
투옥되자 마을 사람들이 탄원을 많이 했다고 한다. 관리들도 두
분이 신앙만 포기하면 풀어 주겠다고 했다. 하지만 두 어른 모두
꿋꿋이 자신의 종교적 신념을 지키셨고, 결국 부자는 함께 양화
진에 있는 절두산으로 끌려가 목이 잘려 순교하셨다. 내게 남다
른 고집과 뚝심이 있다면 아마도 우리 조상님들의 꺾이지 않은

순교정신의 영향일 것이다.

나의 개척정신도 마찬가지다. 박해가 시작되자 내 증조부님은 열세 살 된 자기 아들, 즉 내 할아버지를 믿음직한 하인의 손에 맡겨 미리 피신시키고 자신은 부친과 함께 체포되셨다. 비록 하인이지만 주인들과 같은 천주교 신자였던 그는 자기와 남은 우리 식구를 데리고 천주교인들이 숨어 살던 교우촌으로 피신을 다녔다. 하지만 박해의 물살이 교우촌을 중심으로 더욱 거세지자 그 하인은 온 식구를 이끌고 강원도 깊은 산골로 숨어 들어갔다고 한다. 거기서 몇 년을 지내다 충직한 하인은 병에 걸려 죽었고, 그때부터 열여덟 살 된 내 할아버지는 식구를 먹여 살리기 위해 화전을 일구고 농사를 짓기 시작했다. 젊은 시절부터 산과 숲을 개척하며 메마른 땅을 파헤치던 우리 선조의 정신이 아마도 지금 내게 이어져 내려오고 있는 것이 아닌가 하는 생각을 할 때가 많다.

물론 지금은 우리 식구 모두 아무 종교도 갖고 있지 않다. 나는 여러 분야의 인물들을 만나야 하기 때문에 배타적인 부분이 있는 종교를 갖는 것이 비지니스에 장애가 된다는 것을 잘 안다. 그래서 모든 종교를 다 인정하자는 열린 신념을 가시고 있다. 하지만 나는 조상님들의 순교정신과 개척정신에 진심으로 감사하고 있다. 조상님들이 그 정신으로 이 땅에 기독교를 세우셨다면 나는 그 정신을 이어받아 우리 마태그룹과 이 나라 경제를 일으켜 세웠다고 자부한다.

언젠가 할아버지께 직접 들은 적이 있는 이야기였다. 하지만

나는 지금까지 우리 집안의 과거를 진지하게 생각해 본 적은 없
었다. 내게 있어 우리 가문은 과거 이야기를 하지 않아도 현재가
충분히 자랑스럽기 때문이었다. 하지만 내 조상 중에 두 분이나
기독교 때문에 목이 잘려 순교했다는 사실은 색다른 느낌으로
다가왔다. 할아버지의 증조부와 고조부니까 내게는 5대조와 6대
조가 되신다. 레슬링 여인은 목이 졸리고 임철식은 스스로 목을
매고 내 조상 두 분은 예수를 믿다가 부자가 나란히 목이 잘렸
다. 모두 목과 연관된 고통이지만 종류는 달랐다.

　할아버지의 자서전은 계속해서 내 증조부가 마승회 회장을 거
쳐 정계의 거물로 활동하시던 이야기, 사업을 하면서 겪은 이런
저런 일화로 이어지고 있었다. 나는 지루해 대충 책장을 넘겼다.
마지막 장에 도달하자 자서전은 이렇게 끝나고 있었다.

　　나는 아직도 힘이 넘친다. 비록 지금 일흔을 바라보는 나이로 아
　들에게 모든 것을 다 물려주었지만 아직도 미래의 계획을 많이
　세워 놓고 있다. 앞으로도 나는 계속 증명해 나갈 것이다. 인생
　이 칠십부터라는 것을 말이다. 그리고 한 십 년 뒤에 다시 내 새
　로운 성과들을 담은 책을 펴낼 생각이다.

　다음 장부터는 부록으로 할아버지의 사진이 실려 있었다. 마
태그룹을 한창 키워 나가던 시절의 할아버지의 젊은 모습들. 한
국 경제를 홀로 이끌고 갈 것처럼 튼튼한 할아버지의 넓은 어깨
와 당당한 얼굴, 웃는 듯 편해 보이면서도 꿰뚫어 보는 예리한
눈빛. 이 모든 것에도 불구하고 내 기억 속에 남아 있는 할아버

40

지의 마지막 모습은 애써 잊으려 노력했을 만큼 별로 기억하고 싶지 않다. 할아버지는 10년 후의 성과는커녕 자서전을 출간한 지 1년도 채 지나지 않아서 갑작스런 간암으로 입원했다. 할아버지는 10개월이 넘는 고통스런 병상에서도 삶의 질긴 끈을 놓지 못하고 온갖 좋다는 이상한 음식, 희한한 요법과 첨단 장비를 총동원하면서 주변 사람들을 괴롭히다가 돌아가셨다.

할아버지가 입원한 이후로 나는 숨겨진 비리 하나를 알게 되었다. 할아버지의 병실에는 여인들이 상당수 은밀하게 문병을 다녀갔다. 그녀들은 모두 할아버지가 한창때 여기저기 씨를 뿌리고 다녔던 이른바 현지처였다. 아버지는 수단과 방법을 다 동원해서 비밀리에 그녀들의 유산 포기 각서를 공증받는 작업을 했다. 그녀들에게 상당한 돈을 지불하면서 말이다.

내가 할아버지의 최후를 더 기억하고 싶지 않은 이유는, 돌아가시기 닷새 전쯤 우연히 들은 아버지의 고백 때문이었다. 집 안의 바에 앉아 어머니와 술을 마시던 아버지는 내가 있는 줄도 모르고 취중에 이런 말을 했다.

"정말 노인네 바람기를 말릴 수가 없구먼. 세상에 이 노인네가 병상에서 옷을 갈아입히던 간호사의 몸을 만지면서 자기 침대로 올라오라고 했다는 거야. 한밑천 주겠다고 하면서 말이야. 당장 신문사로 달려가겠다고 펄펄 뛰는 간호사의 입을 겨우 막아 놓았어."

그것은 배설도 스스로 못하는 병든 육체 속에 끈질기게 숨겨져 있던 서글픈 욕망의 마지막 솟구침이었다. 아무리 쾌락을 지고의 선으로 삼은 아리스티포스의 가르침을 받아들인 나지만 할아버지의 마지막 쾌락 추구는 추하게 느껴졌다. 할아버지는 간호사에게 수작을 건 지 24시간도 채 지나지 않아 갑자기 병세가 악화되어 완전히 시들기 시작했다. 터질 듯 부풀어 오른 배, 물을 뽑기 위해 옆구리에 꽂아 놓은 고무호스, 식도를 확장하기 위해 집어넣은 이상한 풍선, 게다가 호흡 기관을 절개해서 인공으로 숨 쉬게 하고 코로는 음식을 공급하는 호스가 꽂혔다.

결국 더부룩한 수염에 말라 터진 입술로 병상에 누워 있던 할아버지의 마지막 모습에는 자서전 속 사진 같은 당당함은 온데간데없었다. 그것이 한때 대한민국 경제를 쥐고 흔들던 할아버지의 마지막 모습이었다. 한 시대를 풍미한 할아버지는 그렇게 세상을 뜨고 말았다. 그리고 얼마 뒤에 평소 할아버지와 사이도 좋지 않았던 할머니마저 무슨 열녀마냥 뒤를 따르고 말았다. 돌아가신 할머니의 드레스 룸에는 한 번도 입지 않은 옷 수백 벌이 나왔다. 끊임없이 바람을 피우던 할아버지 때문인지 할머니는 지나친 패션 도락으로 자주 구설수에 오르곤 했다.

김은진의 성경책이 말하는 '풀'과 '풀의 꽃'의 시들고 마름이란 이런 것일까? 나는 전설에서나 존재한다고 생각한 '인생무상'이란 단어를 다시 생각해 보았다. 할아버지가 가고 곧이어 할머니도 가고 지금 아버지와 어머니도 나란히 병실에 누워 있다. 그렇다면 혹시 나도 지금 할아버지가 걸어간 것과 똑같은 길을 걷고 있는 것이 아닐까?

물론 지금 나는 사진 속 한창때의 할아버지보다 훨씬 더 젊고 힘이 있다. 아마 앞으로 거대한 대형 선박 앞에서 할아버지나 아버지가 그랬던 것처럼 수만 명의 직원들을 호령하는 날이 올 것이다. 그리고 아리스티포스의 쾌락주의를 충실히 따르면 앞으로 내 인생에는 무척 더 많은 쾌락의 경험이 있을 것이다. 하지만 그러다가…… 그다음에는 어떻게 되는 것일까? 결국 그토록 자신만만하던 할아버지조차 피할 수 없었던 운명의 날이 내게도 다가온단 말인가? 어쩌면 나도 결국 할아버지가 온몸에 호스를 꽂고 앞서 간 그 길을 힘없이 따라가야 할 운명인 것은 아닐까?

김은진이 내준 과제를 한번 해 보기로 결심했다. 하지만 집에 성경과 관련된 책이 하나도 없기에 큰맘 먹고 학교 도서관으로 갔다. 도서관 구석구석에는 눈에 잘 안 띄는 개인 책상들이 숨어 있다. 이 자리를 선호하는 학생들이 많아 웬만해서는 차지하기 힘들지만 일찍 집을 나선 덕분에 빈자리 하나를 발견할 수 있었다. 혹시 다른 학생들이 알아볼까 봐 모자를 깊이 눌러쓰고 김은진의 성경책을 뒤적이며 고린도전서를 찾기 시작했다.

'고린도전서라, 211쪽…….'

과연 성경책 211쪽에 고린도전서 11장이 있었다. 그가 지시한 대로, 나는 고린도전서 11장 17절부터 읽어 나갔다. 별로 길지는 않았지만 낯선 옛날식 문장이라서 이해하기가 몹시 껄끄러웠다. 한 번 읽어 보았는데 머리에 남는 것이 거의 없었다. 게다가 그간

글 읽기를 소홀히 한 까닭인지 문장 이해력도 상당히 떨어졌다.

'꼼꼼히 읽어야 한다고 했지?'

나는 정신을 차리고 다시 한 번 정독을 했다.

17절: 내가 명하는 이 일에 너희를 칭찬하지 아니하나니 이는 저
희의 모임이 유익이 못되고 도리어 해로움이라.

18절: 첫째는 너희가 교회에 모일 때에 너희 중에 분쟁이 있다
함을 듣고 대강 믿노니.

19절: 너희 중에 편당이 있어야 너희 중에 옳다 인정함을 받은
자들이 나타나게 되리라.

20절: 그런즉 너희가 함께 모여서 주의 만찬을 먹을 수 없으니

21절: 이는 먹을 때에 각각 자기의 만찬을 먼저 갖다 먹으므로
어떤 이는 시장하고 어떤 이는 취함이라.

22절: 너희가 먹고 마실 집이 없느냐 너희가 하나님의 교회를 업
신여기고 빈궁한 자들을 부끄럽게 하느냐 내가 너희에게 무
슨 말을 하랴 너희를 칭찬하랴 이것으로 칭찬하지 않노라.

23절: 내가 너희에게 선한 것은 주께 받은 것이니 곧 주 예수께
서 잡히시던 밤에 떡을 가지사.

24절: 축사하시고 떼어 가라사대 이것은 너희를 위하는 내 몸이
니 이것을 행하여 나를 기념하라 하시고.

25절: 식후에 또한 이와 같이 잔을 가지시고 가라사대 이 잔은
내 피로 세운 새 언약이니 이것을 행하여 마실 때마다 나
를 기념하라 하셨으니.

26절: 너희가 이 떡을 먹으며 이 잔을 마실 때마다 주의 죽으심

을 오실 때까지 전하는 것이니라.

27절: 그러므로 누구든지 주의 떡이나 잔을 합당치 않게 먹고 마시는 자는 주의 몸과 피를 범하는 죄가 있느니라.

28절: 사람이 자기를 살피고 그 후에야 이 떡을 먹고 이 잔을 마실지니.

29절: 주의 몸을 분변치 못하고 먹고 마시는 자는 자기의 죄를 먹고 마시는 것이니라.

30절: 이러므로 너희 중에 약한 자와 병든 자가 많고 잠자는 자도 적지 아니하니.

31절: 우리가 우리를 살폈으면 판단을 받지 아니하려니와.

32절: 우리가 판단을 받는 것은 주께 징계를 받는 것이니 이는 우리로 세상과 함께 죄 정함을 받지 않게 하려 하심이라.

33절: 그런즉 내 형제들아 먹으러 모일 때에 서로 기다리라.

34절: 만일 누구든지 시장하거든 집에서 먹을지니 이는 너희의 판단 받는 모임이 되지 않게 하려 함이라 그 남은 것은 내가 언제든지 갈 때에 귀정하리라.

두 번째 읽으니 한 구절이 눈에 들어왔다. 고린도전서 11장 30절이었다.

이러므로 너희 중에 약한 자와 병든 자가 많고 잠자는 자도 적지 아니하니.

'약한 자'와 '병든 자'는 이해가 가는데 '잠자는 자'는 누구를 가리키는 것일까? 장례식에서 죽은 사람을 잠잔다고 표현하는 것처럼 죽은 자를 의미하는 것일까? 그러자 병실에서 들은 김은진의 말이 떠올랐다.

"제가 이렇게 하는 게 어쩌면 민훈 씨를 위한 것일지도 모릅니다. 민훈 씨 집안에 일어나는 불행들이 성경 내용과 연관이 있을지도 모르거든요."

그렇다면 이 내용이 지금 우리 집안의 연이은 죽음, 질병, 사고 등의 불운과 어떤 연관이 있단 말인가. 나는 다시 한 번 30절을 읽었다. 그러다가 이 구절이 '이러므로'라는 말로 시작된다는 것을 새삼 깨달았다. '이러므로'는 앞에 뭔가 원인이 있음을 가리키는 접속어다. 그러니까 앞에 어떤 사건이 있었기 때문에 30절의 '너희'라는 무리 중에 '약한 자, 병든 자, 심지어 죽은 자까지 많이 발생했다'는 것이다. 그렇다면 그 원인이 된 사건은 과연 무엇일까? 나는 30절의 앞 구절인 29절을 읽어 보았다.

주의 몸을 분변치 못하고 먹고 마시는 자는 자기의 죄를 먹고 마시는 것이니라.

주의 몸을 분변치 못하고 먹고 마신다? '주'라는 말은 기독교인들이 '주여' 하면서 자주 부르는 자신들의 주님, 즉 예수를 의미할 것이다. 그렇다면 '주의 몸을 먹고 마신다'는 무슨 뜻일까? 말 그대로 자기들의 주인인 예수의 몸을 먹고 마신다는 것인가. 식인종도 아니고……, 무슨 말인지 감이 잘 안 왔다. 나는 앞 구절인 28절을 읽어 보았다.

　사람이 자기를 살피고 그 후에야 이 떡을 먹고 이 잔을 마실지니.

　이제야 약간 감이 잡혔다. 그러니까 29절의 ‘주의 몸을 먹고 마신다’는 어떤 떡을 먹고 잔에 담긴 뭔가를 마신다는 뜻이다. 그 떡과 잔이 주의 몸을 상징하는 듯했다. 나는 계속해서 그 앞 구절인 27절을 읽어 보았다.

　그러므로 누구든지 주의 떡이나 잔을 합당치 않게 먹고 마시는 자는 주의 몸과 피를 범하는 죄가 있느니라.

　그러고 보니 대학교 1학년 때 수강한 교양필수 과목 ‘기독교와 문화’ 시간에 이와 비슷한 말을 들은 적이 있었다. 기독교인들은 예배 시간에 떡과 포도주를 먹고 마시는 성찬식이라는 것을 하는데, 그것은 그리스도가 죽기 전 제자들에게 떡과 포도주를 나누어 준 것에서 유래했다고 들었다. 그것을 그림으로 그린 것이 레오나르도 다빈치의 그 유명한 〈최후의 만찬〉이라고 했다. 과연 앞 구절인 23-26절을 좀더 읽어 보니 강의 때 들은 대로 이 성찬식이 바로 예수가 잡히던 밤에 직접 행한 것이고 당신을 기념하라고 명령했다는 설명이 나왔다.

　일단 여기까지 읽으면서 한 가지 개념은 잡히기 시작했다. 30절에 나타나는 약한 자와 병든 자와 죽은 자가 많은 이유는 그 앞 구절에서 계속 반복한 한 가지 죄 때문이다. 그 죄는 바로 27절에 나오는 ‘주의 몸과 피를 범하는 죄’다. 다시 말해 ‘주의 몸과 피를 범하는 죄’가 있으면 ‘약한 자, 병든 자, 죽은 자가 많이 나타난다'는 것이다.

나는 의문이 생겨났다. 그렇다면 구체적으로 주의 몸과 피를 범하는 죄란 무엇일까? 물론 27절을 보면 그것이 '주의 떡이나 잔을 합당치 않게 먹고 마시는 것'을 의미한다. 그런데 그것이 대체 무엇이란 말인가. 윤리적으로 죄 많은 사람은 성찬식에 참여하면 안 된다는 의미일까? 그럴 확률도 높다. 성찬식은 기독교인들에게 거룩한 행사인데 죄 많은 놈이 참석하면 안 되지 않겠는가.

나는 지금까지의 이해를 바탕으로 다시 본문을 정독했다. 그러자 이번에는 초반부인 18절의 한 부분이 눈에 들어왔다.

너희가 교회에 모일 때에 너희 중에 분쟁이 있다.

분쟁이라. 그렇다면 당시 고대 교회 안에서 성도들 간에 어떤 싸움이 있었다는 것일까? 예전에 어느 시사 프로그램에서 교회 안에서 교인들이 싸움질하는 모습을 본 기억이 났다. 한쪽에서는 삿대질을 하는 무리, 또 한쪽에는 무릎을 꿇고 통곡하며 기도하는 무리, 다른 한쪽에서는 강단을 누들기면서 노래하는 무리. 그것은 정말 보기 싫은 꼴값이었다.

그런데 성경에 나오는 옛날 교회에서도 이런 싸움이 있었다는 것인가? 그러고 보니 성경이라는 책이 약간 달라 보였다. 성경에는 당연히 기독교와 교회를 옹호하고 미화하는 내용으로 가득 차 있을 거라 생각했다. 그런데 이제 보니 성경도 제법 솔직하다. 어떤 면에서 이런 이야기는 당시 교회의 치부였을 것인데 그런 사건을 별 여과 없이 기록해 놓은 것이다.

그러자 이야기의 배경이 궁금해졌다. 나는 자리에서 일어나 도서관 곳곳에 놓인 도서 검색용 컴퓨터 중 하나로 갔다. 통합검색의 검색창에 '고린도전서'라고 쓰고 엔터 키를 눌렀다. 곧이어 고린도전서에 관한 책 제목들이 여러 면에 걸쳐 죽 나타났다. 하지만 대부분 고린도전서에 대한 석·박사 학위 논문들이었다. 논문은 전공생이 아닌 이상 읽기가 어렵다. 논문 아닌 다른 책들도 너무 낯설어 선뜻 어느 것을 골라 읽어야 할지 감을 잡을 수 없었다. 그래서 일단 고린도전서에 관한 책들이 있는 도서 청구번호를 살펴보았다. 고린도전서에 관한 책들은 대부분 청구번호가 '227.206'으로 시작했다. 자리에서 일어나 그 번호가 박힌 서가 쪽으로 발을 옮겼다.

도서관에 성경에 대한 책들이 이렇게 많다는 사실을 처음 알았다. 대부분의 사람들에게 그저 명문 사립대학으로만 유명한 우리 학교가 과거에 선교사가 세운 기독교 학교라는 사실을 새삼 실감했다. '227.206'이라고 적힌 책장뿐 아니라 그 일대의 모든 책장에 성경과 기독교에 대한 책이 셀 수 없이 많았다. 나는 이것저것 손에 잡히는 대로 꺼내 훑어보기 시작했다. 하지만 책들은 대부분 읽기가 어려웠고 무슨 말인지 감이 잘 오지 않았다.

그러다가 나는 어느 책장 맨 꼭대기 부분에 수십 권의 전집이 꽂혀 있는 것을 보았다. 성경의 각 권을 설명하는 책으로 보였다. 그중 35번에 고린도전서라고 적힌 책이 있었다. 저자는 C. K. 바레트였다.

이 책도 그리 쉬워 보이지는 않았다. 하지만 제일 앞 면을 펴니 서론 부분에 고린도 지역과 고린도전서에 대한 기초적인 설명이 자세히 나와 있었다. 나는 그 책을 빼 들고 책상으로 돌아와 서론 부분을 펴서 읽었다.

고린도는 지금의 그리스 본토와 펠레폰네소스를 연결하는 지협의 서남단에 위치하고 있었다. 그곳은 북쪽 7.25마일 떨어진…….

따분한 지리적 배경 이야기가 이어졌다. 꾹 참고 몇 장을 더 읽어 나갔다. 그러면서 나는 몇 가지 사실을 알 수 있었다. 고린도교회는 '바울'이라는 사람이 세웠다는 사실, 이후로 바울이 떠나고 여러 사람들이 이 교회에서 지도자로 일했는데 각 지도자를 중심으로 교인들 간에 당파가 형성되었다는 사실, 초기 교회 설립자인 바울은 그런 당파 간의 분쟁 소식을 글로에라는 사람의 식구를 통해 전해 듣고 답답한 마음으로 고린도교회에 당부의 편지를 보냈는데 그것이 바로 고린도전서라는 사실. 과연 이런 설명 뒤에 바레트가 지적하고 있는 고린도진시 1장 11 12절을 찾아 읽어 보니 이런 구절이 있었다.

내 형제들아 글로에의 집 편으로서 너희에 대한 말이 내게 들리니 곧 너희 가운데 분쟁이 있다는 것이라 이는 다름 아니라 너희가 각각 이르되 나는 바울에게 나는 아볼로에게 나는 게바에게 나는 그리스도에게 속한 자라 하는 것이니.

드디어 감이 조금씩 잡히기 시작했다. 나는 주석의 서론을 좀 더 읽다가 마침내 다음과 같은 설명을 발견했다.

교회의 불일치는 이런 측면에서 뿐만 아니라 가난한 자와 부유한 사람들이 구별되는 양상을 띠게 된 주의 만찬에서도 나타났다.

옳거니, 바로 이거였다. 이 설명 끝에는 관련된 장절 번호 '고전 11장 18-22절'이 붙어 있었다. 이 부분은 바로 김은진이 과제로 내준 구절이었다. 바레트는 이것이 가난한 이들과 부유한 이들이 서로 불일치하는 양상을 그린 것이라고 말하고 있다. 나는 서론 읽기를 멈추고 주석서 맨 앞의 목차를 펼쳐 보았다. 목차에는 고린도전서의 각 장과 절들이 순서대로 나타나 있었다. 거기서 고린도전서 11장 부분을 찾았다. 그러자 이런 표시가 나타났다.

만찬 11:17-34 ------------------------- p. 301

나는 서둘러 301쪽을 펴서 읽었고 몇 장 뒤에서 다음과 같은 설명을 발견했다.

만찬이 올바르게 행해질 경우에는 아무도 배고프거나 술 취하지 않고 도리어 모두에게 음식과 음료가 적절하게 제공될 것이다. 그 밖에 이 구절에서 암시받을 수 있는 점은 교인들이 양식을 서로 나누도록 되어 있었고 특히 부자들은 추측건대 필요로 한 것보다 더 많은 것을 가져와서 가난한 자들에게 공급하도록 되어 있었을 것이라는 점이다. 그러나 실은 부자들은 여분의 양식을 가져오긴 했지만 그들끼리만 먹고 마셨다. 이것은 주의 만찬을 먹은 것이 아니라 그들 자신의 만찬을 먹은 것이다. 바울이 분개한 것은 당연하다(p. 306).

음식을 조금밖에 가져올 수 없거나 전혀 가져올 수 없는 가난한 사람은 잘못된 것이긴 하나 자연히 자기 동료 그리스도 교인들이 음식을 가져와서 먹고 마시는 것을 보고 수치를 느꼈을 것이다(p. 307).

나는 계속해서 궁금해하던 고린도전서 11장 30절, 즉 '약한 자와 병든 자와 죽은 자가 많다'는 구절의 주석도 읽어 보았다. 거기에는 이런 내용이 적혀 있었다.

주의 식탁을 더럽힌 자들은 신체적인 질병의 원인으로 간주된 악마의 세력에 그들 자신을 드러내게 되었다. 이 구절은 첫째, 고린도교회에 일어난 것으로 알려진 사건들에 대한 실명이고 둘째, 주의 만찬을 계속 남용한 자들을 향한 위협이다(p. 320).

머리에 전체적인 상황이 서서히 그려지기 시작했다. 나는 주석서를 밀쳐 두고 다시 성경을 읽어 보았다. 이번에는 공책에 따로 요약정리를 하면서 읽었다. 그러자 다음과 같은 다섯 가지를 정리할 수 있었다.

17-20절: 성도들 간에 분쟁이 있으므로 너희 고린도교회는 주의
　　　　　만찬을 먹을 자격이 없다.

21-22절: 그 분쟁은 교회 안의 부자들이 가난한 자들을 업신여기
　　　　　고 자기들끼리만 만찬을 먹었기 때문에 생긴 것이다.

23-29절: 주의 만찬은 예수가 직접 명령한 것으로 이를 합당치
　　　　　않게 먹고 마시는 자는 죄를 짓는 것이다.

30-32절: 바로 이 죄 때문에 너희 교회 안에는 약한 자, 병든
　　　　　자, 죽은 자들이 많다. 이것은 예수가 내린 처벌이다.

33-34절: 그런즉 고린도교회는 먹으러 모일 때에 서로 기다려
　　　　　주어야 한다.

　문단을 구분하면서 읽다 보니 자꾸만 당시 교회 안에 두 가지
형태의 식사가 존재했다는 느낌이 들었다. 아무래도 '주의 만찬'
과 그냥 '만찬'은 좀 다른 것 같았다. '주의 만찬'은 교회 식구끼
리 모여서 공동으로 하는 식사고 그냥 '만찬'은 그리스도의 몸을
상징하는 떡과 포도주를 먹는 공식 행사인 듯했다. 아마도 성찬
식이라고 불린 두 번째 행사는 오늘날처럼 상징적인 조그마한
떡과 포도주를 먹고 마시는 것이었으리라.

　나는 다시 성찬에 대한 책들을 검색하여 읽어 보다가 당시 고
대 교회 안에 애찬식이라는 성도 전체의 공동식사와 그리스도의
죽음을 기념하는 성찬식 행사가 따로 있었다는 사실을 확인할
수 있었다. 이 성찬식은 공동식사와 구별되는 일종의 예배 의식
이었다.

　그제야 처음에 품은 의문들이 풀리기 시작했다. 고린도교회에

약한 사람, 병든 사람, 죽은 사람이 많았던 이유는 성경에 표현된 대로 누군가 주의 떡이나 잔을 합당치 않게 먹고 마셨기 때문이다. 그렇다면 '합당치 않게 먹고 마셨다'는 말은 무슨 의미인가? 처음에는 윤리적으로 죄 많은 사람이 성찬식에 참석한 것이라고 생각했다. 하지만 이제 보니 그런 것이 아니라 오히려 성찬식 전에 먼저 거행한 교회 전체의 공동식사 때 가난한 사람들을 배려하지 않고 자기들끼리만 배부르게 먹고 마신 욕심 많은 부자들을 향한 말이었다.

당시 가난한 교인들은 교회의 모임에 늦는 경우가 많았던 것 같다. 하지만 부자 교인들은 이들의 존재를 무시하고 자기들끼리 음식을 다 먹어 버려서 배부르게 취해 있었다. 당연히 늦게 온 가난한 자들은 먹을 것이 없어 굶어야 했다. 그런데 이렇게 가난한 교인들을 무시하던 부자 교인들이 곧바로 이어지는 공식 성찬식에는 경건한 모습으로 참석하는 행위, 바로 이 가식적인 행위를 성경은 '주의 떡과 잔을 합당치 않게 먹고 마시는 죄'라고 말했던 것이다. 이런 교회 공동식사의 폐단이 거듭되자 결국 412년 카르타고에서 회의가 열려 애찬식, 즉 공동식사는 폐지하기로 결의하였다는 것까지 알 수 있었다. 이후 교회에서는 성찬식만 거행했다는 것이다.

나는 일단 성경이 상당히 흥미롭다는 사실을 인정하게 되었다. 단순히 종교적 경구들을 모아 놓은 책인 줄 알았는데 행간을 읽어 보니 일종의 드라마 같았다. 일에 시달리다 늦게 온 가난한 사람들의 식사를 미리 온 부자들이 다 먹어 치우고 자신들만 배부른 상황. 이야기를 너무 꼼꼼하게 읽어서인지 고린도교회의 불공평한 상황이 실감 나게 마음에 그려졌다. 나야 가난이 뭔지 모르지만 당시 노예나 빈민 출신의 가난한 교인들은 당연히 늘 배가 고팠을 것이고 부자들이 다 먹어 치운 식사 상을 보면서 말은 못하고 은밀히 원망의 눈초리만 보냈을 것이다.

하지만 도대체 이천 년 전에 일어난 고대 교회의 분쟁 사건이 우리 집안과 무슨 관련이 있단 말인가. 김은진의 예상처럼 이 성경 구절을 우리 집안에 그대로 적용하면 지금 일어나고 있는 집안의 불운, 즉 갑자기 '병든 자와 약한 자가 많아지고 죽은 자도 적지 않게 나타나고 있는' 가족의 불행은 우리 중 누군가가 '주의 몸과 피를 범하는 죄'를 저질렀기 때문이라는 것이다. 이것이 말이 되는가?

그 순간 갑자기 할아버지의 자서전에서 본 내용이 떠올랐다. 우리 조상들이 한반도의 초창기 기독교인이라는 사실 말이다. 그렇다면 기독교인이었던 우리 조상 대에 주의 몸과 피를 범하는 죄가 저질러진 적이 있고 그 죗값을 후대의 우리들이 받고 있다는 말인가?

이번에는 김은진이 준 복사물들을 가방에서 꺼내 책상 위에 죽 펼쳐 보았다. 뭔가 색다른 단서가 있을 것 같았다. 병실에서 대충 훑어본 대로 대부분 마태그룹의 성장과 발전에 대한 것이었다. 그러다가 그 문서들 속에서 우연히 다음과 같은 기사 제목을 발견하였다. 1965년 1월 어느 시사 잡지에 실린 기사였다.

'천주교 순교 100주년 성지 건립 계획, 마태건설이 맡기로'

그 아래로 다음과 같은 상세 기사가 이어졌다.

천주교는 순교 백 주년 기념의 해를 1년 앞두고 전국 수 곳에 대
규모 천주교 순교 성지를 건립할 계획을 수립하고 공개 입찰을
단행했다. 총 13개 건설 회사가 입찰한 가운데 건설권은 마태건
설에 낙찰되었다. 마태건설의 대표인 김정만 회장은 실제로 증
조부 김시제(세례명 : 안드레아)와 고조부 김재진(세례명 : 마태오)이
천주교 박해 당시 순교한 복자들이라고 한다. 김정만 회장은 뜻
깊은 건설인 만큼 최선을 다해서 영구히 남을 아름다운 기념 성
지를 건축할 계획이라고 말했다.

나는 내 눈을 의심하였다. 순교자인 6대 조부의 세례명이 '마
태오'라는 사실을 처음 알았기 때문이다. 천주교에서 일컫는 마
태오가 개신교의 마태와 같은 용어라는 사실 정도는 지금까지
갖가지 신학 서적들을 뒤지면서 이미 확인한 바였다. 평소 할아
버지는 우리 그룹 이름이 마태인 것은 기독교와 일절 연관성이
없고 오직 뚝도 경마장과 인연이 있기 때문이라고 강조하셨다.
하지만 순교한 6대 조부의 세례명이 '마태오'라는 것을 본 순간,
내가 알지 못하는 어떤 이야기가 우리 집안에 숨어 있는 것이 아
닐까 하는 생각이 들었다. 그러자 머리가 다시 뒤엉킨 실타래처
럼 복잡해졌다. 나는 밖으로 나가 커피를 한잔 뽑아 왔다. 자판
기 커피 향이 나름대로 그윽했다. 종이컵을 책상에 놓고 허리를
뒤로 제치고 앉아 천천히 정신을 가다듬었다.
'마태'라는 그룹 명칭은 할아버지의 말과 달리 기독교와 밀접

한 관련이 있는 것은 아닐까? 할아버지의 자서전 내용대로라면 정약용이 살던 까마득한 조선시대부터 내 조상들은 기독교인이었다. 우리나라에 기독교가 그렇게 일찍 들어왔단 말인가? 그러고 보니 우리나라에 순교자가 있다는 것도 희한했다. 기독교인들을 목 잘라 죽이던 시절이 정말 우리나라에 있었단 말인가?

궁금증이 꼬리에 꼬리를 물고 일어나기 시작했다. 그때 차분한 차임벨 소리가 울리더니 곧 열람실 문을 닫는다는 안내 방송이 흘러나왔다. 그제야 나는 하루 종일 꼼짝 않고 도서관에 틀어박혀 있었다는 사실을 깨달았다.

집에 돌아온 후, 도서관에서 이해한 내용들을 정리하기 시작했다. 고린도전서 11장의 상황을 글로 재현한 다음에 깎고 다듬었다. 정말 오랜만에 글쓰기에 매달려 보았다. 학교에 제출할 보고서도 이만큼 공들여 본 적이 없었으니까. 또래 대학원생에게 보일 글이라서 자존심이 작용했기 때문일까? 대충하기 싫다는 생각에 다 쓴 후에도 계속 글을 다듬었고 새벽녘에서야 A4용지 다섯 장 분량으로 완성하여 출력했다.

다음 날, 김은진의 병실로 찾아가 약속한 과제를 내밀었다. 김은진은 내게 잠시 앉아 있으라 하고 글을 읽기 시작했다. 그는 글을 읽으면서 얼굴에 어린아이처럼 순진한 미소를 자주 지어 보였다. 나는 그의 침대 옆 의자에 앉아 주변을 둘러보았다. 조그마한 탁자 위에 꽃다발들과 그의 쾌유를 비는 학생들의 팬레터와 카드들, 종이로 만든 학이랑 학 알이 가득 든 유리병들이 놓여 있었다. 그리고 보니 사고 때문에 캠퍼스에서 점심시간마다 울리던 그의 노래가 멈췄을 것이라는 사실이 새삼 실감 났다. 편지 뭉치 곁에는 책도 여러 권 쌓여 있었는데 제일 위에 낯익은 책이 한 권 놓여 있었다. 할아버지의 자서전 《나의 영광스러운 투쟁》이었다. 책 옆면에 도서관 관인이 찍힌 것으로 보아 입원한 뒤 빌려 읽고 있는 듯했다.

어느새 글을 다 읽은 그가 고개를 들고 말했다.

"민훈 씨, 정말 약속을 지키셨군요. 고맙습니다. 영문학을 전공하는 분답게 성경을 제대로 읽으셨네요. 상황 파악이 무척 정확합니다."

이윽고 그는 침상 옆 탁자 서랍에서 봉투를 하나 꺼내어 건네주었다.

"민훈 씨가 약속을 지키셨으니 저도 약속을 지켜야겠죠. 여기 합의서가 있습니다. 그냥 치료만 해 주시면 된다는 내용입니다. 참, 그리고 괜찮다면 기타가 망가졌는데 새로 하나 사 주시면 좋은데……."

그러면서 그는 빙긋이 웃었다. 나는 합의서를 받아 들고 고개를 한 번 끄덕이고는 자리에서 일어섰다. 얼굴이 가무잡잡한 그도 내게 고개를 숙였다. 나는 병실 문 쪽으로 몸을 돌렸다. 하지만 그 순간 어떤 갈등이 마음에 솟구쳤다. 사실은 그가 내 글을 읽는 것을 지켜보다가 생겨난 갈등이었다. 병원으로 향할 때만 해도 나는 합의 문제만 해결하면 그와 모든 인연을 끊을 생각이었다. 하지만 글을 읽는 그의 옆모습을 바라보면서 내 속에 두 가지 마음이 다투기 시작했다.

하나는 처음 생각대로 합의를 마치자마자 이 병실을 떠나 다시는 그의 얼굴을 보지 않겠다는 것이었다. 그러면 이전과 같이 자유로운 생활이 시작될 것이다. 술과 악몽에 시달리던 몸이 회복되자 역시 내 몸속에는 키레네학파의 제자답게 이제껏 누려왔던 쾌락으로 돌아갈 환희심이 불끈불끈 솟아올랐다. 하지만 그런 것이 내 안에서 꿈틀거릴라치면 갑자기 바람 빠진 풍선 같은 허무한 느낌이 곧 뒤따라왔다. 동시에 링 위에서 목이 졸리던 여인의 뒤집힌 눈과 나무에 목을 맨 임철식의 얼굴, 거기에 죽기 직전까지 간호사의 몸을 만지려 한 할아버지의 추한 모습이 내 인생 마지막에 대한 예고편일지도 모른다는 불쾌한 느낌까지 들었다.

나는 일주일 전으로 돌아가고 싶었지만 뭔가 불안했다. 우리 집안의 연속된 불행과 내게 일어나기 시작한 이 일련의 이상한 징조를 끝까지 파헤쳐 보고 싶었다. 내 마음 깊은 곳에서 김은진이라는 예수쟁이와 뭔가 더 이야기를 해야 한다는 생각이 꿈틀거리고 있었다. 아무래도 그의 입을 통해 내가 지금까지 알지 못한 이야기를 더 들을 수도 있으리라는 기대 때문이었다.

그래서 그의 합의서를 받아 든 나는 등을 돌리긴 했지만 잠시 엉거주춤하게 멈춰 있었나 보다. 뒤에서 그의 목소리가 들려왔다.

"민훈 씨 조상 중에 순교자가 계시더군요. 그것도 두 분씩이나."

고개를 돌리니 김은진이 여전히 미소를 띠고 있었다.

"자기 신념을 위하여 목숨을 내어 놓는다는 것은 엄청난 결단이지요. 그런 면에서 보면 민훈 씨 집안은 복이 많은 것 같아요."

그의 말에 나는 좀 쏘아붙이듯 말했다.

"언제는 우리 집안이 성경의 저주를 받았을지도 모른다더니 이제는 복을 받았다고요? 순교자고 뭐고 사람이 칼에 베어 죽는 것이 어떻게 복이 될 수가 있습니까?"

할아버지에게 배운 버릇대로 나는 의도와 달리 냉소적으로 말했다. 내 말투에 잠시 움찔한 김은진은 다시 웃으면서 말했다.

"만약 인간이 태어나서 그것을 위해 살다가 그것을 위해 죽을 수 있는 진리를 발견하고 거기에 목숨을 건다면 얼마나 훌륭한 일이겠어요."

"아무리 그래도 죽으면 아무 소용이 없죠. 죽은 후에 살아 있는 사람들이 칭찬해 주고 높여 준다 한들 그것이 죽은 이에게 무슨 행복을 줄 수 있나요?"

얼굴에 미소를 거둔 김은진이 단호한 어조로 말했다.

"그렇다면 살아남아 있는 것엔 무슨 행복이 있나요. 결국 우리 모두 죽게 됩니다. 멋있게 죽은 사람이나 구차하게 생을 구걸한 사람이나 모두요. 또 죽은 이를 칭송하는 사람이나 죽은 이를 어리석다고 말하는 사람까지 모두 순서에 간발의 차이만 있을 뿐 결국 죽게 되지요. 그러기에 우리에게 주어진 한정된 인생을 가치 있는 일에 사용하는 것이 중요하지 않겠어요?"

"오히려 그 반대가 아닐까요? 죽음이 다가오기 때문에 우리는 더더욱 삶을 즐겨야 하지 않을까요? 그게 더 현명하리라는 생각은 들지 않나요?"

"만약 쾌락이 학문이나 인격처럼 인간 내부에 축적되는 것이라면 민훈 씨 말도 일리가 있을지 몰라요. 하지만 쾌락은 오히려 인간에게서 많은 것을 빼앗아 몸과 영혼을 병들게 하지요. 게다가 심각한 중독성까지 있어서 일단 쾌락에 탐닉하는 사람은 덫에 걸린 짐승처럼 되고 맙니다. 자신은 죽을 때까지 쾌락을 누리는 줄 알지만 사실은 쾌락이 주인 노릇을 하고 있는 것이지요. 세상에는 두 가지 종류의 기쁨이 있습니다. 하나는 일단 느끼고 보는 기쁨이고, 다른 하나는 고통 후에 느끼는 기쁨입니다. 전자는 주로 쾌락을 위한 것인데 대부분 기쁨 후에 후회와 고통이 따라오지요. 하지만 후자인, 고통을 겪은 후에 다가오는 기쁨은 참다운 기쁨과 뿌듯함으로 오래 남게 됩니다.”

병상에 앉은 김은진의 말을 듣는 중에 또다시 병원 침상 아래로 뻗어 내려온 할아버지의 음흉한 손길이 떠올랐다. 나는 애써 그 영상을 지워 버리면서 계속 비꼬듯이 말했다.

“결국 기독교의 예수에게 목숨을 거는 것이 가장 현명한 일이라는 말이군요?”

“물론입니다. 그 고통 후에는 영원한 기쁨이 약속되어 있으니까요.”

“영원한 기쁨이란……, 이른바 천국이라고 일컫는 곳?”

김은진이 고개를 끄덕이며 말했다.

“맞아요. 인간과 동물의 다른 점이 뭐라고 생각하세요? 두 가지를 생각해 볼 수 있죠. 첫째는 종교적이라는 것입니다. 인간은 신기하게도 종교적이지요. 거의 모든 민족과 종족들이 그 어떤 절대자를 믿고 내세라는 개념을 가지고 있어요. 기도하는 개나 찬양하는 고양이는 없지만 인간은 태생적으로 신을 향한 마음을 소유하고 있습니다. 인간이 동물과 다른 또 한 가지는 자기보다 약한 자들을 보호하려 한다는 것입니다. 물론 인간 사회에도 약육강식이 존재하지만 이건 사실 짐승에 가까운 행태라고 볼 수 있지요. 타이태닉호가 침몰할 때 여인과 아이들부터 구조선에 태웠듯이 인간은 약자를 먼저 배려하려는 마음이 있습니다. 그런데 놀랍게도 이 둘은 서로 상통하고 있어요. 기독교는 물론 다른 고등 종교들도 대부분 자기 쾌락을 버리고 약자의 편에 서야 한다고 가르치거든요. 그것이 완전한 행복을 보장하는 일이기에 그렇지요. 따라서 민훈 씨가 읽은 고린도전서에서 가난한 자들을 무시했던 부자들의 죄는 엄청나게 큰 것이랍니다. 신앙인의 모습을 가졌다고 자부하는 부자들이 당연히 해야 할 근본 의무에서 벗어나 약한 자들을 괴롭혔기 때문입니다."

막힘없이 척척 말하고 있는 김은진이 얄밉기까지 했지만 나는 뭐라 할 말이 딱히 없어 잠시 머뭇거렸다. 그때 김은진이 다시 말했다.

"아마도 민훈 씨 집안은 옛날에 실학자 집안이셨을 것 같네요. 우리나라 초창기 기독교는 조선시대 실학자들을 중심으로 받아들여졌거든요."

어쩌면 내가 궁금해하던 방향으로 이야기가 선회할 것 같아서 나는 그에게 물었다.

"서양 선교사들이 우리나라에 들어왔을 때 주로 실학자들을 만났나 보죠?"

은진은 약간 놀라는 표정을 짓다가 곧 웃으며 대답했다.

"아니, 그게 아니에요. 조선에는 기독교가 좀 특이한 형태로 들어왔지요. 중국이나 일본은 서양 선교사들에 의해 기독교가

들어갔지만 우리나라는 선교사들을 통해서가 아니라 우리 민족
스스로 독학을 해서 신앙을 받아들였어요. 그걸 교회 역사에서
는 '학(學)으로의 기독교 전래'라고 부르는데 전 세계에 유래가
없는 희한한 일로 친답니다. 얼마 전에 바티칸의 교황도 이 사실
을 인정했다고 하더군요."

그의 말에 나는 다시 물었다.

"그게 무슨 말입니까? '학'이라면 학문을 의미하는 건가요? 그
렇다면 우리 조상들은 서양 선교사들 도움 없이 스스로 공부해
서 기독교를 믿기 시작했다는 겁니까?"

"맞아요. 물론 다른 여러 가설들이 있긴 하지만 우리 민족은
기독교에 대한 서적을 중국을 통해 접하고 그 책들을 독학해 기
독교를 믿게 되었다는 게 정설이지요. 그때 기독교 서적을 처음
접한 학자들은 주로 조선시대 실학자들이었어요. 아마 민훈 씨
할아버지 김정만 회장님의 자서전에 나오는 대로, 민훈 씨 조상
이 정약용 시대까지 거슬러 올라가는 초창기 기독교인이었다면
중국에서 들여온 기독교 서적을 공부하던 실학자들 중 한 분이
셨을 겁니다."

나는 그에게 다시 물었다.

"그때가 언제쯤인가요? 오늘날의 연도로 말입니다."

그는 내 눈을 잠시 들여다보았다. 나를 보는 그의 눈빛은 순수
하고 진지했다. 나는 평소와 달리 먼저 그의 눈을 피할 수밖에
없었다. 내가 눈을 좀 내려뜨자 그가 입을 열었다.

"좀 긴 이야기인데 들어 보시겠어요? 마침 제가 학위 논문을
그 분야로 쓰려고 준비 중이어서 이야기를 대강 알거든요."

나는 고개를 끄덕였다. 그는 내게 의자를 권하고 이야기를 시작했다.

"아마 유명한 사람이니까 민훈 씨도 알 겁니다. '마테오 리치'라는 이름을 들어 보신 적 있으시죠?"

마테오 리치? 세계사를 공부하면서 들어 본 이름이었다. 내가 마테오 리치를 안다고 하자 그는 이야기를 이어 갔다.

"이야기는 마테오 리치에게서 시작됩니다. 이 사람은 이탈리아의 도시 마체라타에서 시장 아들로 태어났습니다. 그때가 1552년이니까 상당히 오래전이지요. 거의 신동에 가까웠던 마테오 리치는 로마 대학에 들어가서 많은 공부를 했답니다. 똑똑한 아들에게 아버지는 큰 기대를 걸었지만 그는 동양을 선교해야 한다는 일념으로 '예수회'라는 단체의 신부가 되어서 중국을 선교하러 떠났습니다. 처음에 그는 중국 사람들이 불교를 믿는다는 정보를 듣고 호감을 얻기 위해 스님 복장으로 중국에 갔답니다. 그때가 1583년이었어요. 하지만 당시 명나라는 불교보다 유교를 더 숭상했기 때문에 중국에 도착한 마테오 리치는 곧 승복을 벗고 유학자로 변신을 했지요. 이렇게 보면 그는 문화 적응 능력이 상당히 빠른 사람이었어요. 물론 그는 겉모습만 바꾼 것이 아니라 온 힘을 다해 유학을 공부했고 마침내 실력 있는 유교 학자가 되었지요. 그는 당시 중국 학자들에게 서양에서 온 선생, 즉 '서사'라는 명칭으로 인정받는 수준이 되었답니다. 사서삼경을 라틴어로 번역할 정도였으니까요. 그러다가 나중에는 중국 황제의 총애까지 얻어서 북경에 교회를 세우기도 했지요."

나는 그의 말을 끊고 물었다.

"그렇다면 중국이 그 옛날에 기독교를 받아들였단 말인가요? 1583년부터 말입니까?"

"맞아요.[2] 매우 총명한 사람이었던 마테오 리치는 비상한 선교 정책을 폈습니다. 그걸 보유론이라고 합니다. 즉 기독교로 유교를 보충한다, 뭐 이런 뜻이지요. 그는 기독교를 유교식으로 설명하는 일에 일생을 바쳤는데 그 대표적인 저서가 바로 《천주실의》(天主實義)랍니다. 어디선가 들어 본 기억이 나지요?"

《천주실의》. 귀에 익은 명칭이다. 나는 고개를 끄덕였다.

"마테오 리치가 쓴 《천주실의》는 그 내용이 얼마나 탁월한지 당시 중국 최고의 유학자였던 서광계가 그의 책을 읽고 천주교 신자가 되어 영세를 받기도 했지요. 《천주실의》 외에도 그는 《교우론》(交友論), 《기인십편》(畸人十篇) 등의 한문 서적을 남겼습니다. 바로 이 서적들이 서학이라는 이름으로 조선의 실학자들에게 전달된 것입니다. 조선의 이수광 같은 사람은 1614년에 이미 《천주실의》의 내용을 간략하게 조선에 소개하기도 했습니다. 《지봉유설》(芝峰類說)이라는 책에다가 말입니다. 이수광 이후 약 백 년 뒤에 이익도 《성호사설》(星湖僿說)이라는 책에서 서학, 즉 기독교가 매우 논리적이고 타당하다고 소개하기도 했습니다."

이수광의 《지봉유설》과 이익의 《성호사설》은 모두 귀에 익은 책 제목이다. 국사 시험에 자주 나와서 학창 시절 뜻 없이 외우던 그 책들 속에 우리나라 초기 기독교와 관련된 내용이 있으리라고 생각한 적은 한 번도 없었다. 김은진은 계속 말을 이었다.

"여하튼 마테오 리치는 과로 때문에 57세로 죽지만 그가 남긴 책들은 다른 서양 서적들과 함께 조선 땅에까지 널리 퍼지게 되

66

었답니다. 그러다 보니 서학을 본격적으로 공부하는 조선 학자들이 생겨나게 되었지요. 그 대표적인 인물들이 바로 허균, 홍유한, 이벽, 이승훈, 정약전, 정약종, 정약용 등입니다. 정약전, 정약종, 정약용은 형제들이었지요. 그리고 허균은 《홍길동전》을 쓴 사람입니다. 보통 허균을 우리나라 최초의 공식적인 기독교인이라고 보고 있습니다. 앞서 서학을 공부했다고 한 다른 학자들보다 허균은 약 150년 일찍 태어났으니까요."[3]

《홍길동전》을 쓴 허균이 최초의 기독교인이었다니. 이것도 난생처음 듣는 이야기다. 하긴 《홍길동전》에 나오는 평등사상은 당시 매우 반체제적인 것이었을 텐데 어쩌면 그 뿌리가 기독교 사상과 맞물려 있을 것 같기도 하다. 김은진은 다시 말을 이어 나갔다.

"그런데 당시 서학을 공부하던 이들 중에 권철신이라는 분이 계셨습니다. 이분은 성호 이익 선생의 제자로 여러 젊은 학자들에게 존경받았습니다. 이분이 지금 경기도 광주에 있는 절 천진암 주어사에 젊은 학자들을 불러 모았습니다. 그때가 1779년 겨울이었습니다. 이른바 '강학회'라는 명칭으로 유학을 심도 있게 공부하는 세미나를 연 것입니다. 권철신을 비롯하여 이벽, 이승훈, 정약전, 정약종, 정약용 등이 참석했지요. 이들은 십여 일 동안 《천주실의》와 스페인 출신 예수회 신부 판토하가 지은 《칠극》(七克)[4] 등을 함께 읽고 논하다가 결국 모두 기독교의 하나님을 받아들이기로 결심했습니다. 그 후 그들은 7일마다 안식일을 준수했고 아침저녁으로 하나님께 기도하기 시작했답니다."

나는 그에게 물었다.

"그렇다면 그게 이 나라 최초의 교회 모임이란 말입니까?"

"맞습니다. 강학회 이후 이들은 당시 서울 명동 고개에 있는 통역관 김범우의 집에 모여 계속 공부를 하면서 예배를 드렸습니다. 이것이 조선 최초의 교회라 할 수 있겠지요. 이 모임의 지도자는 이벽이었습니다. 그는 명문 무사 집안의 자식이었는데 무예보다는 학식이 더 뛰어나서 당시 조선 최고 신동으로 불리던 정약용을 가르쳤고 정약용도 그를 가장 존경하는 스승으로 모셨답니다. 초기 교회를 이끌던 이벽은 친구인 이승훈이 아버지를 따라 청나라에 가는 것을 기회로 그에게 청나라에 있는 서양 신부를 만나서 꼭 세례를 받고 돌아오라고 당부했습니다. 이벽의 말대로 이승훈은 청나라에 가서 그라몽 신부를 만나 영세를 받고 '베드로'라는 세례명까지 받아 왔습니다. 그러니까 이승훈은 우리나라 최초의 세례교인이 된 것이지요. 그가 돌아온 후 이벽을 비롯한 다른 신자들도 그를 통해 세례를 받았습니다. 그 와중에 그들은 전도도 열심히 했지요. 이때 전도된 사람들로는 전라도 진산 땅의 진사 윤지충, 서울의 김승하[5] 등이 있습니다. 윤지충은 우리나라 최초로 목 잘려 순교한 사람입니다."

목이 잘려 순교했다는 말에 나는 귀가 번쩍 뜨였다.

"아니, 왜 목이 잘렸나요? 초창기 기독교인들이 박해를 당한 직접적인 이유는 무엇이었나요?"

그가 다시 말을 이었다.

"초창기 신자들이 박해를 당한 이유는 의외로 간단합니다. 천주교 사상이 당시 우리나라에 뿌리박힌 유교 사상과 공존하기 어려웠기 때문입니다. 먼저 이벽을 중심으로 명동 김범우의 집에 모인 최초의 교회가 박해를 당했지요.[6] 당시 수사 기관인 추조의 포졸들이 김범우의 집에서 수상한 집회가 열린다는 것을 알아채고 그의 집을 급습했습니다.[7] 이 사건은 1785년 을사년에 있었다고 해서 을사추조적발사건이라고도 부르지요. 포졸들은 예배드리던 사람들을 모두 잡아 형조 판서 앞으로 끌고 갔는데 형조 판서는 그들이 모두 명문대가의 자제라는 것을 알고 훈방 조치했습니다. 하지만 집주인인 중인 김범우는 양반이 아니어서 심하게 매를 맞고 경남 밀양으로 귀양을 갔답니다. 거기서 2년 동안 전도를 하던 김범우는 아쉽게도 매 맞은 후유증으로 사망하고 말았습니다.[8] 직접 사형을 당한 건 아니었지만 어쩌면 그가 조선 최초의 순교자였다고도 볼 수 있지요. 조금 전에 말씀드린 윤지충이 최초로 정식 사형을 당한 순교자였다고 한다면요."

"그런데 윤지충은 왜 사형당했나요?"

"그건 당시 조선의 국시인 유교와의 충돌 때문이었습니다. 앞시도 말했지만 이승훈의 전도로 기독교인이 된 윤지충은 모친상을 당했는데도 제사를 드리지 않고 신주를 불살라 버렸지요. 그의 전도로 함께 예수를 믿은 외사촌 권상연도 신주를 불태웠는데 이 소문이 당국에 알려지자 둘은 체포되었고 결국 둘 다 전주의 풍남문에 끌려가 목이 잘려 죽고 말았습니다.[9] 이때가 1791년 신해년이어서 이 사건을 '신해박해'라고 부릅니다. 이처럼 초창기 박해 이후부터 기독교인들은 정체를 숨기고 일종의 지하교회 형태를 유지하기 시작했습니다.

그 와중에도 조선의 신자들은 진짜 성직자가 있어야 한다는 생각에 1795년 청나라 신부인 주문모 신부를 몰래 조선에 들이 오게 했답니다.[10] 주문모 신부는 1801년 신유박해 때까지 약 6년 동안 조선 팔도를 다니면서 포교 활동을 했고, 그 덕분에 조선에는 천주교인이 급격히 늘어서 1만 명이 넘을 정도였답니다. 하지만 주문모 신부는 신유박해 때 자기를 보호하려고 너무 많은 조선인들이 죽는다는 사실을 알고 자수하여 결국 새남터[11]에서 목이 잘려 순교했습니다. 그것이 조선 땅에서 벌어진 최초의 성직자 순교였지요. 이후로도 박해는 계속되어 1839년 기해박해, 1866년 병인박해로 이어졌습니다. 결국 조선 땅에서 예수를 믿는다는 이유만으로 수만 명의 기독교인들이 피를 흘리며 순교했지요. 그중에 민훈 씨 조상님 두 분도 포함되어 있었던 겁니다."

여기까지 말을 마친 그는 꽃다발이 쌓인 탁자 위에서 책 두 권을 뽑더니 내게 주었다.

"한번 이 책들을 읽어 보세요."

그가 건넨 책은 마테오 리치가 쓴 《천주실의》와 《기인십편》의 한글 번역서였다.

"지금까지 말씀드린 대로 우리 조상님들의 인생관을 바꿔 놓은 책들입니다. 그들이 목숨 바쳐 지키려 한 사상이 여기 담겨 있습니다. 아마도 순교하신 민훈 씨 집안 어른들의 자취를 느낄 수 있을 겁니다."

책을 받아 들고 나는 천천히 자리에서 일어났다. 문밖으로 나가는데 김은진이 다시 나를 불렀다.

"참, 그 책들 다 읽으면 돌려주셔야 해요. 제 논문에 꼭 필요한 책들이니까요."

나는 알겠다고 한 뒤에 병실을 나왔다. 김은진의 입을 통해 들은 한반도 기독교 역사는 꽤나 충격이었다. 지금껏 내 인생과 아무 관련 없는 것으로 여겼던 버터 냄새나는 기독교에 그처럼 많은 조선인들이 목숨을 걸었다니……. 더구나 우리 직계 조상 두 명도 거기에 동참하여 목이 잘렸다. 그들이 믿은 것은 대체 무엇이었을까?

집에 돌아온 나는 김은진이 준 《천주실의》와 《기인십편》을 펴 들고 책상 앞에 앉았다. 둘 다 한문을 번역한 책이라 한문보다 영어에 더 익숙한 내게는 좀 까다로웠다. 하지만 약 230년 전, 내 조상들이 이 책을 붙들고 씨름한 때를 상상하면서 한 구절 한 구절 이해의 가닥을 잡으려고 애쓰며 읽어 갔다.

마테오 리치는 예상외로 과학적이고 이성적인 논리로 신에 대한 이야기를 풀어 갔다. 나는 점점 흥미가 생겨 아예 공책을 펴 놓고 《천주실의》[12] 1편의 인상 깊은 내용들을 요약했다.

　-높은 누대나 가옥들은 저절로 세워질 수 없으며 언제나 목수의 손에 의해 완성된다. 이처럼 천지도 스스로 이루어질 수 없으며 창제하신 이, 즉 천주가 반드시 계신다.
　-피조물은 첫 생명의 원인자를 반드시 가진 다음에야 다른 생명들을 만들어 낼 수 있다.
　-천주는 시작도 끝도 없으며 만물의 시조요, 만물의 뿌리이다.
　-즉 천주는 누구로부터 기원한 것이 아니라 시작도 끝도 없는 존재이고 더 위에 있는 것이 없는 지극히 위대한 소이연(所以然)이다.

천주에 대한 마테오 리치의 설명은 아마도 이런 뜻인 것 같았다. 세상에 스스로 존재하는 것은 없다. 모든 것에는 원인이 있다. 그렇다면 모든 사물의 원인을 계속 거슬러 올라가다 보면 최초의 원인을 발견하게 된다. 그 최초 최대의 원인이 바로 천주다. 이러한 신 존재 증명 이론은 생각보다 과학적인 접근 방법 같다. 오늘날의 과학도 원인 없는 결과를 생각하지 않기 때문이다.

하지만 한 가지 의문이 생긴다. 모든 것에는 원인이 있어야 하는데 왜 신은 그 인과법칙에 해당하지 않는가? 신도 어떤 원인에 따른 결과여야 하지 않은가? 마테오 리치는 천주가 누구로부터 기원한 것이 아니라고 말한다. 하지만 왜 하필 신만 과학의 인과법칙에서 제외되는가? 그러다가 나는 《천주실의》 2편에서 다음과 같은 구절들을 발견하고 다시 요약했다.

─시작이 있는 존재, 즉 피조물이라면 처음엔 원래 없었다가 나중에 존재하게 된다고 말할 수 있지만 본래 시작이 없는 존재, 즉 조물주라면 존재했던 시점도 없기 때문에 어느 때에 그보다 더 먼저 없음[無]이 있을 수 있겠는가.

일견 일리가 있는 말이다. 하지만 여전히 마음이 시원치 않던 내 눈에 문득 그 면의 하단 여백에 연필로 쓴 메모가 들어왔다.

* 창세기 1:1, 출애굽기 3:14.

아마도 김은진이 이 부분을 읽으며 남긴 기록인 듯했다. 나는 성경책을 한번 들춰 보았다. 먼저 창세기 1장 1절을 찾았다.

　　태초에 하나님이 천지를 창조하시니라.

　일단 성경도 《천주실의》와 비슷한 개념을 말하고 있다. 모든 존재가 신으로부터 기원했고 '하늘의 주인'[天主]인 하나님이 만물의 기원이라는 말이다. 하지만 여전히 하나님의 기원에 대한 의문은 풀리지 않았다. 그래서 이번에는 출애굽기 3장 14절을 찾았다. 거기에 이런 구절이 있었다.

　　하나님이 모세에게 이르시되 나는 스스로 있는 자니라 또 이르시되 너는 이스라엘 자손에게 이같이 이르기를 스스로 있는 자가 나를 너희에게 보내셨다 하라.

　출애굽기에서 신은 자신을 '스스로 있는 자'라고 소개하고 있었다. '스스로 있는 자'라는 의미는 존재 원인이 외부에 있는 것이 아니라 자기 속에 스스로 들어 있다는 의미로 볼 수 있다. 즉 성경의 하나님은 어떤 외부적인 원인으로 존재하는 자가 아니라 자신의 존재 원인을 스스로 자기 속에 이미 소유하고 있다는 의미다. 이것 역시 다른 모든 것이 외부적 원인을 가진다는 가정에 비교해 볼 때 분명 모순적인 표현이다.

　하지만 이런 표현들은 어쩔 수 없는 것이 아니었을까? 신의 존재를 부정하는 관점에서 보면 모순이지만, 만약 신이 진짜로 존재한다면 그는 인간에게 자신을 어떻게 표현해 줄 수 있었을까?

물론 신에게는 신적인 논리가 있을 것이다. 하지만 그 논리는 너무 어려워서 결국 인간이 이해하지 못할지도 모른다. 《천주실의》 1편에서 마테오 리치가 '조그만 그릇으로 큰 바닷물을 다 퍼내어 작은 웅덩이에 부을 수 없다'고 말한 것처럼 말이다. 결국 신은 중간 과정을 생략하고 성경처럼 말할 수밖에 없을지도 모른다. '나는 스스로 있는 자다'라고.

그러고 보니 조금 전에 본 성경의 첫 시작인 창세기 1장 1절도 증명적이 아니고 선언적이었다. 성경은 신의 존재에 대해서 일체 그 기원을 설명하지 않았다. 신은 당연히 존재하는 것이다. 따라서 성경은 그다음 단계부터, 즉 만물이 신에 의해 기원된 이후부터를 말하고 있다. 결국 신이 모든 존재하는 것들의 최초 원인이라고 말하는 마테오 리치의 설명과 동일선상에 놓여 있다.

나는 마테오 리치의 이론을 계속 읽어 나갔다. 리치는 불교와 도가의 사상은 기독교에 크게 벗어난다고 말하면서 유교의 '상제'(上帝)라는 개념과 기독교의 '하나님'이 상통함을 강조하고 있었다. 아마도 기독교와 유교의 공통점을 강조하면서 당시 중국 유학자들을 전도하려는 의도였던 것 같았다. 유교와 기독교의 이런 친화적인 성격 덕분에 결국 조선 유학자들까지 《천주실의》를 통해 기독교를 받아들일 수 있었을 것이다. 《천주실의》 3편을 읽다가 나는 또다시 눈에 띄는 몇 가지 개념들을 발견하고 요약했다.

　　－소멸하지 않는 사람의 영혼에는 인과응보의 법칙이 적용된다.
　　－자기 행동이 동물의 그것과 같기를 원하고 사람과 동물의 두

본성이 다름을 이해하지 못하는 사람은 미련한 자다.

―도리를 닦은 사람은 내세에 반드시 천당에 올라가서 무궁한 복
락을 받고 지옥에 떨어져서 끊임없는 재앙을 받는 일을 면하게
된다.

마테오 리치는 동물이 이치를 추론할 수 없고 오감의 만족만
을 위해 살아간다고 했다. 그런 차원에서 '자기 행동이 동물의
그것과 같다'는 표현이 자꾸 나를 위축시켰다. 그의 이론대로라
면 지금까지 내 혼은 철저히 육신의 오감을 만족시키기 위해 살
아왔다는 점에서 동물의 혼과 별로 다를 바가 없었기 때문이다.
그렇다면 내 삶은 한마디로 '짐승 같은 삶'이라는 말인데…….
아래 여백을 보니 거기에도 김은진이 남긴 메모가 있었다.

전도서 3:21, 베드로후서 2:12, 유다서 1:10.

나는 또 성경책을 뒤져 보았다.

인생의 혼은 위로 올라가고 짐승의 혼은 아래 곧 땅으로 내려가
는 줄을 누가 알랴(전 3:21).
그러나 이 사람들은 본래 잡혀 죽기 위하여 난 이성 없는 짐승
같아서 그 알지 못한 것을 훼방하고 저희 멸망 가운데서 멸망을
당하며(벧후 2:12).
또 저희는 이성 없는 짐승같이 본능으로 아는 그것으로 멸망하
느니라(유 1:10).

짐승 같은 삶을 사는 사람들이 있었다고 성경은 말하고 있다. 나는 단어 두 개에 주목했다. '본능'과 '멸망'. 짐승들은 본능을 따라 살며 그것 때문에 멸망한다. 본능은 육체의 요구다. 잠시 잊고 있던 병든 할아버지의 마지막 모습과 목을 매단 임철식의 창백한 얼굴이 떠올랐다. 할아버지는 평생 무엇을 위해 뛰었는가. 국가 경제 발전이니 뭐니 해도 결국은 자기 육체의 본능을 위해 살았음이 분명했다. 니체를 줄줄 외운다던 임철식이 마약을 탐닉한 것도 결국 육체의 본능 때문이었을 것이다.

문제는 내 삶 역시 그들과 다를 바가 거의 없다는 것이었다. 나 또한 지금까지 육체의 본능에 가장 큰 가치를 두고 살아왔다. 내 마지막도 결국 그들과 동일하게 된다는 것인가? 그것이 바로 멸망이라는 것인가? 갑자기 가슴이 답답했고 목이 탔다. 나는 자리에서 벌떡 일어나 와인 한잔을 들고 왔다. 붉은 액체에 입술을 살짝 훔치자 감미로운 향이 입 안을 감돌았다. 와인 잔을 내려놓고 다시 자리에 앉아 책으로 눈을 돌렸다. 조금 전에 읽은 면의 상단 여백에 별 표시를 해 둔 김은진의 또 다른 메모가 하나 있었다.

    * 《기인십편》 1편과 연관됨.

《천주실의》를 잠시 미뤄 두고 이번에는 중국 학자와 서양 학자가 대화하는 형태로 구성된 《기인십편》[13] 1편을 펴서 읽기 시작했다.

이부상서인 이 선생이 제 나이를 물었습니다. 저는 그때 막 쉰 살이 되었기에 "이미 오십 년이 없어졌습니다"라고 대답했습니다. 이부상서가 말했습니다. "(당신의) 천주교에서는 있는 것을 없는 것이라고 여깁니까?" 제가 대답했습니다. "아닙니다. 이 나이의 햇수는 지나가 버린 것입니다. 저는 그 햇수가 어디 있는지 모릅니다. 그래서 감히 지금 있다고 말하지 못하는 것입니다."

그럴듯한 대화였다. 김은진의 성경책 맨 앞에 써 있던 '풀과 풀의 꽃' 이야기 이후 또다시 접한 인생무상 이야기. 갑자기 어린 시절 처음 영어를 배우면서 'How old are you?'를 '너는 얼마나 늙었니?'라고 해석하며 낄낄대던 일이 떠올랐다. 문득 그것이 단순한 말장난이 아니라는 생각이 들었다. 인간은 태어나서 살아가는 것이 아니라 죽어 가고 있는 중이다. 젊어지는 것이 아니라 늙어 가는 것, 즉 소멸해 가는 것이다.

마테오 리치는 의아해하는 이부상서 이제에게 설명을 이어 갔다. 세월이 지나면 사람의 육신은 자라되 그 수명은 줄어들고, 시간은 시위를 떠난 화살처럼 되돌릴 수 없으므로 소중하단다. 그러므로 유익한 일을 해야 한디. 무익한 일로 시간을 낭비하면 안 된다고 했다. 좀더 읽어 가자 이번에는 《기인십편》 3편과 8편에 다음과 같은 내용이 나왔다.

 ─왜 사람들은 죽음에 대해 말하기를 꺼리는가. 살아 있는 사람에게 죽을 수밖에 없다는 사실보다 더 분명한 것은 없다.
 ─지혜로운 선비는 때때로 죽을 때를 생각하면서 그 생각을 갖고

삶을 영위한다.

－더러운 즐거움을 맛본 것은 후딱 지나가 버리지만 더러운 즐거움을 취했던 잘못은 영원히 남는다.

－오만한 기상은 이미 바람 따라 흩어지고 오직 오만함이 불러들인 하늘의 형벌만 남아 있다.

－세상의 즐거움은 어진 사람의 고통이다. 어진 사람은 이를 적과 원수로 여긴다.

－순간의 가벼운 즐거움은 우리에게 끝없이 무거운 고통을 가져다준다.

－인간의 덕에 대한 보답은 진실로 육신이 죽은 뒤, 즉 후세에 있다.

－세상에서 사람들의 보답이 없어도 천주를 위하여 전력을 하면 받게 될 후세의 보답은 반드시 성대하고 반드시 크다.

마테오 리치의 글에는 '형벌과 보답'이라는 개념이 계속 반복되었다. 거부감이 드는 개념이지만 한편으로는 일리가 없지 않았다. 세상에는 불공평한 일들이 많다. 모든 의인들이 상을 받지도 않고 모든 죄인들이 벌을 받는 것도 아니다. 만약 일반적인 기대대로 죄인은 벌을 받고 착한 사람은 복을 받는다면 이 법칙은 세상에서 제대로 시행되고 있지 않다. 하지만 기독교가 말하는 내세의 심판이라는 것이 존재한다면 이 법칙은 여전히 유효하다. 죽은 후에 이어지는 상과 벌이 있으니까. 그렇다면 내세라는 것은 필연적인 요청일지도 모른다.

  결국 나는 이틀에 걸쳐 두 권의 책을 다 읽었다. 우습게도 나는 그 책의 내용들은 《기인십편》 8편에서 중국 학자가 마테오 리치에게 고백한 것처럼 구구절절 참으로 일리가 있다고 느꼈다. 어쩌면 내 조상들도 나처럼 밤을 새워 가며 이 책들을 읽고 고개를 끄덕였을 것이다. 하지만 나는 마테오 리치의 책을 전적으로 받아들이기에는 뭔가 석연치 않은 두 가지 점을 발견하였다.

  먼저 마테오 리치는 유교의 '상제'라는 개념과 자신이 설명하는 '하나님'이라는 개념을 동일시하고 있었다. 만약 리치의 말처럼 하나님이 유교의 상제와 같은 개념이라면 결국 리치의 기독교가 아니라 유교의 도를 따라도 여전히 내세의 심판을 피할 수 있는 것 아닌가? 그러고 보니 《기인십편》에서 중국 학자인 공 보좌관이 언급한 '삼왕들과 주공과 공자와 노자는 이미 하늘에 있다'는 식의 말에 리치가 아무 긍정도 부정도 하지 않았음이 생각났다. 만약 유교의 도로도 내세의 심판을 피할 수 있다면 리치는 무엇 때문에 기독교를 포교하러 중국까지 갔는가?

  또 한 가지는 마테오 리치가 내세의 심판을 확실하게 피할 방법을 명확히 말하고 있지 않다는 점이었다. 물론 그는 하나님을 섬겨야 한다고 말하지만 궁극적으로 인간이 열심히 노력하면 이른바 구원이라는 것을 얻을 수 있다고 말하는 것 같았다. 그렇다면 기독교인들이 그토록 믿고 따르는 예수라는 존재는 대체 누구인가? 마테오 리치는 예수에 대해서 거의 언급하고 있지 않았다. 하지만 이 책을 내게 권한 김은진은 매일 캠퍼스에서 이렇게 외쳤다.

  "예수 유일한 진리, 예수 유일한 행복."

지금 뚝도에는 경마장이 없다. 1989년을 시점으로 과천 경마장이 생겨 뚝도 경마장을 폐쇄하였다. 마승회 회장을 역임한 증조부는 1977년에 사망하셨지만 이미 증조부를 통해 막강한 영향력을 곳곳에 쌓아 놓은 할아버지는 새로 경마장을 이전하려는 초대형 공사 권리를 얻어 내려고 수없이 로비를 했고 마침내 새 경마장 건설권을 따 냈다. 그렇게 세워진 대규모 과천 경마장은 경마가 있을 때면 수만 명의 사람들로 인산인해를 이루고 있다. 결국 뚝도 경마장은 사라졌고 지금은 시민들을 위한 휴양림을 시에서 운영하고 있을 뿐이다.

뚝도 변두리 눈에 잘 안 띄는 숲 속 강가에 우리 집안 별장이 하나 있다는 사실을 아는 사람은 별로 없다. 무슨 생각이었는지 할아버지는 뚝도의 일부를 시로부터 다시 사들여 별장을 하나 지어 놓았다. 본래 골동품이나 잡다한 것들을 수집하기 좋아한 할아버지는 평소에도 그 일만 전담하는 비서를 두었을 정도였다. 특히 조금이라도 우리 집안과 관련된 것들은 남김없이 수집하려 했다는 말을 아버지에게 들은 적이 있었다. 아버지는 그것이 마태그룹 일가의 기념관을 만들 계획 때문이라고 했다. 할아버지는 골동품을 발견하는 대로 뚝도 별장에 쌓아 두었다. 나도 중학교 때 할아버지를 따라 별장에 가 본 적이 한 번 있었다. 하지만 이후로 다시 그곳을 찾아가지 않았다. 넓은 홀 형태의 1층과 2층에 고리타분한 물건들과 상자들만 잔뜩 쌓여 있어 칙칙한 창고 같았기 때문이다. 하지만 지금 나는 이곳 뚝도 별장에 들어와 있다. 팔에 깁스를 한 김은진과 함께.

오늘 아침 내가 다시 병원에 찾아가 책을 돌려주면서 《천주실의》와 《기인십편》을 다 읽었다고 하자 김은진은 크게 감동하였다. 하지만 나는 여전히 도전적인 자세로 질문을 던졌다.

"왜 당신네 기독교인들은 기독교만이 유일하다고 주장하는 거죠? 마테오 리치도 결국 기독교와 유교가 상통한다고 말하지 않습니까? 그런데 다른 종교들은 안 되고 오직 예수만이 유일하다고 말하는 이유는 뭡니까? 사랑을 가르친다는 기독교가 너무 독선적이라는 생각은 안 드나요?"

김은진이 대답했다.

"마테오 리치가 유교를 인용한 것은 기독교를 더 확실히 전하기 위해서지 유교와 기독교가 서로 비슷하다는 말을 하려 한 것은 아닙니다. 그만큼 기독교가 유일하기 때문에 그런 식으로라도 유교 국가에 기독교를 전하려 한 것이지요. 방금 독선이라고 하셨는데 사실 그건 독선이 아니라 일종의 매력입니다. 만약 시험장에서 시험을 본 후, 누군가가 시험 문제에 나온 모든 보기가 다 답일 수 있다고 하면 그 말을 무조건 받아들일 수 있겠습니까? 문제가 잘못되지 않은 한 답은 분명히 한 가지로 집약되시요. 기독교는 바로 그 정답 한 가지를 발견하고 이를 주장하고 있는 것입니다. 성경은 오직 예수를 통해서만 천국에 이를 수 있다고 가르쳤고 우리는 그 답을 확고히 믿고 있는 것뿐입니다."

"하지만 산꼭대기에 오르는 길은 하나만 있는 것이 아니지요. 어떻게 진리에 이르는 길이 오직 하나뿐이라고 주장할 수가 있단 말입니까?"

"물론 산에 오르는 길은 여러 가지일 수 있습니다. 도덕, 윤리,

효도 등등. 이 땅에 속한 진리의 산에는 불교나 유교나 기독교 등 여러 종교들을 통해서 올라갈 수 있습니다. 하지만 지금 우리는 산에 오르려는 것이 아닙니다. 성철 스님 말씀처럼 산은 산이고 물은 물일 뿐 결국은 땅에 속한 것입니다. 우리는 산에 오르려는 것이 아니라 하늘에 오르려는 것입니다. 산은 산이고 물은 물이라는 것은 유치원 어린이들도 압니다. 고행과 수도를 통해서 깨달을 진리가 아니지요. 산과 하늘은 비교할 수 없습니다. 하늘은 인간의 영역을 벗어난 무한 공간입니다. 그러기에 무한한 하늘로 이르는 길은 유한한 인간의 머리나 수련에서 나올 수 없고 최종 목적지인 하늘에서 직접 땅에 내려 준 지도를 보았을 때에만 가능합니다. 인간에게는 그 길을 믿는가 믿지 않는가 하는 문제만 남게 되지요. 순교하신 민훈 씨 조상들은 당연히 하늘이 일러 준 그 길을 믿고 따라가신 분들입니다. 그러기에 저는 그분들이 지금 하늘에서 행복하시다고 확신합니다. 그 죽음은 결코 어리석고 허무한 것이 아니라는 말이지요.”

처음 그에게 과제를 전달한 날처럼 나는 또다시 말문이 막혔다. 한편으로는 증명되지 않는 하늘에 저토록 확고한 믿음을 가지고 있는 그가 신기하기도 했다. 그런데 김은진이 이어서 엉뚱한 질문을 했다.

“혹시 민훈 씨 집에 조상님들 내력을 좀더 알아볼 만한 자료는 없나요? 족보라든지 무슨 유품이라든지 말이에요.”

그의 말에 퍼뜩 떠오른 곳이 바로 여기 뚝도 별장이었다. 내가 뚝도 별장에 가면 뭔가 있을 것이라고 말하자 그는 지금 즉시 가볼 수 있는지 물었다. 내가 어설프게 고개를 끄덕이자 김은진은 갑자기 팔에 꽂힌 링거 바늘을 자기 손으로 쑥 뽑더니 왼쪽 팔에 겉옷을 끼우고 침상에서 내려왔다. 내가 만류했지만 그는 의사의 허락도 받지 않고 나와 함께 주차장으로 내려갔다. 내가 차문을 열어 주자 그는 오랜만의 외출에 기분이 좋아서 그런지 어린아이처럼 말했다.

"오케이. 출발."

집에 들러 뚝도 별장 열쇠를 건네받는 사이, 손 기사는 조수석에 앉은 김은진을 수상쩍은 눈으로 계속 훑어보았다. 김은진은 창밖으로 우리 집 정원에 가득 핀 꽃들을 구경하느라 정신이 없었다. 내가 잠시 내려 구경하겠느냐고 물었지만 김은진은 고개를 가로저으며 빨리 뚝도로 가자고 했다.

별장은 오랫동안 방치되어 있어서 구석구석 먼지와 거미줄투성이였지만 스위치를 올리자 전기가 들어오고 수도에는 물도 나왔다. 1층과 2층 로비에는 옛날에 와 보았을 때보다 더 많은 상자들이 쌓여 있었다. 우리는 1층 로비에 쌓인 상자들부터 하나씩 개봉해 나가기 시작했다. 대부분 오래된 고서들이었다. 한문으로 된 고서들을 읽어 내기린 거의 불가능했다.

다행히 김은진은 한문 실력이 나보다 좀 나았기에 대충 자기 눈에 익은 제목의 책들부터 골라내고 있었다. 그가 일러 준 책 제목은 대충 이런 것들이었다. 《성교요지》(聖教要旨), 《상재상서》(上宰相書), 《주교요지》(主教要旨)……. 하지만 그 책들의 내용까지 다 이해하기란 어려운 일이었다. 암호 같은 한문들로 된 책들을 앞에 모아 두고 난감해하다가 갑자기 김은진은 휴대폰을 꺼내 어디론가 전화를 걸었다. 전화 통화 너머로 누군가 막 화내는 소리가 들렸다. 하지만 김은진은 전화에 대고 침착하게 말했다.

"염려 마. 형, 나 괜찮아. 그건 그렇고 지금 여기로 좀 와 주라. 형 도움이 절대적으로 필요해. 올 때 노트북 가지고 오는 것도 잊지 말고……."

그러면서 뚝도 가까이 있는 지하철 역에서 별장까지 들어오는 길을 대략 설명했다. 전화를 끊자 그는 나를 보고 말했다.

"정민재라고, 우리 학부 선배인데 중국에서 고문서학으로 박사 학위를 받고 지금 우리 학교에 시간 강사로 와 있어요. 고전과 한문에 정통한 분이니까 큰 도움이 될 겁니다. 가까운 데 살아서 금방 올 건데 그동안 다른 것들이 더 있나 좀더 찾아보죠."

나는 고개를 끄덕였고, 우리는 다시 책 무더기를 뒤져 나가다가 둘이 동시에 눈에 확 들어오는 책 한 권을 발견했다. 목판본이나 전문 필사본과는 달리 개인의 필적으로 자유롭게 쓴 책이었다. 《회념조부화부친》(懷念祖父和父親), 즉 '조부와 부친을 그리워함'이라는 제목의 책으로 겉장 하단에 김진호라는 이름이 적혀 있었다. 책장을 넘기니 한문이 주를 이루었지만 다행히 고어체의 한글도 꽤 섞여 있었다. 하지만 이 역시 해독은 거의 힘들어서 일단 분리해 둘 수밖에 없었다. 이후로도 김은진은 《백서》(帛書), 《병인박해 순교자 증언록》 등의 책과 한문으로만 적힌 《천주실의》 등을 더 찾아냈다. 먼지투성이 속에서 정신없이 책을 뒤지다 보니 머리가 아프고 목이 칼칼했다. 우리는 분리해 놓은 책들을 한구석에 모아 두고 신선한 공기를 마시러 현관 밖 잔디로 나갔다. 담배를 한 대 피우는데 멀리서 누군가의 모습이 나타났다.

김은진이 그를 먼저 알아보고 큰 소리로 불렀다.

"민재 형."

정민재도 멀리서 손을 흔들며 다가왔다. 가까이 다가올수록 낯익은 그 얼굴은, 내가 김은진을 치었을 때에 보닛을 두들기던 수염 덥수룩한 인간이었다. 그는 김은진과 호들갑스럽게 반가움을 표시하고 나서 나와는 좀 껄끄러운 악수를 나눴다. 하지만 그의 등장은 자료 추적에 엄청난 도움을 주었다. 김은진의 말대로 그는 한문과 고문서에 놀라운 지식을 가지고 있어서 우리가 분리해 둔 책들에 대해 하나하나 설명을 이어 나갔다.

"이건 뭐, 민훈 씨 할아버지는 완전히 천주교 박물관을 꾸밀 작정이었나 보네. 한국 초기 천주교 자료들이 엄청나구먼. 도서관에도 없는 책들이 많으니 나중에 나도 여기 좀 이용해야겠다. 일단 이 책부터 좀 봐. 흔히 '황사영의 백서'라고 부르는 이 책은 사연이 많아. 황사영은 타고난 천재로 16세의 어린 나이에 과거 시험에 합격했어. 정조 임금이 그의 손에 친히 비단 끈을 달아 주고 20세가 되면 꼭 불러 쓰겠다고 하셨지. 하지만 그는 정약용의 형 정약현의 딸과 결혼하면서 기독교인이 되었고 결국 1801년에 정부의 기독교 박해를 피해서 충청북도 제천의 배론이라는 곳까지 도망을 갔어.

작년에 나도 배론성지에 갔다 왔는데 황사영이 숨어 있었다는 토굴 모형을 보니 어떻게 이런 데 숨어 살았나 싶기도 하고, 참 실감나더구먼. 그 토굴에서 황사영은 북경 주교 앞으로 편지를 썼는데 그게 바로 이 책이야. 물론 원본은 지금 교황청에 있고 이건 필사본인데, 이 내용이 참 재미있어. 황사영은 북경 주교인

구베아에게 호소하기를 서양 국가들에 연락해서 군함들을 보내
어 강제 무력으로라도 조선을 개항해 달라고 부탁했지.

　그래서 오늘날 이 글에 대한 우리 역사학자들의 의견은 많이
엇갈리고 있지. 어떤 학자들은 사회윤리의 대원칙을 잃은 편지라
고 비판하는가 하면, 또 다른 학자들은 수많은 교우들과 가족들
의 억울한 순교를 눈으로 목격한 황사영으로서는 어쩔 수 없는
입장에서 쓴 글이며 그때 만약 서양에 의해 나라가 열렸으면 우
리가 일본보다 앞서 강력한 근대국가를 이루었을 것이라고 옹호
하기도 하지. 여하튼 이 글은 끝내 북경 주교에게 전달되지 못하
고 조선 정부에 먼저 발각되어 황사영은 사형을 당하고 말았어.
《홍길동전》을 쓴 허균처럼 능지처참을 당했다고 전해지고 있어.”

　그는 다른 책을 집어 들더니 또 설명을 시작했다.

　“《상재상서》라……. 이것도 유명하지. 정하상이라는 사람이
쓴 글이야. 정하상은 정약용 선생의 형인 정약종의 아들이지.
1801년 신유박해 때, 아버지와 형이 순교했지. 그때 일곱 살이던
정하상은 어머니 유소사[14]에게 철저한 신앙 교육을 받으면서 컸
어. 하지만 결국 그도 1839년 기해박해 때 사형을 당했는데 체포
되기 직전에 쓴 글이 바로 이 《상재상서》라는 책이야. 이 글은 당
시 재상인 우의정 이지연에게 올린 글로 기독교의 박해를 중지해
달라는 내용이야. 간곡하고도 논리가 분명해서 1887년에는 홍콩
에 있는 고약망이라는 주교가 이 글을 출판해 신학생들 교재로
쓸 정도였다지 아마. 이건 그 필사본들 중 하나가 분명해. 당시
우리나라 기독교인들 사이에도 상당히 널리 퍼져 있던 책이었으
니까.”

　그는 계속해서 우리가 분류해 놓은 책들을 꼼꼼히 뒤져 보더니 다시 말을 이었다.

　"근데 여기 좀 봐 봐. 책마다 한 가지씩 공통점이 있어."

　우리는 그가 손으로 가리키는 곳을 보았다. 천주교와 관련된 책들의 맨 뒷장마다 동일한 모양의 낙관이 두 개씩 찍혀 있었다. 정민재가 읽어 주는 그 낙관의 이름은 김진호와 김청헌이었다. 김진호는 조금 전에 찾아낸 《회념조부화부친》, 즉 '조부와 부친을 그리워함'이라는 책 겉장에 적힌 이름이다. 나는 얼른 그 책을 찾아 정민재에게 주었다. 정민재는 흥미로운 눈으로 책 제목을 보더니 책장을 넘기기 시작했다. 정민재는 우리의 예상대로 그 책은 김진호라는 사람이 쓴 일기가 틀림없다고 말했다.

　시각은 이미 자정을 넘어서고 있었다. 김은진의 눈이 피곤해 보였다. 정민재는 은진의 깁스한 팔을 한번 훑어보더니 어디 누워 잘 곳이 있는지 물었다. 3층에 방이 있다고 하자 정민재는 내게 책들을 챙겨 들라 한 뒤 은진과 함께 3층으로 올라가기 시작했다. 3층에는 원룸 형식의 넓은 살림집이 있는데 가구랑 침대 여러 개가 모두 비닐에 싸여 있었다. 침대 비닐을 걷자 충분히 잘 만했다. 나와 김은진은 한 자리씩을 차지하고 누웠다. 하지만 정민재는 한구석에 놓인 책상에 앉아 노트북을 펼치더니 기지개를 쭉 켜며 말했다.

　"둘 다 푹 자라고 나는 이제부터 이 일기를 한번 번역해 볼 테니까. 어려운 한문이 많아서 시간은 좀 걸리겠지만 잘하면 희귀한 자료를 건질 수 있을지도 모르겠어. 오랜만에 의욕이 막 솟는다야."

나는 멀리서 정민재가 두드리는 나지막한 노트북 자판 소리를 들으며 잠을 청했다. 밖에 비가 오는지 나뭇잎에 빗방울 부딪는 소리가 들렸다. 갑자기 담배 생각이 간절했지만 두 예수쟁이들 분위기상 참고 그냥 자기로 했다. 내 인생에 갑자기 너무 많은 사건이 들이닥치고 있다는 생각이 들었다. 이제껏 내 집안과 우리 식구는 천하무적이었다. 그 어떤 것도 감히 나와 내 집을 무너뜨릴 수 없다고 느꼈다. 하지만 무적 같던 할아버지는 죽고 아버지를 비롯한 온 식구는 병원에 누워 있다. 유일하게 멀쩡한 나는 돌아가신 할아버지의 별장에서 우리 집안의 내력을 뒤지고 있다. 도대체 이게 무슨 조화인가?

조금씩 잠에 빠져 들 무렵, 갑자기 오늘 정오경에 새로 마련한 휴대폰 문자로 전달된 크라운 미팅 장소가 떠올랐다. 경기도 양평 어디였던 것 같다. 아마 지금쯤 거기선 피가 거꾸로 뒤집힐 만큼 짜릿한 뭔가가 진행되고 있을 것이다. 얼마 전 같으면 나도 그 속에서 흥분으로 몸을 떨고 있었을 것이다. 하지만 지금의 나는 어딘가 다른 곳을 향하고 있는 듯했다. 예전 같으면 아무 관심도 가지지 않았을 곳이 묘하게도 나를 끌어당기고 있다. 이런 생각들이 밀려드는 가운데 내 팔과 다리 근육은 기분 좋게 툭툭 풀어지고 있었다. 나는 그대로 깊은 잠에 빠져 들어갔다.

아침 일찍 일어나 욕실에서 대충 씻고 나왔다. 내가 나오자 곧이어 김은진도 일어나서 욕실로 들어갔다. 그런데 조금 열린 욕실 문틈으로 보니 김은진이 혼자 머리를 감으려 하고 있었다. 오른손은 깁스한 채 왼손만으로 샴푸를 짜려는 모습이 얼핏 애처

로워 보였다. 잠시 망설이다가 욕실 문을 두드리고 들어가 은진
의 왼손에 샴푸를 짜 주었다. 이미 고개 숙여 머리에 물을 적신
은진이 흘깃 나를 보며 아이처럼 웃었다. 그 웃음을 보자 머리까
지 감겨 줄까 하는 생각이 잠시 들었다. 하지만 은진은 곧 왼손
에 받은 샴푸를 머리에 비비고 혼자서 능숙하게 머리를 감았다.

　노트북 앞에서 밤을 샌 정민재의 눈은 거의 풀려 있었다. 은진
이 수건으로 머리를 닦으며 나오자 그는 자리에서 일어나 크게
기지개를 켜더니 좀 자야겠다면서 우리에게 노트북을 읽어 보라
고 했다. 김은진이 먼저 책상 앞에 앉고 나는 다른 의자를 가져
와서 그의 곁에 앉았다. 그리고 정민재가 번역한 김진호 씨의 일
기 내용을 읽어 가기 시작했다.

1872년 1월 17일

아직 땅이 얼어 곡괭이질이 무척 어렵다. 오늘도 조부와 부친을
그리워한다. 이곳 횡성 산골짝에 자리 잡은 지 벌써 3년. 나는
내 어머니와 두 누이, 그리고 최 서방의 노모까지 부양해야 한
다. 다행인지 불행인지 최 서방 아내는 노모만 남겨 두고 자식들
과 야밤에 도주했다. 그러고 보니 2년 전에 죽은 충실한 최 서방
이 새삼 그립다. 한양의 내 집은 더욱 그립다. 조부와 부친의 죽
음에 대한 소식은 이미 들었다. 한날에 두 분을 잃었으니 내 신
세가 처량하도다. 대원군은 양놈의 배가 한강까지 왔다 하여 절
두산에서 8천 명의 목을 잘랐단다. 드넓은 한강 물이 온통 시뻘
겋게 흘렀다니 죽은 자들의 한이 얼마나 심할까. 그 속에 내 조
부와 부친의 피도 함께 섞였으니 나의 한도 끝이 없다. 작년 3월

에 미국이 강화도를 침략한 이후 대원군은 곳곳에 척화비까지
세워 놓았다고 한다. 아직 대원군의 서슬이 퍼러니 언제나 산골
에 숨어 땅을 파는 이 삶을 청산하고 다시 고향으로 돌아갈 수
있을까?

여기까지 읽다가 나는 김진호라는 사람이 누군지 서서히 감이
잡혀 왔다. 고등학생 시절 가계도를 만들어서 발표하는 과제가
있었다. 조상의 이름을 많이 알아 올수록 높은 점수를 준다는 선
생님의 말에 나는 왠지 내켜 하지 않는 할아버지를 붙들고 캐물
어서 족보에 나와 있는 8대까지 조부들의 이름을 모두 조사해 수
업 시간에 발표한 적이 있었다. 워낙 점수가 짠 과목이라 꽤나
심혈을 기울였던 탓에 그때 발표한 여덟 명의 이름들이 서서히
떠오르기 시작했다. 그 이름들은 이랬다.

8대조 : 김승하
7대조 : 김진례
6대조 : 김재진
5대조 : 김시제
고조부 : 김진호
증조부 : 김청헌
조부 : 김정만
부 : 김만걸
나 : 김민훈

　그러니까 김진호는 내 고조부시다. 그렇다면 그분의 일기 내용에 순교한 것으로 나오는 자신의 부친 김시제와 할아버지 김재진은 나에게 5대와 6대 조부들이다. 그리고 책마다 나란히 찍힌 낙관에 적힌 김청헌이란 이름은 김진호의 아들로 내 증조부가 되신다. 내 조상의 이름들을 언급하자 김은진은 잠시 놀라더니 이렇게 말했다.

　"8대 조부시라는 김승하 어른은 아마도 이벽, 정약용 등과 함께 명례동 김범우 집에서 모여 예배를 드렸던 초기 교회 구성원이었던 것 같군요. 왜 기억나시죠? 제가 병실에서 이야기했던 분 말입니다. 민훈 씨 집안 어른들은 정말로 한민족 기독교의 첫 선조들이시군요. 그렇다면 지금 이 글을 남긴 김진호라는 어른은 민훈 씨 할아버지의 자서전에 나온 대로 하인과 산골로 피신하여 가족을 부양하며 살았던 분이신가 봅니다. 신기하게도 민훈 씨 할아버지는 이 모든 자료들을 다 찾아 소장하고 계셨군요. 하긴 이런 자료들이 있으니까 조상들 이야기를 자서전에 상세히 쓰셨겠지요."

　우리는 정민재가 번역한 내 고조부 심신호의 글을 계속 읽어나갔다. 힘든 산골의 삶에 대한 한탄이 주를 이루고 있었는데 몇 장을 더 넘기자 이런 글이 나왔다.

1874년 5월 12일

감자와 옥수수가 잘해야 3일 먹을 것뿐이다. 오늘도 저녁 어스름에 산기슭에 앉아 조부와 부친을 그리워한다. 요즘은 심적 갈등이 심하다. 두 어른은 무엇을 위해 그리도 쉽게 자기 목을 바쳤는가. 솔직히 두 분의 목숨을 거둔 천주가 요즘은 자꾸 의심스럽다. 비록 지금도 아침마다 우리 온 식구는 천주께 예배를 올리지만 왜 천주는 자기 백성들의 고통을 묵인하고 계신가. 진정 천주가 존재한다면 어찌 그의 백성들의 고통에 이토록 귀를 닫고 계신가. 처음 이벽 공의 전도를 받아들이셨다는 김승하 조상님이 지금은 원망스럽다. 그분 이후로 우리 집안은 천주 신앙의 굴레에 매여 고통스런 삶을 반복하고 있다. 비나이다 비나이다, 천주여. 당신이 진실로 살아 계시다면 부디 우리 집안과 당신을 믿는 백성들을 구원하소서.

김은진의 말대로 우리 8대조인 김승하 조부께서 초기 명례방 모임의 신앙 구성원인 것은 분명한 것 같다. 하지만 이 일기를 보면 김진호 할아버지는 부친과 조부의 순교에 대해 신앙적 갈등을 보이고 있다. 어떤 면에서 당연한 것인지 모른다. 신(神)은 어찌 자기를 위해 목숨까지 바치는 백성들을 외면하고 있는가? 과연 그런 존재를 전지전능한 신으로 섬길 수 있는가? 조부와 부친을 동시에 잃고 고통스러운 산골짝 화전민으로 전락해 버린 젊은 김진호 할아버지의 갈등은 오죽했으랴. 아마도 이때부터 우리 집안의 기독교 신앙이 사라지기 시작한 것이 아닐까? 우리는 계속 일기를 읽어 나갔다.

1875년 6월 2일

우리는 매일 아버지가 남겨 주신 《천주실의》와 《기인십편》 그리고 《상재상서》를 읽는다. 오늘 읽은 《기인십편》 7편에서 이마두[15]

는 천주를 믿는 자로서 날마다 세 가지 맹세의 실천을 다짐한다
고 했다. 그것은 망령된 생각을 하지 않고, 망령된 말을 하지 않
고, 망령된 행동을 하지 않는다는 맹세다. 그리고 저녁에는 하루
의 일을 반성하고 잘못이 있었는지 스스로 마음 깊이 엄격하게
성찰한다고 했다. 물론 구구절절 옳은 말이다. 하지만 이런 가르
침들은 이미 우리 조상님 때부터 항상 애써 오던 항목이 아니던
가. 공자님도 수기치인(修己治人)을 강조하시며 인(仁)을 실현해
스스로 도(道)를 완성하여 하늘을 섬기라 하셨고 정심(正心)으로
항상 마음가짐을 바르게 할 것을 강조하지 않으셨는가. 우리 조
상님들은 서양의 도가 유교의 도와 상통하여 일리 있다고 받아들
이셨지만 이처럼 서양의 도와 우리의 도가 유사할진대 굳이 서양
의 도를 받아들여 목숨까지 걸어야 할 이유는 무엇인가. 이마두
는 무엇 때문에 굳이 우리에게 서양의 도를 받아들여야 한다고
강조하는가. 아직 그 이유를 모르겠다.

　나는 마치 내 고조부와 맞대면을 하고 있는 듯했다. 김진호 할
아버지의 갈등은, 내가 마테오 리치의 글을 읽으면서 가진 의문
과 상통하는 것이었기 때문이다. 열심히 도를 닦아 하늘의 마음
에 드는 일이라면 어떤 면에서 기독교보다 유교가 더 확실한 길
이 아닌가. 아니 오히려 수행을 강조하는 종교인 불교가 더 가깝
지 않을까? 마테오 리치는 기독교의 신앙 논리가 유교와 비슷하
다는 것은 입증했는지는 몰라도, 왜 목숨을 걸고 그것을 믿어야
하는 것인지에 대해서는 입을 다물고 있다. 그런데도 수많은 기
독교인들이 그 도에 목숨을 바치지 않았는가.

이런 의문 속에서도 나는 김진호 조부의 글에서 다음과 같은 추가 정보를 더 얻을 수 있었다. 김진호 조부는 스물세 살인 1876년에 같은 기독교 도주자 출신 집안의 처녀를 만나 혼인을 했고 1877년에 아들 청헌을 낳았으며 그로부터 24년이나 더 지난 1901년 마흔여덟 살의 나이에 마침내 한양 옛집으로 다시 돌아왔다는 것이다. 하지만 그 긴 세월 내내 조부의 마음속에 있던 신앙의 모습은 더 이상 책에서 발견되지 않았다. 어쩌면 1875년의 일기에 나타난 신앙적 갈등 이후로 김진호 조부는 조상 때부터 내려오던 신앙을 버렸는지도 모를 일이다.

만약 그렇다면 김은진의 추정은 어긋난 것이다. 왜냐하면 김은진이 읽으라 한 고린도전서 11장의 저주는 배교했기 때문이 아니라 교회의 부자들이 가난한 자들을 소외시키고 무시했기 때문이다. 그런데 기독교 때문에 죽도록 고생하고 순교하며 가난한 삶을 살다 너무 힘들어서 신앙을 버렸다고 해서 100년이 넘게 지난 지금 별 연관이 없는 고린도전서 11장의 저주가 우리 가족에게 임했다는 것은 말이 안 된다.

한참 코를 골며 자던 정민재가 깨어난 뒤에 우리는 식사를 하러 밖으로 나갔다. 근처 해장국 집에서 밥을 먹던 나는 이런 내 생각을 이야기했다. 김은진은 내 말을 곰곰이 듣더니 고개를 끄덕이며 말했다.

"저도 그렇게 생각해요. 하지만 아직 무슨 결론을 내리기에는 좀 성급한 것 같아요. 제 생각에는 아무래도 민훈 씨 조상들에게 더 많은 사연이 숨어 있을 듯합니다. 그러니까 오늘 하루 더 살

샅이 한번 뒤져 보죠."

은진의 말에 정민재가 말했다.

"그럼 오늘도 나 집에 못 들어가는 거냐? 좋아 아직은 강의도 별로 없으니, 까짓 거 하루 더 봉사하지 뭐. 하지만 너희들 나 부려 먹으려면 지금처럼 해장국 정도로는 어림없다. 이제부터 돈 많은 민훈이 네가 식사 메뉴에 신경 좀 써라. 응?"

함께 밤을 지내면 아침에 동지가 된다 했던가. 어느 틈에 내게 말을 놓고 있는 정민재 선배의 덥수룩하지만 믿음직한 수염이 밉지 않았다. 민재 선배의 말에 곁에서 킬킬대는 김은진도 검은 얼굴에 날카로운 눈매가 좀 거슬리긴 해도 자꾸 보니 천진하고 귀여웠다. 게다가 늘 깔끔한 맛을 찾아 헤매던 내 입맛에 허름한 뚝배기에 담긴 돼지 뼈다귀 해장국 맛이 의외로 구수하고 좋다. 난생처음, 사람과 만나고 어울리는 것에 푸근함을 느꼈다.

별장으로 돌아와 2층으로 올라갔다. 여기저기 쌓인 꽤 많은 상자들을 개봉해서 뒤지기 시작했다. 1층에 천주교와 관련된 책들이 많았다면 2층에는 책보다 골동품 같은 가구나 그릇, 그림들이 주로 있었다. 별 소득이 없이 다시 1층으로 내려기려다가 나는 계단 바로 옆에 서 있는 자개농을 보고 무심코 문을 열었다. 농 안에는 오래된 조선시대 양반 옷들이 옷걸이에 주렁주렁 걸려 있었고 그 옷자락들 사이로 커다란 항아리 하나가 놓여 있었다. 항아리 뚜껑에는 두꺼운 한지가 여러 겹으로 싸여 봉인되어 있었다.

나는 민재 선배를 불러 그와 함께 그 항아리를 꺼내려고 했다.

가볍게 들릴 줄 안 항아리가 생각보다 무거워 우리는 그만 항아리를 놓치고 말았다. 둔탁하게 계단을 구르는가 싶더니 항아리는 계단 중간에서 퍽 깨지고 말았다. 깨진 항아리 속에서 여러 권의 책과 두루마리들, 그 외에 잡다한 것들이 와르르 쏟아져 나왔다. 주로 옛날 안경, 담뱃대, 낙관용 도장들, 벼루, 먹, 붓 등이었다.

우리는 깨진 항아리의 뚜껑에 붙은 인봉부터 살펴보았다. 뚜껑을 인봉한 종이에는 두 개의 붉은 낙관이 찍혀 있었고 다음과 같은 글이 적혀 있었다.

"허락 없이 개봉하지 말 것, 김정만 회장."

무슨 비밀이 있기에 할아버지는 이 항아리의 개봉을 금하고 꽁꽁 감싸 놓았을까. 민재 선배가 인봉에 찍힌 붉은 낙관의 주인공 이름을 소리 내어 읽었다.

"김청헌, 김길민."

김청헌은 내 증조부이시다. 하지만 김길민은 누구일까? 우리는 깨진 항아리에서 쏟아져 나온 책과 두루마리들을 주섬주섬 모아서 살피기 시작했다. 가장 먼저 눈에 띈 것은 《신약성서마태전》(新約聖書馬太傳)이라는 제목이 붙은 오래된 한문성경이었다. 또 다른 두 권의 책은 《성도일기》(聖徒日記)와 《성각기록지 마태전》(聖覺記錄誌 馬太傳)이었다. 그 밖의 두루마리들은 일종의 계약 문서 같은 것이었고 일본어로 적힌 문서들도 꽤 있었다. 민재 선배는 계약 문서 두루마리들부터 펼쳐서 읽기 시작했다. 대부분 땅과 관련된 문서였다. 더욱이 뚝도 땅이 증조부 김청헌 씨 소유임을 정부가 승인하는 내용의 문서도 있었다. 그것은 우리나라가 광복을 맞이한 다음 해인 1946년의 문서였다.

사실 우리 집안이 1941년에 뚝도로 들어간 것은 미스터리 중 하나였다. 할아버지도 이때 일을 별로 말하고 싶어 하지 않았다. 하지만 나는 생각할수록 궁금했다. 그 고통스러운 화전민 생활에서 1901년에 서울 본가에 돌아와 잘들 사시다가 왜 40년이 지나서 다시 외딴 오지인 뚝도로 증조부인 김청헌 할아버지가 들어간 것일까? 그 덕에 물론 우리 집안은 큰돈을 벌고 마태그룹이라는 재벌가를 이룰 수 있었지만 말이다. 혹시 그분은 이 모든 것을 예견하고 있었던 것일까?

정민재는 다시 《성도일기》라는 책을 펴서 읽었다. 궁금해하는 우리를 아랑곳 않고 책장을 넘기면서 혼자 읽었다. 그러더니 그 다음에는 《성각기록지 마태전》이라는 책을 들고 또 혼자 읽기 시작했다. 가끔 전자사전의 옥편으로 한자를 찾아가며 한참 그렇게 고어체 한글과 한문이 섞인 책을 읽어 내려가던 민재 선배는 갑자기 고개를 들더니 이렇게 말했다.

"민훈아, 김청헌이 김진호 씨의 아들이라고 했지? 이 《성도일기》는 김청헌 씨가 쓴 일기가 분명하다. 너도 요새 일기 쓰냐? 아마도 니네 조상들은 대대로 일기 쓰는 습관이 있었던 것 같아. 여하튼 여기 있는 내용들을 제대로 이해하려면 함께 머리를 좀 짜야겠다. 시간도 많이 걸릴 것 같고 은진이 팔도 아플 거니까, 일단 어디 편한 자세로 앉아서 시작해 보자."

우리는 책과 두루마리들을 챙겨서 탁자에 놓고 1층 소파에 앉았다. 민재 선배가 먼저 말을 시작했다.

"너희 증조부님 김청헌 씨는 조선 말엽의 성서 연구가이셨던 것 같다. 여기 《신약성서마태전》이라는 책은 1800년대 말에 우리나라에 들어온 초기 한문성경이고, 이 《성각기록지 마태전》이라는 책은 너네 증조부가 마태복음을 연구해서 기록한 일종의 성경 연구 주석서야. 내가 한문은 대충 번역할 수 있지만 주석 내용이 어려워서 함께 머리를 짜야 할 것 같다. 자 그럼 일단 민훈이 증조부님 일기 중 몇 개를 읽어 볼게. 잘 들어 봐라."

정민재는 《성도일기》라는 책을 펴서 한 군데를 풀어 읽기 시작했다.

1902년 10월 14일

조금 전 동네에 책 보따리를 들고 나타난 권서인[16]을 통해 기이한 책을 한 권 구입했다. 제목은 《신약성서마태전》이다. 언문으로 된 것도 있다 했지만 아무래도 한문으로 된 것이 이해하기 편할 듯하여 있냐 하니 책보 밑바닥에서 찾아 주었다. 이수정이라는 사람이 토를 달아 번역한 책[17]인데 제목이 괴이하다. '새 약속의 거룩한 책, 말이 커지는 이야기'라. 참으로 해괴한 제목이 아닐 수 없다. 서양 선교사 밑에서 일한다는 그 권서인은 이 책이 천주님을 신봉하는 일과 직결된 책이라고 설명했다. 그 말에 주저 없이 사기는 했지만 제목만 봐서는 전혀 천주 신앙과 관련이 없는 듯하다. 어쩌면 서양 수의학에 관한 글이 아닐까 싶다. 그래도 한번 읽어 보려고 한다.

여기까지 읽자 은진이 웃으며 말했다.

"당시의 한문성경은 성경에 나오는 서양식 이름들을 한자 음

을 따서 옮겼지요. '마태'라는 발음을 위해 말 마(馬)자와 클 태
(太)자를 썼기 때문에 생긴 해프닝이지요. 언젠가 한문성경을 처
음 본 선비들이 그런 오해를 했다는 말을 들은 적이 있는데 그
원조 중에 민훈 씨 증조부님도 계셨군요. 어쨌든 이 글을 보니
민훈 씨 조상들은 성경책에 대해 전혀 모르는 상태에서 산으로
피신했던 것 같군요. 몇몇 천주교 서적들만 가지고 말입니다. 그
러다 산에서 내려온 후, 이날 처음으로 성경 마태복음서를 대하
신 것 같습니다."

'마태'라는 단어를 말과 연관해 사용한 것은 할아버지가 원조
인 줄 알았는데 이미 조선시대부터 그렇게 쓰고 있었던 것이다.
정민재가 또 다른 부분을 읽었다.

1902년 12월 17일

《신약성서마태전》에는 천주가 보낸 그의 아들 야소[18] 이야기가
중심을 이루고 있다. 해괴하게도 마구간에서 태어난 그는 세상
에서 많은 기적을 행했다고 한다. 당시 이스라엘 백성들은 기독
(基督)[19]이라는 손재를 기다리고 있었는데 아마도 이 야소가 그
기독이라는 손재인 것 같다. 그런데 이상하게 그는 십자가라
는 사형 틀에서 최후를 맞이했다가 사흘 후에 부활했다 한다. 도
대체 이게 무슨 조화인가? 이 책을 먼저 읽으신 아버님도 나와
동일한 의문을 품고 계시다.

1903년 4월 10일

지금 나가는 성당에서 참으로 많은 것들을 배운다. 우리 김승하

조상님이 이벽, 정약용 등과 함께 최초로 미사를 드렸던 장소와 가까이에 세워진 종현성당[20]은 건물의 위용이 대단하다. 아버님과 함께 성당에서 운영하는 성경 서당에서 공부하는데 많은 깨달음을 얻고 있다. 이전에 아버님과 나는 단순히 천주를 섬기고 성심으로 도를 닦음으로 천국에 이른다고 생각했다. 하지만 그렇다면 천주 신앙은 다른 종교와 별로 다를 바가 없다. 이마두는 천주가 곧 유교의 상제라고 했으니 유교를 통해서도 천국에 이를 수 있는 것 아닌가. 하지만 이제야 우리 조상님들이 목숨 걸고 순교하신 이유를 조금은 알 것 같다. 천주는 이 땅에 자기의 독자 야소님을 내려 주셨고 그분을 통해서 우리를 천국으로 인도하려 하신 것이다. 그러니까 우리는 야소님을 통해서 궁극의 진리를 얻는 것이다.

1905년 3월 4일

하늘이 무너진다. 아버지를 여의고 큰 죄인이 되었다. 일생 조부와 부친을 그리워하며 우리를 위해 산골에서 땅을 일구신 아버지. 일찍이 어머니를 먼저 보내고 외로이 사시다가 평생 그리던 고향 집에 오신 지 이제 겨우 3년. 묵은 한을 다 풀기도 전에 아쉽게 눈을 감으시다니 모두 이 못난 불효자 탓이다. 며느리나 손자도 못 보고 가시게 하다니. 아버지의 마지막 유언대로 성심으로 천주를 공경하고 가문을 잘 이끌어 불효의 죄를 조금이라도 덜어 보리라. 장례를 돕고 함께 슬퍼해 준 성당 교우들이 고맙다.

이 부분의 내용을 들으면서 나는 갑자기 안도를 느꼈다. 강원도 산골에서 신앙적으로 갈등하던 우리 조상들은 결국 서울로 돌아와 성당에 다니면서 다시 신앙의 길을 찾은 것 같았다. 그러기에 김청헌 할아버지는 마태복음도 구입해서 읽고, 김진호 할아버지는 아들에게 "성심으로 천주를 공경하라"는 유언도 하셨을 것이다.

그러면 우리 집안이 기독교 신앙을 버린 것은 할아버지 김정만 회장 때부터였을까? 궁금증이 더해 갔다. 정민재는 계속 글을 읽어 나갔다. 이후로 선배가 읽어 준 《성도일기》의 내용에 따르면 1906년까지 우리 집안은 지금의 명동성당인 종현성당을 다니면서 천주교인으로서 잘 생활해 온 것 같았다. 하지만 1907년에 급격한 전환점이 있었다. 그 놀라운 사건은 김진호 할아버지가 죽기 1년 전인 1904년에 이미 시작되었다.

김청헌, 야소를 만나다

        1904년 여름, 김청헌은 친구인 김주령과 성경 학습을 하러 종현성당으로 가는 도중 묘한 이야기를 들었다. 종현성당보다 개신교회당에서 성경을 더 체계적으로 많이 가르쳐 준다는 것이었다. 당시에는 이미 천주교뿐 아니라 개신교도 꽤 널리 퍼져서 목사라는 서양 선교사들이 조선에 많이 입국한 상태였다.[21] 일전에 김청헌은 개신교회가 천주교와 동일한 기독님을 믿는다는 말을 듣고 본당 신부에게 이들의 정체를 물은 적이 있었다. 신부는 속 시원한 대답을 않고 그저 그들과 가까이할 필요가 없다는 말만 하였다.

    하지만 매사에 약빠른 편인 김주령은 천주교 모임뿐 아니라, 시간 날 때마다 개신교인들의 모임에도 참석하고 있었다. 그의 말에 따르면 개신교인들도 똑같은 성경을 보고 똑같은 천주를 하나님이라는 이름으로 공경한다고 했다. 다만 다른 것은 천주교인들이 성심으로 모시는 성모 마리아에 대해 부정적이어서 마리아에게 기도도 않고 조각상도 없다고 했다.

사실 그 부분이 청헌의 마음에 여운을 주고 있었다. 지금껏 성경을 읽고 배우면서 청헌은 마리아를 신처럼 숭배할 어떤 타당성을 발견하지 못했기 때문이다. 오히려 천주님은 "나 외에 다른 신을 두지 말고 우상을 만들지 말라"고 명령하셨지 않은가? 하지만 성당에서 이런 말을 꺼낼 분위기가 아니기에 그저 마음에만 담고 있었다.

그런데 마리아를 섬기지 않는 개신교회에서 성경 교육도 성당보다 더 많이 하고 있다니. 김청헌은 그들의 모임에 한번 참석해 보고픈 마음이 들었다. 청헌은 발걸음을 멈추고 말했다.

"주령, 나도 언제 거기 한번 데려가 주소."

주령의 눈이 번쩍하는가 싶더니 예의 가벼운 얼굴로 바뀌면서 배시시 웃었다.

사실 김주령을 처음 만났을 때 청헌은 그가 별로 마음에 들지 않았다. 남자가 지나치게 눈웃음이 많고 말이 좀 가벼웠기 때문이다. 하지만 아버지를 모시고 청헌이 처음 종현성당을 찾아갔을 때 김주령이 제일 먼저 반겨 주었고, 그의 친절 덕에 청헌 부자는 프랑스 신부들을 비롯한 여러 성당 교우들과 금방 사귈 수 있었다. 게다가 김주령은 김청헌과 같은 동네인 청진동에 살았기에 종현동(지금의 명동) 성당까지 함께 걸어 다니면서 개인적으로 더욱 친해졌다.

본래 김주령은 천한 가문 출신이었다. 1894년, 갑오개혁 이후로 조선은 신분제도를 철폐했지만 여전히 뼈대 있는 사대부 집안들은 양반끼리만 어울렸다. 아버지인 김진호도 처음에는 청헌이 김주령과 어울리는 것을 보고 족보도 없는 집안과 어울린다고 야단을 치곤 했다. 하지만 천주님 안에서 모든 사람이 평등하며 최초로 신앙을 받아들인 명례방의 선조들이 중인 출신 김범우 집에서 모였다는 것을 잘 아는 김청헌은 주령과 개인적인 친분을 계속 유지했고 가난한 주령의 형편이 어려울 때면 여러모로 도와주기도 했다.

개신교회당에 한번 데려가 달라는 청헌의 말에 김주령이 말했다.

"그러지 마시고 지금 당장 가 봅시다. 안 그래도 오늘 개신교회에서 사경회가 있다고 하던데 나도 성당에 갈까 사경회에 갈까 망설이다가 그냥 청헌님과 함께 성당 가야지 하고 나서는 중이었습니다. 개신교회당이 있는 정동이 종현동보다 가까우니 거길 먼저 들러 보지요."

결국 그들은 진로를 우측으로 꺾어 개신교 모임이 있는 정동[22]으로 향했다. 주령이 안내한 집 대문을 들어서니 세 채의 기와집이 있었다. 그중 길쭉하게 생긴 일자형 사랑채가 예배당이라 했다. 벌써 꽤 많은 사람들이 모여 있었다. 남자와 여자를 구분하려고 좌우에 따로 문 두 개를 만들었고 방 가운데에도 남녀를 구분하는 병풍이 쳐 있었다. 앞에는 자그마한 강단이 놓여 있었다.

강단에는 양식 복장을 한 서양인이 어설픈 한국말이지만 열심히 성경을 강해하고 있었다. 김청헌은 성당의 신부와는 달리 성직 복장을 따로 입지 않은 선교사의 설교 내용이 무엇인지 무척 궁금했다. 하지만 이미 사람들로 꽉 들어찬 남자들 방에 비집고 들어갈 형편이 못 되어 두 사람은 바깥 마루에 걸터앉아 안에서 흘러나오는 선교사의 말에 귀를 기울였다.

"이제까지 사람들은 스스로 열심히 갈고 닦으면 하늘나라로 갈 수 있다고 생각했습니다. 하지만 성경은 그렇게 가르치지 않습니다. 성경은 인간의 공로로 천국에 가는 것이 아니라고 말씀합니다. 또한 인간은 그 어떤 수행으로도 하늘에 도달하지 못한다고 선언하고 있습니다. 오직 하나님의 아들인 야소님의 공로로만 인간은 천국에 갈 수 있습니다. 바로 이 사실을 인정하는 사람이 천국을 선물로 받을 수 있는 것입니다."

색다른 강론이었다. 성당에서도 야소님에 대해 배우고 있었지만 본래 유교를 바탕으로 한 신앙 지식을 가지고 생활해 온 청헌에게 서양 목사의 수행 불필요설은 상당한 충격이었다. 종교란 모름지기 자기를 수행하는 것이라고 항상 생각해 왔기 때문이다. 청헌의 마음에 의구심이 일어났다.

'뭐라고? 자기를 닦아 진리에 이르는 것이 아니라고? 자기 스스로는 자기를 아무리 닦아도 진리에 못 이를 존재임을 인정해야 한다고?'

선교사의 밀은 계속 이어졌다.

"흔히 사람들은 착한 사람들이 천국에 간다고 말합니다. 하지만 실상은 그와 다릅니다. 물론 천국에는 착한 사람이 가지만 문제는 이 세상에 착한 사람이 하나도 존재하지 않는다는 것입니다. 그 어떤 사람도 하나님의 완전한 잣대 앞에서 순결하고 착하다고 인정받을 자가 없습니다. 우리 모두 마음속에 악한 본성이 숨어 있어서 그 누구도 의롭다는 판결을 받을 수 없습니다. 따라서 인간은 아무리 착해도 천국에 이를 수 없습니다.

그렇다면 과연 누가 천국의 주인이 될 수 있겠습니까? 바로 자기 자신이 절대로 천국에 이를 자격이 없는 죄인임을 깨닫고 고백하는 자들에게 그 기회가 주어지는 것입니다. 왜냐하면 이렇게 고백할 때 하나님께서 우리를 불쌍히 보시기 때문입니다. 하나님의 긍휼을 통해서만 비로소 우리는 하나님의 아들인 예수님의 십자가의 공로를 얻게 되고 하나님의 특별 사면으로 죄를 용서받아 의롭다고 인정받게 되는 것입니다.

결국 천국은 선인이 가는 곳이 아니라 죄인이 가는 곳입니다. 자신의 힘으로 도저히 선해질 수 없음을 하나님 앞에 인정하는 용기 있는 죄인만이 천국에 갈 수 있습니다. 진정한 의인이란 행위가 옳은 의인이 아니고 하나님께 의롭다고 인정받은 사람들을 일컫습니다. 이런 의인이 되는 길을, 이 세상에서는 오직 예수님을 통해서만 얻을 수 있습니다. 그래서 예수님은 '내가 곧 길이요 진리요 생명'이라고 선언하신 것입니다."

청헌은 갑자기 가슴 한구석이 툭 트이는 느낌이 들었다. 지금까지 표면적으로만 알아 오던 기독교와 야소님의 참 의미를 처음으로 전해 들은 것이다. 인간이 도를 닦는 것이 아니라 인간이 도를 닦을 수 없는 존재임을 깨닫는 것이 진리의 시작이라. 늘 답답하던 마음에 참으로 명쾌하고 시원한 선언이었다.

그런데 갑자기 방 안에서 놀라운 일이 벌어졌다. 선교사의 설교를 들으면서 방 안에 있던 사람들 중 몇몇이 자기 가슴을 치며 눈물을 흘리기 시작한 것이다. 지금껏 점잖은 학문으로 기독교 신앙을 생각해 왔던 청헌은, 성경 말씀이 실제로 사람을 변화시키는 장면을 처음 목격하였다. 그것은 청헌에게 상당한 충격이었다. 그날 청헌은 선교사의 강론이 다 끝나기를 기다려 따로 만남을 청하였고 깊은 밤까지 이야기를 나누다가 집으로 돌아왔다.

이후로 청헌은 선교사와 친분을 유지하면서 점차 개신교가 자기 체질에 더 맞다는 생각을 하게 되었다. 하지만 그렇다고 무작정 성당을 떠나 개신교로 옮길 수는 없었다. 스스로도 꺼림칙했지만 무엇보다 아버지 김진호가 완강히 반대했기 때문이다. 아버지 김진호 입장에서는 조상님이 목숨까지 바쳐 지켜 온 천주교를 떠난다는 것은 말도 안 되는 것이었다. 그러다가 1905년 3월 4일 아버지 김진호는 "성심으로 천주를 공경하라"는 유언을 남기고 숨을 거두었다. 청헌은 아버지의 유언을 천주교에 계속 남아 있으라는 의미로 해석할지 말지를 놓고 고민하면서 여전히 성당에 다니고 있었다. 그런데 1907년에 드디어 청헌의 인생에 거대한 전환점을 이룬 사건이 일어났다.

어느 날, 주령이 찾아와 대뜸 이런 말을 꺼냈다.

"청헌님, 혹시 소식 들으셨나 모르겠습니다. 평양 장대현교회에서 특별한 동계 사경회가 열린답니다."

주령은 그 집회에 장대현교회 길선주 장로[23]를 비롯하여 하디[24]와 같은 유명한 선교사들이 강사로 많이 등장할 것이라고 했다. 청헌은 이미 원산과 평양 등지에서 일어난 개신교회의 기묘한 부흥 현상을 익히 들어 알고 있었다. 의사 출신 선교사 하디가 자기의 교만을 동료 선교사들과 성도들 앞에서 고백함으로써 시작된 원산 지역의 회개 물결은 인근 지역 전체로 확산되었고 수많은 신자들이 성경에 나오는 성령님을 실제로 체험하고 있다는 것이었다.

길선주 장로에 대한 소문도 듣고 있었다. 약 1년 전부터 평양 장대현교회에서 조선 최초로 새벽기도회를 시작하여 많은 신도들에게 은혜를 끼친다는 인물이었다. 당시 조선은 1905년 을사조약으로 외교권을 잃고 외세의 손아귀에 통째로 흔들리는 중에 백성들은 가난과 절망으로 비통해하고 있었다. 이런 어두운 시기에 나라와 민족을 위해 신자들이 자발적으로 새벽부터 기도하는 운동이 일어나고 교회가 부흥하는 현장을 청헌도 꼭 한번 가서 직접 눈으로 확인하고 싶던 차였다.

그리하여 1907년 1월 8일에 마침내 청헌과 주령은 평양역에 도착하였다. 북쪽 여행은 처음이라 남대문 정거장에서 괴물 같은 증기 기관차에 올라탈 때만 해도 꽤 오랜 시간이 걸리리라 예상했다. 하지만 열 시간도 채 걸리지 않아 평양까지 왔다. 평양 거리는 상당히 번화했다. 집회가 열리는 장대현 고갯길을 물어서 찾아가 보니 교회에는 입구부터 수많은 사람들로 북적대었고 커다란 예배당 안으로 사람들이 줄지어 들어가고 있었다. 집회 기간에 먹을 쌀가마를 지게에 짊어지고 온 사람들도 있었고 전국 곳곳에서 수백 리 길을 걸어온 신자들도 부지기수였다.

두 사람은 무리 틈에 끼어 예배당으로 들어갔다. 커다란 예배당에는 강단 바로 아래뿐 아니라 벽면 다락까지 수천의 사람들로 꽉 차 있었고 신자들은 빠른 박자의 찬송을 큰 소리로 불렀다. 한양에서 선교사의 사랑방에 다니면서 개신교 분위기를 맛보기는 했지만 여전히 천주교 신자인 청헌은 이런 광적인 찬송과 열광적인 분위기의 대규모 집회를 처음 보는지라 대뜸 거부감이 들었다. 그러나 청헌의 거부감과는 아무 상관없이 단상에 선 인도자는 찬송을 마치자 이번에는 큰 소리로 통성 기도를 시켰다. 수천의 사람들이 힘을 다하여 외치고 부르짖는 기도는 고요하고 엄숙한 성당 분위기에 익은 청헌의 마음을 더욱 굳게 닫아 걸게 했다.

하지만 한양에서부터 결심하여 먼 길을 왔고, 이후로 진행될 사경회 순서들[25]이 나름대로 의미 있기에 청헌은 그럭저럭 일주일 이상 집회에 계속 참여하였다. 무엇보다 청헌 자신과 달리 김주령이 큰 은혜를 체험하는 듯 개신교도들과 함께 열심히 찬양하고 기도하며 좋아했기 때문이다.

1월 14일 저녁, 먼저 한위렴[26]이라는 선교사가 죄의 무서움을 지적하는 설교를 하였다. 그의 설교는 호소력이 있었다. 하지만 청헌은 그의 설교를 전적으로 받아들일 수 없었다. 죄인을 구원하는 야소님의 복음은 이미 알고 믿긴 하지만 지금까지 나름대로 정직하고 성실히 살아온 자신의 삶이 과연 그토록 죄악 된 것인가 하는 의문이 계속 남아 있었기 때문이다. 그날 저녁 집회는 그렇게 끝이 났고 상당수 사람들이 각자의 거처로 돌아갔다. 청헌과 주령도 묵고 있던 주막으로 돌아가려고 자리에서 일어났다.

그때 장대현교회의 담임목사인 이길함 목사[27]가 새벽까지 남아서 기도할 사람이 있으면 자신이 밤새도록 기도회를 인도하겠다고 말했다. 그의 말에 오백 명 정도의 사람들이 집에 가지 않고 예배당의 중앙에 다시 모였다. 청헌과 주령은 얼결에 그 무리의 움직임에 휩쓸려 함께 파묻히고 말았다. 빽빽하게 모여드는 사람들을 무작정 밀치고 나가기가 쑥스러운 상황이라 조금 후에 기회를 보기로 하고 일단 그들 틈에 앉았다. 그때 이길함 목사가 기도를 시작했다. 어눌한 서양 목사의 기도 소리가 간절하게 청헌의 귀로 들어왔다. 예배당 곳곳에서 사람들이 조금씩 훌쩍거리는 소리도 들렸다. 이길함 목사는 기도를 다 마치자 갑자기 벼락같이 큰 소리로 신자들을 향하여 말했다.

"여러분, 전능하신 하나님 앞에서 자기의 죄를 솔직히 회개할 사람 없습니까?"

그 순간이었다. 그것이 바람 소리였는지 아니면 무리에게 동시에 임한 깨달음의 찰나에 사람들이 공통으로 감지한 공기의 흔들림이었는지는 모를 일이다. 하지만 그 순간 예배당 안에는 분명히 묵직한 공기의 움직임 소리, 즉 바람 소리 같은 것이 들렸다. 어떤 거대한 힘이 예배당 안에 함께 있다는 것을 온 무리가 느꼈다. 그러자 갑자기 두루마리에 갓을 쓴 사대부 양반 하나가 벌떡 일어나더니 떨리는 목소리로 차마 입에 담기 힘든 자신의 죄악들을 토해 냈다. 그 내용은 인간의 모습을 하고 있는 한 도저히 남 앞에서 공개적으로 말할 수 없는 것들이었고 말하는 자의 인격에 치명상을 입히고도 남을 것들이었다. 그러나 이를 듣는 사람들의 마음은 죄를 고백하는 자에 대한 조롱과 질시가 아니라 깊은 공감으로 채워졌다. 그 하나하나의 죄악이 곧 내 속에도 있다는 깊은 깨달음이 청헌을 비롯한 모든 사람들의 가슴속에 해일처럼 밀려왔던 것이다.

곧이어 예배당 전체에 등골 서늘한 두려움이 엄습했다. 자기 입으로 추한 죄를 고백하던 그 양반은 갑자기 울부짖듯 목사를 향해 외쳤다.

"나 같은 사람도 야소님의 용서를 받을 수 있습니까?"

목사는 그의 죄 때문에 야소님이 십자가를 지신 것이니 안심하라고 하면서 야소님이 그를 기쁘게 용서하실 것이라고 대답했다.

목사가 말을 마치자 그는 갑자기 양손을 번쩍 들더니 체통을 잊고 덩실덩실 춤을 추기 시작했다. 곧이어 또 다른 사람이 일어나 자신의 감춰진 죄를 토해 내며 울부짖었다. 그다음에, 또 그다음에도……. 결국 사람들이 토설하는 회개는 그날 밤 엄청난 통곡의 물결과 함께 한없이 이어졌다. 그 회개하는 무리 속에 물론 청헌도 있었다.

그날 밤, 청헌은 난생처음으로 자신이 죄인이라는 깊은 각성에 이르렀다. 그 전까지만 해도 순교자였던 조상님들과 열심히 성경의 도를 익혀 온 자신을 내심 자랑스러워했다. 하지만 주변 사람들의 입에서 쏟아져 나오는 고백들을 들으며 그것이 자신의 마음에도 똑같이 존재하는 죄악들임을 처음으로 통감했던 것이다. 결국 청헌은 완전히 새롭게 태어나는 체험을 하였다.

그날 밤을 기점으로 시작된 회개의 물결은 다음 날도, 그다음 날도 계속 이어졌다. 특히 북평양교회를 다니던 강유문이라는 평신도 지도자와 평양 장대현교회 소속 김 장로의 화해로 회개의 불길은 더욱 뜨겁게 달아올랐다. 이 둘은 평소 평양 사람들이 다 알 만큼 서로 미워하던 앙숙이었는데 집회를 통하여 극적으로 화해한 것이었다.[28] 이렇게 불길처럼 일어난 회개와 부흥운동은 곧이어 아름다운 열매들을 맺기 시작했다. 자기의 죄를 고백하고 통회 자복하던 사람들은 그동안 자기가 해를 끼치거나 미워했거나 돈을 떼어 먹은 사람들을 찾아가서 회개하고 빚을 갚고 손해 배상을 하고 화해했다.

오죽하면 평양 시내에 미해결된 사건들이 부흥회 자리에서 다 드러난다는 소문 때문에 형사들이 와서 각 사람들의 회개 내용을 엿듣고 있을 정도였을까. 그러다가 몇몇 형사는 자신도 통회 자복하는 자리에 동참하기도 했다. 이처럼 평양 대부흥운동은 단순히 열광적 기도 모임에 그치지 않고 삶의 변화를 동반한 운동으로 이어졌다. 바로 이 역사적인 현장 한가운데서 청헌은 삶의 진정한 변화를 체험하였던 것이다.

마침내 사경회의 모든 집회를 마치고 난 후, 청헌과 주령은 열차를 타지 않고 일부러 도보여행을 택했다. 전부터 한번 해 보고 싶던 북쪽 지방 유람도 목적이었지만, 다른 한편으로 평양에서 받은 감동을 걸어가면서 오래 되새기고 싶었기 때문이다. 사실 한양 집을 향해 걸어가는 청헌의 마음은 두 갈래였다. 하나는 말할 수 없는 기쁨이었다. 야소님에 대하여 머리로만 알던 청헌은 난생처음 그분이 실제로 살아 계시고 자기를 용서하고 자기와 동행하고 있음을 실감했다. 그것은 가슴 뜨거운 기쁨이었다. 순교한 자기 조상들도 아마 이런 깨달음 때문에 기꺼이 목숨을 내어 놓았으리라 생각했다.

다른 한편 그의 마음속에 새로운 갈등이 시작되었다. 이전에 야소를 학문으로 믿던 때, 기독교와 성경은 단순히 자기 수양과 만족을 위한 도구였다. 하지만 성령을 깊이 체험한 뒤 청헌은 자기 삶에 뭔가 구체적인 변화가 있어야 한다는 촉구의 음성을 들었다. 더 이상 청헌 자신만을 위해 살아서는 안 된다는 끝없는 자각의 목소리. 이런 기쁨과 고민을 동시에 안고 집으로 돌아가던 중 한양이 거의 가까워진 신천리에서 복사골(부천)로 넘어가는 고개에 다달았다. 긴 여행길에 어느 정도 지친 두 사람은 복사골에 있는 소쇄역으로 가서 서울까지는 전차를 타고 가려고 했다. 산 고개 밑에 있는 주막에서 국밥 한 그릇씩을 말아 먹은 청헌과 주령은 하늘이 시커멓게 구름으로 덮여 있는데도 서둘러 복사골로 넘어가는 하우 고개 길을 올랐다.

매서운 바람이 귓전을 때리는 언덕 중간쯤에서 끝내 눈발이 날리더니 금세 쌓여 갔다. 청헌과 주령은 힘껏 발걸음을 재촉하였다. 고개가 가팔라 하우하우 한숨을 쉬면서 건넌다는 고개답게 길은 힘들었다. 꼬불한 고개를 기어이 다 오르자 내리막길로 접어들었다.

그런데 고개를 내려가기 시작하면서 청헌은 멀리 길 가운데 사람 형상 비슷한 것이 하나 쓰러져 있는 것을 발견하였다. 눈이 소복이 쌓인 것으로 보아 꽤 오래전부터 그러고 있은 듯했다. 청헌과 주령은 급히 그에게 달려갔다.

다행히 아직 숨이 붙어 있는 듯 맥박이 뛰고 있었다. 쓰러진 사람의 얼굴은 천으로 둘둘 감겨져 있었고 천 사이로 붉은 피가 배어 나왔다. 아무래도 돌멩이 같은 것에 얼굴을 심하게 얻어맞은 것 같았다. 청헌은 그를 일으키려고 했다. 순간 주령이 갑자기 질색을 하면서 청헌의 손을 잡아당겼다.

"청헌님, 척 보면 모르시겠습니까? 문둥입니다."

정말 그랬나. 쓰러진 이는 나병환자였다. 천벌을 당한 자로 손가락질 받으며 한평생 사람들을 피해 숨어 다녀야 하는 인생. 사람들은 나병환자가 자기 동네에 나타나면 여지없이 돌을 던져 내쫓았다. 아마 이 나병환자도 아래 동네에 내려갔다가 봉변을 당한 듯했다. 하지만 청헌은 그를 버리고 갈 수 없었다. 놓아두면 분명히 눈속에서 얼어 죽을 것이었다. 주령의 만류에 한동안 망설이던 청헌은 마음을 다잡고 그를 부축하고 일으켜 등에 업었다.

마르고 작은 몸이었으나 축 늘어진 터라 꽤 무거웠다. 일단 눈을 피해 그를 누일 만한 곳을 찾아야 했다. 주령은 거리를 두고 마지 못해 청헌을 따라왔다. 산속을 한참 헤매다가 꽁꽁 언 시냇물 건너 편 산기슭에서 동굴 하나를 발견했다. 동굴은 꽤 깊어 보였다. 청헌은 조심조심 얼음을 건너 그를 마른 굴 바닥에 누이고 부싯돌로 불을 피웠다. 매운 연기가 굴에 차는가 싶더니 잠시 후 공기가 훈훈해졌다.

얼마나 지났을까? 정신을 잃고 있던 나병환자가 깨어나면서 갑자기 거친 숨을 몰아쉬었다. 한참 동안 급박한 호흡을 힘들게 내쉬던 그는 어느 순간 호흡을 딱 멈추더니 숨이 꺽꺽 넘어가기 시작했다. 갑작스런 호흡 곤란이 찾아온 모양이었다. 청헌은 그의 얼굴에 둘러싸인 천을 급히 벗겼다.

"오, 야소님."

자기도 모르게 청헌의 입에서 흘러나온 말이었다. 천을 벗긴 그의 얼굴에는 과거에 분명 코와 입이었을 부분들이 흉측한 구멍 형태로만 남아 있었다. 게다가…… 그 나환자는 남자가 아닌 젊은 여인이었다. 망가진 얼굴이었지만 갸름한 얼굴 형세로 금세 알 수 있었다. 그녀의 이마에서는 피가 계속 흘렀다. 호기심에 다가와 힐끔 들여다보던 주령이 다시 기겁을 하고 저만치 물러섰다. 그에 반해 청헌은 놀라기는 했지만 곧 침착해졌다. 청헌은 망가진 얼굴에 숨도 못 내뱉고 꺽꺽거리며 죽어 가는 나환자가 너무 측은하고 불쌍했다.

거친 산골에서 자란 청헌은 응급처치법을 어느 정도 알고 있었다. 일단 목을 뒤로 젖혀 기도를 유지하고 꽉 다문 그녀의 입 속에 손가락을 넣어 강제로 입을 열었다. 간신히 그녀의 입은 열었지만 여전히 숨을 쉬지 않았다. 청헌은 망설이다가 한 번 크게 심호흡을 한 뒤 그녀의 입에 자기 입을 포개 힘껏 숨을 불어넣었다. 그가 불어넣은 숨에 나환자의 가슴이 부풀어 올랐다. 하지만 호흡은 되나 오지 않았다.

청헌은 그녀의 가슴을 눌러 강제로 숨을 나오게 했다. 난생처음 느낀 여인의 뭉클함에 잠시 움찔했지만 다시 한 번 숨을 크게 들이쉬어 그녀의 입에 불어넣었다. 그렇게 몇 번을 했을까? 이번에 불어넣은 호흡이 제법 빨려 들어간다 싶더니 갑자기 푸학 하는 소리와 함께 나환자의 숨구멍이 콱 터졌다. 나환자가 드디어 호흡을 하기 시작한 것이었다.

"아멘, 야소님 감사합니다."

청헌의 입에서 기쁨의 환호가 터져 나왔다. 죽음 직전에서 회복된 생명. 놀라운 기쁨이 청헌의 마음에 차고 넘쳤다. 어쩌면 십자가를 지신 야소님의 마음이 이랬을 것이라는 생각에 청헌은 가슴 속이 더 뭉클했다. 호흡이 점점 정상으로 돌아온 나환자는 갑자기 정신이 나는 듯 눈을 뜨더니 자신을 안고 있는 청헌을 획 밀치고 저만치 물러섰다. 청헌은 그녀에게 말을 걸었다.

"이보오, 아랫마을에서 무슨 일이 있었소?"

"……."

"돌에 맞으셨소?"

여전히 말이 없다. 청헌은 다시 물었다.

"마을에는 왜 내려가셨소?"

이번에도 말이 없는가 싶었는데 잠시 후 그녀가 힘없는 목소리로 말했다.

"…… 배가 고파서요."

청헌의 가슴에 다시 뭔가가 울컥 치받혔다. 마태복음에도 보면 야소님이 산상보훈을 마치신 후에 모든 이들이 꺼리는 문둥이를 만나서 그 몸을 만지며 기적으로 그 병을 치료해 주시는 장면이 있다. 물론 청헌에게는 야소님과 같은 치병의 능력은 없다. 하지만 그녀의 배고픔을 위해서는 뭐라도 해 줄 수 있지 않을까. 청헌은 그녀에게 아무 데도 가지 말고 굴에서 기다리라고 한 뒤 마을로 내려갔다. 멀찌감치 서서 눈치만 보던 주령이 얼른 따라 나왔다.

눈길을 한참 달려 마을로 내려간 청헌은 주막에 가서 큰 뚝배기에 국밥을 푸지게 담으라 하고 이런저런 다른 음식들도 바구니에 담으라고 시켰다. 그 후 근처 약방에서 상처에 바를 약을 사고 싸전에서 쌀 한 말과 보리 다섯 말을 구입해 지게를 빌려 등에 졌다. 주령이 쭈뼛쭈뼛 자기가 지게를 지겠다고 했다. 그러나 청헌은 그에게 그냥 음식 바구니만 들게 하고 자신이 힘들게 지게 막대질을 하며 야소님이 오르신 골고다 같은 고갯길을 다시 올라갔다.

그들이 굴로 돌아왔을 때 나환자는 거기 없었다. 청헌은 좀 허탈했지만 곧 캄캄한 굴 깊은 곳에서 인기척이 나고 있음을 깨달았다. 아마도 청헌이 동네 사람들을 데리고 올까 무서워 굴속 깊이 숨은 듯했다. 어둠 속을 향해 괜찮으니 그만 나오라고 해도 나환자는 끝내 죽은 듯이 굴속에 웅크리고 있었다. 그렇다고 강제로 끌어낼 수도 없는 일. 연이어 권하던 청헌은 음식 바구니와 쌀, 보리 가마를 내려놓으면서 굴속을 향해 큰 소리로 말했다.

"우리 때문에 심기가 많이 불편하신가 보네. 여기 먹을 걸 놓고 가니 요기를 좀 하소. 많지는 않지만 쌀, 보리도 좀 놓아두었느니 남은 겨울을 한번 버텨 보시오. 약과 부싯돌도 쓰시고. 그럼 우린 그만 가겠소."

빈 지게를 지고 굴을 나와 언 시냇물을 건넌 청헌은 무심코 뒤를 돌아보았다. 멀리 굴 입구에 나환자의 머리가 삐죽 나와 있었다. 그녀의 눈이 청헌과 마주치자 그녀는 눈을 황급히 아래로 깔고는 깊이 고개 숙여 인사를 했다. 그 모습을 보고 청헌도 웃으면서 손을 몇 번 흔들고 산을 내려왔다. 온몸은 땀으로 푹 젖고 다리도 후들거렸지만 몇 번이나 오르내린 고갯길이 희한하게도 힘들지 않았다.

한양 집에 돌아온 청헌은 며칠을 고민하다가 성당 신부를 만나서 개신교로 옮기겠다는 뜻을 전했다. 한동안 만류하던 신부도 청헌의 결심이 굳은 것을 보고 마침내 고개를 끄덕였다. 그때부터 청헌은 정식으로 개신교인이 되어 교회에 출석했다. 하지만 예상과 달리 김주령은 여전히 천주교에 남았고 무슨 이유인지 청헌을 조금씩 피하기 시작했다. 아마도 그날 사건으로 인해 청헌이 나병을 옮겨 받았을 것으로 믿는 모양이었다. 청헌은 별로 개의치 않았다. 자신이 한 일이 옳은 일일진데 행여 나병이 옮는 것도 야소님의 뜻이라고 생각했기 때문이다.

그러던 어느 날 청헌은 평양 장대현교회의 길선주 장로가 서울 중앙교회[29]로 집회를 인도하러 온다는 말을 들었다. 길 장로가 오기 2주 전부터 서울의 많은 교회들이 미리 모여서 집회를 위해 준비 기도회를 가졌다. 물론 청헌도 다시 은혜를 받을 것을 기대하며 열심히 기도회에 참석하였다. 드디어 시작된 길 장로의 집회는 서울의 많은 신자들에게 큰 감동을 끼쳤다. 특히 이번 집회에서 청헌은 무너져 가는 조국과 불쌍한 백성들을 위해 야소 신자들은 뭔가 구체적으로 뜻있는 일을 해야 한다는 길 장로의 설교를 가슴 깊숙이 받아들였다.

물론 이 깨달음은 평양에서 돌아오는 길에서부터 이미 그의 마음에 자리잡고 있었다. 지금까지 그의 신앙은 주로 자신을 위한 것이었다. 하지만 야소님이 자기가 아니라 남을 위해 살았듯이 청헌도 이제는 야소님과 닮은 삶을 살아야 한다고 생각했다. 게다가 청헌의 집은 부유했다. 조상님들의 순교로 아버지와 함께 스물네 살까지 산골에서 고생을 했지만, 한양으로 다시 돌아온 후 청헌은 조상 때부터 지녀 온 집을 비롯해 땅과 재산들을 모두 회복할 수 있었다. 따라서 청헌은 자신이 가진 재물들로 풍전등화와 같은 이 조선 땅에서 뭔가 의미 있는 일을 해야 한다는 거룩한 압박감을 가슴에 품게 되었다.

하지만 청헌은 선뜻 무엇부터 해야 할지 감이 오지 않았다.

'하나님은 내 남은 인생이 어떠하기를 바라실까?'

깊이 고민하던 청헌은 어느 날 저녁부터 하나님의 음성을 얻기 위해 서고에서 마태복음을 꺼내 다시 읽기 시작했다.

이미 전에 수없이 읽은 마태복음이었지만 새롭게 읽으면서 청헌은 이전에 깨닫지 못한 의문점을 여러 군데서 발견하였다. 첫 번째 의문은 마태복음 초두에 등장하는 족보에 대한 것이었다. 조상님의 족보를 중시하는 것은 이스라엘도 조선과 비슷했던지 마태복음의 초두도 야소님의 족보로 시작했다.

그런데 그 족보에 이상한 것이 숨어 있었다. 그 속에는 다섯 명의 여인들, 그러니까 다말, 라합, 우리아의 아내(밧세바), 룻, 그리고 마지막으로 야소님의 육신의 어머니 마리아의 이름이 들어 있었다.

'총 마흔두 명의 남자 이름들이 이어지는 족보에 왜 여인들의 이름이 그것도 하필 다섯 명만 들어 있는 것일까?'

아무래도 궁금증을 풀 길이 없어 청헌은 선교사를 찾아 이 문제를 질문했다. 성경에 대한 청헌의 열정을 아는 선교사는 좀 망설이다가 이렇게 대답했다.

"일반적으로 이 성경구절에 대한 해석은 두 가지입니다. 첫째는 족보의 여인들 대부분이 죄인이라는 배경을 지녔다가 결국 하나님의 은혜로 받아들여졌다는 것입니다. 둘째는 그 여인들이 대부분 이방인이었는데 하나님의 백성으로 받아들여졌다는 것입니다. 보통 이 두 가지 견해를 가장 많이 받아들이고 있습니다. 하지만 이것들을 완전한 해석으로 인정하기에는 몇 가지 문제가 있습니다. 그건 과연 당시 마태복음을 읽던 초창기 독자들도 이 여인들을 죄인이나 이방인으로 생각했을지 하는 문제입니다. 마태복음과 비슷한 시기의 《탈무드》나 유대인 문서들을 보면 이스라엘 사람들이 이 여인들을 죄인이나 이방인으로 인식했다는 흔적은 거의 없고 오히려 자랑스러운 자신들의 조상으로 인식하고 있습니다. 게다가 마지막으로 등장하는 마리아는 더더욱 죄인이나 이방인 이미지와는 맞지 않지요. 물론 어떤 사람들은 마리아도 처녀로 잉태했기 때문에 성적(性的)으로 좋지 않은 소문을 겪었을 법하므로 그런 의미에서는 '죄인'으로 취급되었던 그녀들과 비슷한 처지라고 말하기도 합니다. 하지만 그렇게 보는 것도 무리가 있습니다. 아무리 그렇다 해도 룻이나 마리아는 본질적으로 순결한 여인의 모습으로서 성경에 나타나니까요. 그래서 사실 이 문제는 아직 완전히 풀리지 않은 성경의 비밀이라고 할 수 있습니다."

결국 족보에 나오는 여인들에 대한 의문을 속 시원히 풀지 못하고 선교사와 헤어진 청헌은 독서백편의자현(讀書百遍意自見)이라 믿고 다시 마태복음을 붙들고 읽었다. 그러던 중 또 한 가지 이상한 것을 발견했다.

족보에 다섯 여인을 등장시킨 마태복음에 '어린아이'와 '소자'라는 존재도 상당히 자주 등장하고 있다는 점이었다. 청헌은 그 단어가 등장하는 구절들만 따로 찾아서 빈 책[30]에 옮겨 적고 서로 비교해 보았다. 마태복음에서 '어린아이' 혹은 '아기', '소자'라는 표현은 총 열세 번 등장하고 있는데 구체적인 내용은 다음과 같았다.

<어린아이(아기)>

1. 그때에 예수께서 대답하여 가라사대 천지의 주재이신 아버지여 이것을 지혜롭고 슬기 있는 자들에게는 숨기시고 어린아이들에게는 나타내심을 감사하나이다(마 11:25).

2. 예수께서 한 어린아이를 불러 저희 가운데 세우시고 가라사대 진실로 너희에게 이르노니 너희가 돌이켜 어린아이들과 같이 되지 아니하면 결단코 천국에 들어가지 못하리라(마 18:2-3).

3. 그러므로 누구든지 이 어린아이와 같이 자기를 낮추는 그이가 천국에서 큰 자니라(마 18:4).

4. 또 누구든지 내 이름으로 이런 어린아이 하나를 영접하면 곧
   나를 영접함이니(마 18:5).

5. 때에 사람들이 예수의 안수하고 기도하심을 바라고 어린아이
   들을 데리고 오매 제자들이 꾸짖거늘 예수께서 가라사대 어
   린아이들을 용납하고 내게 오는 것을 금하지 말라 천국이 이
   런 자의 것이니라 하시고(마 19:13-14).

6. 예수께 말하되 저희의 하는 말을 듣느뇨 예수께서 가라사대 그
   렇다 어린 아기와 젖먹이들의 입에서 나오는 찬미를 온전케 하
   셨나이다 함을 너희가 읽어 본 일이 없느냐 하시고(마 21:16).

<소자(小子)>

1. 침상에 누운 중풍병자를 사람들이 데리고 오거늘 예수께서
   저희의 믿음을 보시고 중풍병자에게 이르시되 소자야 안심하
   라 네 죄 사함을 받았느니라(마 9:2).

2. 또 누구든지 제자의 이름으로 이 소자 중 하나에게 냉수 한
   그릇이라도 주는 자는 내가 진실로 너희에게 이르노니 그 사
   람이 결단코 상을 잃지 아니하리라 하시니라(마 10:42).

3. 누구든지 나를 믿는 이 소자 중 하나를 실족케 하면 차라리
   연자 맷돌을 그 목에 달리우고 깊은 바다에 빠뜨리우는 것이
   나으리라(마 18:6).

4. 삼가 이 소자 중에 하나도 업신여기지 말라 너희에게 말하노
   니 저희 천사들이 하늘에서 하늘에 계신 내 아버지의 얼굴을
   항상 뵈옵느니라(마 18:10).

5. 이와 같이 이 소자 중에 하나라도 잃어지는 것은 하늘에 계신

너희 아버지의 뜻이 아니니라(마 18:14).

'어린아이나 소자는 일단 나이가 어린 사람들을 가리키는 것 같은데 마태복음에 보면 이런 어린 사람들이 주로 제자들에게 꾸짖음을 당하거나(마 19:13-14), 실족당하거나(마 18:6), 업신여김을 받거나(마 18:10), 잃어버려질(마 18:14) 가능성이 많은 자들로 등장한다. 야소님은 이런 힘없는 어린아이들과 소자들을 영접하고 심지어 냉수 한 그릇이라도 주라고 부탁하신다. 아니 부탁 그 이상이다. 야소님은 소자를 실족시키느니 차라리 연자 맷돌을 목에 달고 바다에 빠지는 것이 더 낫다고 말씀하신다. 참으로 무서운 말씀이다.'

청헌은 붓을 내려놓고 잠시 정신을 가다듬은 후 다시 자기가 적은 성경구절들을 살펴보았다. 그러자 이번에는 마태복음 9장 2절이 눈에 들어왔다. 아무래도 '어린아이'와 '소자'라는 존재가 무조건 나이 어린 아이들만을 가리키는 것도 아닌 것 같았다. 야소님은 중풍병자에게도 소자라고 부르셨다. 어린아이가 중풍병에 걸리는 경우는 드무니, 종합해 보건대 아마도 '어린아이'와 '소자'라는 존재는 보살핌이 필요하지만 세상에서 소외되기 쉬운 불쌍한 사람들 일반을 모두 일컫는 말인 것도 같았다.

잠시 고개를 든 청헌의 머리에 갑자기 조국과 동포들의 생활상이 떠올랐다. 일본, 러시아, 중국이 군침을 삼키며 목을 죄어 오고 있는 조선의 처지는 참으로 비참했다. 민족 대부분이 끼니를 잇기 힘들 만큼 가난하고, 거리에는 오물과 쓰레기가 넘쳐났다. 개신교와 천주교 선교사들이 의료와 교육 사업에 힘쓰고 있었지만 조선 전체에 넘치는 절망을 역전시키기에는 턱없이 부족했다. 특히 그 가운데 어린아이들과 병자들, 그리고 여인들은 너무도 고통스러운 인생을 살고 있었다.

"후유……."

청헌의 입에서 저절로 한숨이 흘러나왔다.

'이 암담한 시국에 과연 나 자신은 무엇을 해야 할 것인가. 재산이 좀 있다 한들 이 전국적인 거대한 가난과 불행들을 해소하는 데 무슨 공헌을 할 수 있으랴.'

한참을 묵상하던 그는 다시 마태복음을 읽기 시작했다. 그러다가 또 하나의 색다른 표현을 발견하였다. 그것은 '어린아이'와 '소자'라는 개념과 동일선상에 있는 '지극히 작은 자'라는 표현이었다. 그는 '지극히 작은 자'가 등장하는 구절들을 옮겨 적었다.

<지극히 작은 자>
임금이 대답하여 가라사대 내가 진실로 너희에게 이르노니 너희가 여기 내 형제 중에 지극히 작은 자 하나에게 한 것이 곧 내게 한 것이니라 하시고(마 25:40).
이에 임금이 대답하여 가라사대 내가 진실로 너희에게 이르노니 이 지극히 작은 자 하나에게 하지 아니한 것이 곧 내게 하지 아니한 것이니라 하시리니(마 25:45).

'지극히 작은 자'라는 표현은 이른바 최후의 심판 장면에 나왔다. 온 인류가 야소님의 보좌 앞에서 심판받는 장면. 그 심판의 자리에서 임금이라고 표현된 야소님은 오른편에는 양을, 왼편에는 염소를 구분하여 세우신다. 이후 야소님은 오른편의 양들에게 이렇게 말씀하신다.

복 받을 자들이여 나아와 창세로부터 너희를 위하여 예비된 나라를 상속하라. 내가 주릴 때에 너희가 먹을 것을 주었고 목마를 때에 마시게 하였고 나그네 되었을 때에 영접하였고 벗었을 때에 옷을 입혔고 병들었을 때에 돌아보았고 옥에 갇혔을 때에 와서 보았느니라(마 25:34-36).

이어서 왼편의 염소들에게는 이렇게 말씀하신다.

저주를 받은 자들아 나를 떠나 마귀와 그 사자들을 위하여 예비된 영영한 불에 들어가라 내가 주릴 때에 너희가 먹을 것을 주지 아니하였고 목마를 때에 마시게 하지 아니하였고 나그네 되었을 때에 영접하지 아니하였고 벗었을 때에 옷 입히지 아니하였고 병들었을 때와 옥에 갇혔을 때에 돌아보지 아니 하였느니라(마 25:41-43).

그러자 양의 편에 선 자들과 염소 편에 선 자들 양쪽 모두 우리가 언제 그렇게 했고, 언제 그렇게 하지 않았는지 묻는다. 바로 그 순간 야소님이 지극히 작은 자 하나에게 한 것이 바로 당신에게 한 것이고 그렇게 하지 않은 것이 바로 당신에게 하지 않은 것이라고 말씀하셨다.

여기 등장하는 '지극히 작은 자'는 분명히 앞에서 언급한 '어린

아이'나 '소자'들과 직접적인 연관을 가진 사람들일 것이다. 그렇다면 심각한 문제가 발생한다. 청헌이 배우고 깨달은 야소님의 복음은 야소를 믿기만 하면 누구든지 천국에 들어갈 수 있다는 것이다. 그런데 놀랍게도 마태복음은 그렇게 말하고 있지 않다. 마태복음에는, 단순히 믿기만 하는 차원이 아니라 뭔가를 구체적으로 해야 천국에 간다고 적혀 있다. 이것은 서로 모순되는 것이 아닌가? 그때 문득 마태복음 전반부에 나오는 구절 하나가 기억났다.

나더러 주여 주여 하는 자마다 천국에 다 들어갈 것이 아니요 다만 하늘에 계신 내 아버지의 뜻대로 행하는 자라야 들어가리라(마 7:21).

이 역시 끔찍한 말씀이다. 이대로라면 단순히 믿음만 가지고 천국에 가는 것이 아니란 말인데 그렇다면 결국 뭔가를 해야만 천국에 간단 말인가? 몹시 혼란스러웠다. 밤은 점점 더 깊어 갔지만 청헌은 다시 마태복음의 첫 장으로 돌아가서 야소님의 족보를 읽기 시작했다. 족보 속 다섯 여인의 이름이 또다시 눈에 들어왔다.

수간 청헌은 그 여인들의 이름 곁에 남편들의 이름도 함께 기록되어 있음을 새삼 깨달았다. 여인들의 이름이 독특하다면 그 여인들과 짝을 이루는 남성들도 홀로 나타나는 다른 남성들과 비교할 때 어떤 면에서 독특한 존재일 것이었다. 그러자 그 남녀 관계가 과연 어떤 것인지 궁금했다. 그래서 이번에는 그들과 그녀들의 이름을 옮겨 적어 보았다.

유다와 다말

살몬과 라합

보아스와 룻

다윗과 우리아의 아내

요셉과 마리아

이들 중 마리아와 요셉을 제외하면 모두 구약에 등장하는 인물
들이었다. 청헌은 그동안 힘들게 구해 놓은 성경 번역본들 중 구약
에 해당하는 책을 찾아 뒤져 보았다. 다행히 작년 1906년에 발간된
《창셰긔》와 《시편》이 있었다.[31] 그중 《창셰긔》에서 유다와 다말,
살몬과 라합 이야기를 찾을 수 있었다. 하지만 보아스와 룻, 다윗
과 우리아의 아내 이야기가 담긴 것은 찾을 수가 없었다.[32]

결국 잠시 토막잠을 자고 일어나 새벽같이 선교사를 찾아가 물
어본 후에야 청헌은 창세기의 유다와 다말, 살몬과 라합 이외에 보
아스와 룻, 그리고 다윗과 우리아의 아내 이야기까지 모두 성경에
어떻게 기록되어 있는지를 확실히 알 수 있었다. 선교사는 청헌의
연구에 도움이 되도록 이 남녀들과 연관된 룻기와 사무엘서의 관
련 내용을 영어성경에서 한글로 번역해 주었다. 이를 바탕으로 청
헌은 더 깊은 연구를 시작하였고 마침내 한 가지 깨달음을 얻을 수
있었다. 그는 자신의 깨달음을 마태복음서의 중요한 교훈들을 기
록해 나가던 《성각기록지 마태전》에 '마태족보의 다섯 남녀들'이
라는 제목으로 기록했다. 그 내용은 이랬다.

선교사의 말대로 지금까지 교회는 주로 족보에 적힌 여인들에

게만 관심을 집중해 왔다. 하지만 성경을 자세히 살펴보면, 족보에 적힌 여인들은 모두 특정 남성과 짝을 이루고 있음을 볼수 있다. 그러므로 만약 족보에 적힌 여성과 짝을 이루는 남성과의 연관성을 함께 고려해 본다면 흥미로운 사실 하나를 발견할 수 있다. 그것은 이 다섯 쌍의 부부가 모두 '도움이 필요한여인'과 그녀들을 '도와주는 남성'이라는 구도로 연결되어 있다는 사실이다.

첫 번째로 등장하는 '유다와 다말'(마 1:3)은 표면상 시아버지와며느리의 불륜처럼 보이지만 결국 유다는 자기의 아기를 임신한 다말에게 '도움을 베풀어야 할 자'로 나타난다. 만약 그가 다말을 거부한다면 그녀는 죽을 운명이었다. 유다는 다말을 "끌어내어 불사르라"(창 38:24)고 호통 친다. 이런 상황에서 다말은 유다의 이해와 도움이 절실히 필요한 여인이다. 따라서 나중에 모든 상황을 알게 된 유다는, "그는 나보다 옳도다"(창 38:26)라는고백과 함께 다말과 아기를 자신의 가문으로 받아들인다. 즉,그녀를 돕는 의무를 실행한 것이다.

두 번째 '살몬과 라합'(마 1:5)노 마찬가지다. 살몬은 이스라엘사람들이 여리고로 쳐들어오려 할 때 미리 온 성탐꾼들을 도와준 기생 라합을 아내로 맞아서 거둬 준 사람이다. 당시 라합은이스라엘을 굉장히 두려워해서 죽음의 위험을 느끼고 있었다.그녀는 이스라엘 정탐꾼들에게 "우리가 너희를 심히 두려워하고…… 너희의 연고로 사람이 정신을 잃었나니……(수 2:9-11)"라고 고백하였다. 이런 이방 여인 라합을 받아들인 살몬은 다말을 거둬 준 유다와 마찬가지로 위기의 여인을 구해 준 남성 이미지를 보여 준다.

세 번째 '보아스와 룻'(마 1:5)도 마찬가지다. 시어머니 나오미와 함께 베들레헴에 들어온 이방 여인 룻은 누군가의 도움이 없다면 결국 쓸쓸히 버림받을 존재였다. 이러한 룻에게 이삭을 풍성히 줍도록 배려한 보아스의 등장(룻 2:14-15)과 더 나아가 그가 룻을 자기 아내로까지 받아들인 이야기는, 위에 나온 두 쌍의 남녀와 마찬가지로 '도움이 필요한 여성'을 '돕는 남성'이라는 구도다.

네 번째 다윗과 우리아의 아내(마 1:6)도 동일하다. 구약성경은 다윗에게 유린당한 우리아의 아내가 남편 우리아를 잃고 슬퍼하는 여인이라고 묘사한다(삼하 11:21). 이런 상황에서 우리아의 아내는 어처구니없지만 오직 다윗의 도움으로 다시 구원받을 수 있는 여인이 되고 말았다. 따라서 다윗이 그녀를 자신의 아내로 맞이하여 다음 왕인 솔로몬까지 그녀를 통해서 태어난다는 이야기 전개는, '도움이 필요한 여인'을 다윗이 도왔다는 사실을 보여 준다.

마지막 다섯 번째인 '요셉과 마리아'(마 1:16)는 더더욱 그러하다. 비록 성령으로 예수님을 잉태하기는 했지만 다른 사람들 눈에 마리아는 부도덕한 잉태를 한 여인이었다. 이런 마리아를 도울 수 있는 사람은 오직 정혼한 요셉밖에 없다. 요셉은 자신이 가장 불쾌해하고 길길이 뛰어야 할 상황인데도 마리아를 버리지 않고 주의 사자의 분부대로 그 아내를 데려온다(마 1:24). 이런 장면은 요셉을 다른 네 명의 남성들과 같이 도움이 필요한 여인을 돕는 남성의 모습으로 나타내고 있는 것이다. 특히 이후로 요셉은 마태복음 1장 18-25절과 2장 전체에 걸쳐서 위기에 처한 마리아와 아기 야소님을 용감하게 구출하고 피신시키는 주역으로 활동한다(마 2:14, 20).

결국 청헌은 마태복음의 족보에 등장하는 다섯 쌍의 남녀들이 모두 '도움이 필요한 여성'과 그녀들을 '돕는 남성'이라는 구도를 가졌다고 결론을 내렸다. 그러자 다른 의문들이 풀리기 시작했다. 이미 청헌은, 마태복음에서 야소님이 소외받는 어린아이들과 소자들과 지극히 작은 자들을 대접해야 한다고 거듭 강조하셨고 그렇게 하지 않는 자는 바로 당신을 무시한 것이므로 지옥에 떨어질 것이라는 말씀을 살펴보았다.

바로 이런 마태복음의 사상이 족보에도 그대로 반영되었던 것이다. 야소님 당신이 인간을 도우러 오신 것처럼 야소님의 혈통을 이어받은 사람들은 마땅히 도움이 필요한 약자들을 돕는 일에 인생을 바쳐야 하는 것이다. 청헌은 결국 야소님을 믿는다는 것과 야소님이 원하시는 삶을 산다는 것이 서로 구별되지 않는다는 것을 깨달았다. 야소님을 믿으면 천국에 간다고 성경은 분명히 말한다. 그런데 마태복음은 지극히 작은 자 하나를 내접하는 자만이 천국에 갈 수 있다고 말한다. 이는 믿음과 행위가 분리되어 있지 않는다는 의미를 내포하는 것이었다.

하늘만큼 크신 야소님이 불쌍한 인간들을 찾아와 목숨 바쳐 섬기셨는데 이를 믿는다고 고백한 인간들이 야소님의 마음을 본받아 불쌍한 사람들을 찾아 섬기는 것은 너무도 당연한 일이었다. 아니 너 나아가 이것이 바로 야소님이 이 땅에 오신 참 의미를 알고 믿는다는 신자의 진실한 증거일 것이다.

청헌은 더 깊은 고민에 빠졌다. 얼마 전에 들은 길 장로의 설교를 통해 청헌은 자신을 향하신 하나님의 뜻을 발견하려고 애를 썼다. 그리고 이를 위해 마태복음을 다시 읽다가 결국 '지극히 작은 자 하나를 섬겨야 한다'는 것까지 깨달았다. 하지만 문제는 끝나지 않았다. 청헌이 섬겨야 할 '지극히 작은 자 하나'는 과연 누구란 말인가?

'나는 누구를 위해 내 인생을 바쳐야 하는가?'

그러다가 청헌의 머릿속에 홀연히 한 가지 생각이 떠올랐다.

'그때 그 나환자 여인은 죽지 않고 살아 있을까?'

갑자기 자기가 살려 낸 나환자 생각이 들자 청헌은 그녀의 안부가 무척 궁금했다. 꽤 오래 망설이다 어느 날 새벽, 청헌은 그때 그 하우고개를 향해 훌쩍 길을 떠났다. 눈발이 날리던 고개에는 어느새 봄이 찾아오고 있었다. 응달에 쌓여 있던 눈도 거의 녹고 나무마다 파릇한 싹들이 움트고 있었다. 햇살도 따뜻하여 기분이 좋았다. 청헌은 몇 달 전의 기억을 더듬으며 숲을 헤매다가 마침내 그 동굴을 발견하였다. 이미 녹아 졸졸 흐르는 시내를 건너 컴컴한 동굴 속에 들어서자 한기가 훅 느껴졌다. 그곳에는 아무도 없었다. 청헌은 더듬거리며 동굴 속으로 천천히 걸어 들어갔다. 꽤 깊이 들어갔지만 아무 기척이 없었다. 이번에는 동굴 속을 향해 큰 소리로 말을 던져 보았다.

"여적 계시우? 나 일전에 고개에서 만났던 사람입니다."

청헌의 목소리는 윙윙 메아리쳐 동굴 속 깊이 들어갔다. 역시 아무 인기척이 없었다. 시체가 없으니 죽지는 않은 것 같고 아마도 어

130

디 다른 데로 떠난 모양이었다. 어쩌면 당연한 일인지도 몰랐다. 청헌은 몸을 돌려 동굴 입구로 다시 걸어 나가기 시작했다. 그때였다.

"나으리, 나으리 맞으십니까?"

소리가 윙윙 울리는 것으로 보아 동굴 깊은 곳에서 나는 소리였다. 청헌이 뒤로 돌아서자 어둠에 익은 눈에 그때 만난 여인의 모습이 희미하게 나타났다. 그녀 뒤에는 또 다른 사람들도 서 있었다. 열댓 명은 되어 보였는데 모두 얼굴과 몸을 천으로 휘감은 나환자들이었다.

처녀는 그 겨울에 청헌이 남긴 양식을 나눠 먹으려고 인근 산 속에 숨어 있던 몇몇 환자들까지 동굴로 불렀고 이후로 동굴은 작은 나환자촌이 된 것이었다. 다행히 골짜기가 깊어 마을 사람들이 동굴까지 찾아오는 일은 거의 없었기에 그들은 서로 체온으로 추위를 이기며 청헌이 져다 준 양식으로 죽을 끓여 근근이 겨울을 나고 있었다. 물론 그 양식도 이제 거의 다 바닥난 상태였다.

나환자 처녀는 사람들에게 말했다.

"바로 이분이세요. 내 썩은 입에 숨을 불어 살려 주신 분이 바로⋯⋯."

그녀는 목이 메어 뒷말을 잇지 못했다. 그녀의 말에 나환자들이 갑자기 청헌에게 절을 올렸다. 청헌도 얼떨결에 맞절을 올렸다. 바로 그 순간이었다. 청헌은 난생처음 마음 깊은 곳에서 생생하게 들리는 하늘의 음성을 들었다. 하나님이 그에게 맡기기 원하신 조선의 '지극히 작은 자들'은 바로 이 동굴 속의 나환자들이었던 것이다. 마침내 그는 야소님의 뜻대로 일생 동안 섬길 지극히 작은 자들을 찾았다. 청헌은 엎드린 상태에서 눈물을 흘리며 야소께 감사

131

를 드렸다. 이때가 1907년 4월 5일이었다.

　경악스런 일이었지만 동시에 큰 경사였다. 온 마을은 축제 분위기로 가득했다. 오랜만에 푸지게 잡은 닭들과 돼지를 굽고 삶는 냄새가 마을에 가득하여 모두 마음이 붕 떴다. 마을 사람들과 당사자 모두 기겁하고 거절하였던 일, 그 일이 기어이 진행되고 있는 것이었다. 발단은 이랬다.

　그날 동굴 속 나환자들을 다시 찾은 청헌은 양식을 또 한 짐 져다 준 뒤 일단 한양으로 돌아왔다. 집에 도착하자마자 그는 조상 때부터 내려오던 저택만 남겨 두고 땅과 재산을 다 처분하였다. 하인들에게도 충분한 삯을 주고 어디든 가고 싶은 데로 가도록 허락했다. 물론 집에 남고 싶은 사람은 그냥 남아서 계속 살아도 좋다고 했다. 처자식도 가족도 없는 처지라 모든 것이 수월했다. 마태복음에 나오는 부자 청년은 "네가 온전하고자 할진대 가서 네 소유를 팔아 가난한 자들을 주라. 그리하면 하늘에서 보화가 네게 있으리라"는 야소님의 말씀에 재물이 많으므로 근심하며 가버렸지만 조선의 부자 노총각 청헌은 야소님의 부르심에 망설임도 주저함도 없었다. 그만큼 그의 결심은 굳건했다.

　모든 것을 정리한 청헌은 동굴로 돌아가 나환자들과 함께 생활하기 시작했다. 처음에는 설마 하던 나환자들도 아무렇지 않게 자신들과 먹고 마시는 청헌을 고마운 외인에서 자신들의 식구로 인정했고 얼마 지나지 않아 아버지처럼 따랐다. 청헌은 나환자들에

132

게 관심을 가지면서 일반인들에게 오해가 있음을 깨달았다. 서양 의사들에게 물으니 나병은 생각만큼 전염성이 높지 않고 유전되는 병도 아니라 했다. 게다가 나병에 걸렸다가 저절로 치료되는 경우도 있다고 했다. 과연 환자들과 생활해 보니 서양 의사의 말대로 이미 병이 다 나은 것 같은 사람도 꽤 있었다. 물론 얼굴과 몸에 병의 흔적이 남았기에 계속 숨어 살아야 하는 처지였지만.

최수연이란 처녀도 그런 환자 중 하나였다. 비록 얼굴은 망가졌지만 그녀의 병은 이미 멈춰 다 나은 상태였다. 고개 아래 복사골 의원 집에서 태어났으나 열다섯 살이 넘어 발병한 나병 때문에 마을과 집에서 버림을 받은 그녀는 5년 세월을 하우고개 산속에 숨어 악착같이 살아왔다. 수연의 어머니는 그 세월 동안 때마다 고개 중턱의 비밀스런 장소에 딸이 먹을 것을 갖다 놓아 주었다. 하지만 어머니는 지난겨울 갑자기 병으로 숨을 거두고 말았다.

이런 사실을 모르던 수연은 한겨울에 갑자기 먹을 것이 끊기자 배고픔을 견디다 못해 동네로 내려갔다. 조심조심 골목길을 걸어 집 앞까지 도착한 수연은 대문에 붙은 거상(居喪) 표시에 깜짝 놀라 자기도 모르게 마당으로 들어갔다. 마당에 모인 가족과 동네 사람들은 수연을 보고 깜짝 놀랐지만 곧 겁껍게 수연을 타일러 돌아가라 하였다.

하지만 모친의 죽음을 알게 된 수연은 울면서 죽은 어머니를 한 번만 보게 해 달라고 외치며 점점 그들에게 가까이 다가갔다. 수연이 자기 병을 잊고 자신들에게 닿을 듯 다가오자 동네 사람들은 결국 모진 속내를 드러내고 말았다. 수연 아버지의 만류에도 불구하고 가혹한 돌팔매질을 시작한 것이다. 마을 사람들의 돌에 온몸을 난타당하고 산으로 쫓겨 간 수연은 돌 맞은 고통과 배고픔에 지쳐 고개 중턱에 쓰러졌고 어머니를 부르다가 정신을 잃고 눈 속에서 싸늘히 식어 갔다. 그때 평양에서 한양으로 돌아오던 청헌이 나타 나지 않았다면 그녀는 아마 차가운 눈밭 속에서 자기 어머니 뒤를 따라가고 말았을 것이다.

동굴에서 나환자들과 마음이 서로 통하자 청헌은 먼 데서 목수 들을 비밀리에 데려와 깊은 산속에 커다란 집 두 채와 예배당을 짓 기 시작했다. 곳간도 지어서 양식을 채워 놓았고 필요한 물품이나 약품도 마련했다. 공사가 다 끝난 후, 청헌에게 이끌려 새로운 산 속 마을로 인도된 나환자들은 감격스러운 눈물을 흘렸다. 평소 무 뚝뚝하던 안짱다리의 철손 아비까지 끝내 펑펑 울면서 말했다.

"이 미천한 것들에게 이런 사랑을 베풀어 주시니 참말 뭐라고 감사드려야 할지 모르겠습니다."

청헌은 고개를 가로저으며 이 모두 자기가 아닌 야소님의 선물 이라고 말했다. 사실 청헌은 나환자촌 건립 계획을 세우면서 사도 행전에 나오는 초대 예루살렘 교회를 생각하고 있었다. 과거 바나 바 선생이 예루살렘 교회를 위해 자신의 모든 땅과 재산을 바치는 솔선수범으로 성도들의 아름다운 공동생활이 시작되었듯이, 재물 을 가진 자기가 불쌍한 백성들을 위해 재산을 바치는 것은 마땅히 해야 할 본분이라 여겼다. 이제 남은 것은 이 사람들과 더불어 옛 날 그 초대교회 공동체와 같은 교회를 다시 이루어 하나님 안에서 행복하게 사는 것뿐이었다.

마을에 정착한 청헌은 손수 앞장서서 산을 일구고 논밭을 만들 어 노동이 가능한 환자들과 함께 농사를 짓기 시작했다. 돼지우리와 닭장도 만들어 가축도 사육하였다. 한정된 재물을 쏟아 붓는 것은 한계가 있기에 자립하는 공동체가 되는 것이 매우 중요했다. 동시에 매일 시간을 정해서 그들에게 성경을 가르쳤다. 이천 년 전, 나환자를 사랑하셨던 야소님의 말씀은 이곳 조선의 나환자들 마음에 마른 땅의 단비처럼 깊이 흡수되어 갔다.

이리하여 나환자들은 발병 이래 처음으로 인생에 행복이라는 것이 존재함을 체험하게 되었다. 다시는 자신들에게 찾아오지 않을 것 같던 그 행복. 그렇게 세월은 3년이 흘러 1910년이 되었다. 오래전부터 조선을 괴롭혀 온 일제는 마침내 국권을 침탈하였다. 하지만 청헌의 산속 마을에는 고요한 행복이 지속되었다. 아랫마을에 새로 조직된 일본 순사들도 나환자촌에 접근하기를 꺼려해서 간섭을 거의 하지 않았다. 오히려 나환자들이 마을에 돌아다니지 않고 깊은 산속에 모여 살게 만들어 놓은 청헌에게 고마워하는 눈치였다.

그러다 보니 청헌의 산속 마을 규모는 점점 더 커지기 시작했다. 소문을 들은 나환자들이 곳곳에서 계속 몰려왔던 것이다. 청헌은 그들을 받아들여 집을 더 짓고 마을을 넓혀 갔다. 어느새 나환자들은 백여 명에 이르렀다. 마을 사람들은 새벽종이 울리면 예배당에 모여 기도로 하루를 시작했고 일이 끝난 저녁이면 다시 예배당에 모여 찬양과 예배를 드린 후 모두 함께 저녁 식사를 했다. 모인 자들의 겉모습은 흉측하였으나 그들 속에는 어느새 천국이 이루어져 있었다.

바로 그런 와중에 생긴 일이었다. 물론 청헌 자신도 생각지 않았던 일이다. 하지만 어느 틈엔가, 바울 선생처럼 일생 결혼하지 않겠다고 생각한 서른세 살 노총각 청헌의 마음에 그녀가 깊이 들어와 있었다.

'최수연.'

자신이 입에 숨을 불어넣어 구했던 그녀는 날렵한 몸매에 싹싹하고 붙임성 좋은 아가씨였다. 비록 얼굴은 망가졌지만 병이 다 나은 상태였던 그녀는 몸동작 하나하나가 시원시원하고 재빨랐으며 똑똑하고 말에 재치가 넘쳤다. 어떤 모임이든지 그녀가 함께 있으면 분위기는 금세 흥거워지고 신이 났다. 게다가 의원의 딸로 자랐기에 약초와 의술에 조예가 있어 마을의 치료실을 담당하면서 청헌의 비서 역할도 겸하고 있었다. 청헌은 그녀와 함께 일하는 것이 늘 즐거웠다. 그러다 어느새…… 그녀를 사랑하고 있는 자신을 발견하였다.

이미 나환자촌에 뼈를 묻기로 결심한 청헌은 자신도 병이 옮아 나환자가 될 가능성이 있다는 것에는 별로 개의치 않고 있었다. 단지 마을에 멀쩡한 일꾼이 있어야 한다는 차원에서만 자신의 건강을 의식하고 있을 뿐이었다. 따라서 수연에게 사랑을 고백하지 못할 이유는 없었다. 그러나 청헌의 고백을 들은 수연은 당치 않으신 말씀이라며 고개를 가로저었다. 이미 예상한 일이라 청헌은 실망하지 않았고 힘써 자기의 진심을 그녀에게 보여 주려고 노력했다. 그러던 어느 날, 마을 업무를 총괄하는 예배당 사무실 창문으로 보름달이 하얗게 들어오는 늦은 저녁 무렵이었다.

업무를 마치고 사무실을 나가려던 청헌은 앞서 나가는 수연의 손을 덥석 잡았다. 움찔하던 수연이 손을 맡긴 채 가만히 있었다. 당연히 그녀의 마음에도 청헌이 들어와 있었다. 그것은 어쩌면 평

136

생 그 누구에게도 입맞춤을 받지 못할 것이라 생각한 자기 입에 그가 입술을 댄 순간부터였는지도 모른다. 하지만 언감생심 그것은 말도 안 되는 욕심이었다. 청헌은 첫 마디가 잘려 나간 그녀의 손가락들을 자기 손에 움켜잡고 그녀 앞에 천천히 다가와 말했다.

"수연, 나는 당신을 사랑하오. 당신이 생각하고 있는 구태의연한 이유 때문에 나를 거절하는 것이라면 그건 나와 아무 상관이 없는 일이라고 말해 주고 싶소."

열다섯 꽃다운 나이에 천벌 같은 나병에 걸려 모진 세월을 살았던 최수연. 그녀는 청헌의 목소리를 들으면서 전신이 파르르 떨리고 실신할 지경이었다. 저주받은 줄 알았던 자신의 인생에 어찌 이런 행복이 주어질 수 있단 말인가. 하지만 수연은 금세 정신을 추스르고 매정한 목소리로 말했다.

"남녀 간의 애정이 그리 쉬운 일입니까? 하물며 저 같은 추물을 향한 마음이 어찌 백년가약으로 이어질 수 있겠습니까? 나으리의 마음은 사랑이 아니라 필경은 변하고 말 순간의 감정이요 착각이십니다. 일전에 마을에 와 설교하셨던 서양 선교사님도 하나님의 영원하신 사랑에 비하면 남녀 간의 사랑은 아무것도 아니라고 하셨지 않습니까?"

수연의 말에 청헌은 단호히 잘라 말했다.

"아니오. 그렇지 않소. 선교사님은 그때 세상에 여러 종류의 사랑이 있다고 했지만 나는 당신을 사랑하면서 더 깊은 것을 깨달았소. 이 세상에는 여러 종류의 사랑이 있는 것이 아니라 오직 완전한 사랑으로 나아가는 각기 다른 사랑의 출발선들만이 존재하는 것이오. 남녀 간의 사랑이든 형제간의 사랑이든 결국은 모두 야소

님의 완전한 사랑에 이르러야 할 목표와 책임을 가지고 있소. 사랑
은 감정이 아니라 힘써 이루어 나가는 노력이기 때문이오. 나는 지
금 당신을 일시적인 감정으로 사랑하려는 것이 아니라 영원한 야
소님의 사랑에까지 도달할 진짜 사랑을 시작하려는 것이요. 당신
과 일평생 힘을 합쳐서 말이요."

청헌의 확신에 찬 말은 계속 이어졌다.

"어차피 한 꺼풀 피부 속은 모두 똑같은 뼈와 피로 이루어진 것
이 인간일 뿐. 이 껍질이 우리의 본질이 아님을 야소님을 믿는 나
는 누구보다 잘 안다오. 비록 병의 흔적은 당신의 표피에 남아 있
지만 그건 당신의 본질이 아니오. 수연 낭자, 당신은 내게 언제나
아름다운 여인이오."

꿈결에서 들리는 것 같은 청헌의 음성에 수연은 주춤 맥이 풀려
자기도 모르게 비틀거렸다. 그 순간 청헌이 그녀를 부축하는가 싶
더니 가슴에 끌어안았다. 청헌의 넓은 가슴에 안긴 수연의 눈에 까
닭 모를 눈물이 철철 흐르고 있었다. 청헌은 살며시 그녀의 얼굴을
들었다. 문드러져 나간 코와 입은 천으로 가리고 있었지만 그녀의
맑은 눈은 눈물에 젖어 아름답게 반짝이고 있었다. 청헌은 가만히
그녀의 입을 가린 천을 내렸다. 그리고 그녀의 낯익은 입에 자기의
입을 맞추었다. 옛날 그 첫 만남 때처럼.

두 사람이 정분났다는 소문이 마을에 퍼지고 이후로 많은 찬반
의 우여곡절이 있었지만 청헌은 기어이 수연과의 결혼식을 강행했
다. 마침내 나환자촌에 경사스런 날이 찾아온 것이었다.

"신랑은 기쁠 때나 슬플 때나 행복할 때나 고통스러울 때나 그
어떤 순간에도 신부를 사랑하며 아끼고 섬기겠습니까?"

"예. 아멘."

동네 사람들은 처음 보는 서양식 혼례가 신기하여 서양 목사와 하얀 드레스를 입은 신부를 번갈아 쳐다보았다. 혼례를 인도하러 온 서양 선교사도 예식을 인도하는 내내 감격스러워했다. 이날을 위해 청헌은 십자가 문양을 새긴 두툼한 옥가락지 두 개를 준비해서 선교사에게 맡겨 두었다. 예식 도중 선교사가 그 반지를 내밀자 청헌은 그녀의 몽땅한 손가락에 반지를 끼워 주었고 수연도 청헌에게 그리했다. 혼례식에 이어 벌어진 동네잔치는 밤새도록 흥겹고 기쁘게 이어졌다. 고기와 음식들이 넘쳐 났고, 성경의 가나 혼인잔치처럼 포도주도 모자라지 않았다. 밤새 그치지 않는 풍악 속에서 사람들이 먹고 마시며 흥겨이 춤추는 동안 청헌과 수연은 마을 사람들이 결혼 선물로 지어 준 아담한 너와집 신방에 들어갔다. 청헌은 모든 것이 감사했다. 딱 한 가지, 꼭 와 주기를 바랐던 친구 주령이 오지 않은 것만 빼고는.

이후로 한참 동안, 비록 일본에게 나라를 빼앗긴 한이 조선 땅에 가득했으나 청헌의 산속 마을에는 평화가 유지되었다. 누구도 찾고 싶어 하지 않는 버림받은 자들의 땅이라는 사실이 오히려 다행이었다. 그렇게 십 년의 세월이 더 흘러갔다. 그 사이 청헌과 수연 사이에는 아이가 하나 태어났다. 청헌은 그 아이를 길민이라고 이름 지었다. 길민이 여덟 살이 되어 마을에서 한창 골목대장 노릇을 하며 뛰어다니던 1920년 어느 가을날, 새벽 예배를 마치고 예배당을 나선 청헌은 뜻밖의 손님을 맞이해야 했다. 아랫마을 지서의 우찌무라 순사였다.

비록 원수 나라의 순사였지만 우찌무라는 일본에서 몇 대를 이은 천주교인으로서 청헌의 아름다운 신앙에 감동하여 자주 청헌을 돕던 터였다. 아랫마을 주민들이 계곡 상류 지역에 있는 나환자촌에 대해 불만을 터뜨렸을 때에도 청헌과 상의하여 물길을 하나 더 내서 청헌의 마을만 따로 사용하도록 해 주고 사태를 무마시킨 적도 있었다. 하지만 아침부터 긴 일본도에 말 장화를 신고 나타난 일본 순사를 마을 사람들은 못마땅하게 흘깃거리며 일을 나갔다. 누렇게 잘 익은 곡식들이 바람에 흔들리는 들판은 곧 추수 때임을 알리고 있었다. 하지만 청헌과 마주 앉은 우찌무라는 난감한 소식을 전해 주었다.

1907년 일본에서 시행한 '나병 예방 정책' 때문에 일본에서는 이미 나환자들의 격리 수용이 시작되었다. 그런데 이 정책이 1915년에 더욱 강화되어서 나병환자들이 임신하면 무조건 낙태시키고 모든 나병환자들을 완전 격리 수용하는 방향으로 확산되어 갔다. 이런 일본의 정책은 당연히 조선에도 적용되어 1916년부터 조선의 나환자들도 전라도 한 섬에 강제 이주시키기로 결정되었다는 것이다. 그 섬에 이미 나환자들을 위한 수용 시설인 자혜병원을 세웠고 일본인 원장을 파견했다고 전했다.

우찌무라는 일본의 나환자 강제 수용이 점점 더 본격화되고 있기 때문에 청헌의 나환자촌 사람들도 자칫하면 강제로 이송될 가능성이 있다고 했다. 그는 언제일지 모르지만 가까운 시간에 나환자 강제 이송 명령이 떨어질 것 같아 미리 알려 주려고 온 것이었다. 청헌은 난감했다. 그렇다고 지금까지 이룩해 놓은 마을을 떠난다는 것은 말도 안 되었다. 또 떠난다고 딱히 갈 곳도 없는 상황이었다. 청헌은 우찌무라에게 앞으로 그런 사태가 일어나지 않도록

140

막아 달라고 여러모로 간청하는 수밖에 없었다.

운명의 날은 예상보다 빨리 찾아왔다. 몇 달이 지나 온 산이 눈으로 덮인 평온한 겨울 새벽. 갑자기 나타난 일본 순사들과 헌병대는 마을 사람들을 총칼로 몰아세워 모두 체포하였다. 청헌과 길민이 체포되지 않도록 빼내 준 것만이 최선인 듯, 우찌무라 순사도 헌병대의 서슬에 멀찍이 서서 바라만 보고 있었다. 그들은 수연과 마을 사람들을 난폭하게 산 중턱으로 끌고 갔다. 고갯길에는 이미 대기해 놓은 트럭 몇 대가 있었고 헌병대는 남자와 여자를 구분해서 트럭에 태우기 시작했다. 거의 혼이 나간 청헌은 헌병들에게 주먹을 휘두르며 온 힘을 다해 저항했지만 혼자 힘으로는 아무것도 할 수 없었다. 결국 헌병대가 휘두른 개머리판에 맞아 쓰러진 청헌을 우찌무라가 급히 감싸 안고 저만치 떨어진 곳으로 옮겼다.

부서진 이를 피와 함께 뱉어 내던 청헌은 멀리 트럭 포장 너머로 악착같이 손을 내미는 수연을 보았다. 하지만 순사들에게 발과 다리를 붙들린 청헌과 어린 길민은 눈길에 주저앉아 트럭이 출발하는 것을 통곡하며 바라볼 수밖에 없었다. 바로 그때였다. 고갯마루로 트럭이 올라서는가 싶은 순간, 갑자기 누군가 트럭에서 뛰어내려 청헌과 길민을 향해 달려오고 있었다. 수연이었다. 그녀는 뭐라고 큰 소리로 외치고 있었다. 청헌도 순간적으로 순사들의 팔을 뿌리치고 수연을 향해 달리기 시작했다. 수연은 이렇게 외치고 있었다.

"안 돼요. 절대로, 절대 당신과 헤어질 수 없어요."

수연과 청헌이 점점 가까워지는 순간이었다. 갑자기 온 산을 울리는 총성과 함께 달려오던 수연이 눈길에 풀썩 무릎을 꺾었다. 그 녀의 머리를 감싸고 있던 고운 빛깔의 보자기가 벗겨지며 듬성한 머리카락 사이로 선홍색 피가 주룩 흐르더니 하얀 눈 위에 뚝뚝 떨 어지기 시작했다. 무릎을 꿇고 주저앉은 수연은 달려오는 청헌을 쳐다보기 위해 안간힘을 써서 고개를 들었다. 그 애절한 눈이 청헌 과 마주친 순간 그녀는 얼굴에 엷은 미소를 머금더니 가느다란 목 소리로 말했다.

"길민이 아버지, 당신을 만나 저는 진정 행복했답니다."

이 말을 마치자마자 수연의 얼굴은 하얀 눈 속에 풀썩 파묻히고 말았다. 청헌이 달려가 안았을 때, 그녀는 이미 깊은 총상을 입어 숨을 거둔 후였다. 수연을 가슴에 안은 청헌의 눈에 폭포수 같은 눈물이 통곡과 함께 쏟아졌다. 그러나 곧 뒤통수에 뭔가 둔탁하게 닿는다 싶더니 정신이 아득해졌다. 달려온 헌병대원 중 하나가 청 헌의 머리를 또다시 총으로 후려친 것이었다.

청헌은 수연을 안은 채 그대로 쓰러졌다. 헌병대원은 수연이 죽 었음을 확인하고는 청헌을 끌어내려 했다. 하지만 정신을 잃은 상 태에서도 청헌은 수연을 꼭 끌어안고 버텼다. 아무리 해도 떼어 내 기가 여의치 않자 헌병대원은 갑자기 청헌의 머리에 총을 겨누었 다. 그 순간 멀리서 우찌무라 순사의 다급한 목소리가 울렸다.

"다메다 마떼"(안돼 기다려).

그 소리에 헌병은 흠칫 총부리를 거두었다. 헐레벌떡 달려온 우 찌무라는 헌병대원들을 만류하면서 헌병대장에게 뭐라고 한참 말 했다. 우찌무라의 이야기를 들은 헌병대장은 부하들을 집합시키고 는 청헌과 수연을 내버려 둔 채 트럭으로 돌아가기 시작했다. 그런

142

데 멀찍이 선 트럭에서도 심각한 사태가 벌어지고 있었다. 수연의 죽음을 보고 겁먹은 나환자들이 트럭에서 뛰어내려 산으로 탈출을 시도한 것이었다. 그들 뒤로 헌병대의 총성이 연달아 터졌다. 불편한 몸을 이끌고 도망가던 나환자들 상당수가 헌병대의 총에 맞아 그 자리에서 죽었고 일부는 체포되었다. 아주 소수만이 간신히 도망쳐 산속으로 사라졌다. 정신이 돌아온 청헌은 총에 맞아 쓰러지는 자기 마을 사람들을 보면서 또다시 목 놓아 울었다. 청헌의 울음소리는 어느새 다가온 어린 길민의 날카로운 울음과 함께 온 산 가득히 울려 퍼졌다.

나병균의 진원지를 전부 소각하라는 상부의 명령 때문에 청헌이 살던 산속 마을은 불태워져야만 했다. 다행히 우찌무라 덕분에 마을 소각을 며칠 연기할 수 있었고 청헌은 마을 경계선 언덕 아래 양지바른 곳에 땅을 파서 수연과 다른 죽은 이들의 무덤을 만들었다. 그의 손에는 결혼식 때 아내에게 끼워 주었던 옥반지가 들려 있었다.

"사랑하는 수연. 눈물 없고 슬픔 없는 천국에서 야소님의 품에 안겨 평안을 누리시오. 당신 반지는 후에 우리 며느리에게 물려주려고 내가 가져가오. 내 반드시 길민이를 반듯하게 키우고 꼭 당신 곁에 와서 함께 누우리다."

아내를 장사 지낸 청헌은 중요한 책들과 서류들, 그리고 그밖에 필요한 것들을 챙겨 수레에 실었다. 청헌이 짐을 다 챙겨 나오자 순사들은 마을 건물마다 불을 놓았다. 산속 가득히 진동하는 타는 냄새를 맡으며 청헌은 눈물을 꿀꺽 삼켰다. 자신의 젊음과 재산과 힘을 다 바친 마을이 하루아침에 잿더미로 변하는 순간이었다.

　산을 내려온 청헌은 어린 길민과 함께 한양의 옛 집으로 다시 돌아왔다. 실로 14년 만의 귀향이었다. 다행히 한양 집에는 딱히 떠날 곳 없던 하인 몇이 계속 살고 있었고 청헌의 귀향을 진심으로 반겨 주었다. 이때가 1921년 2월 23일이었다.

김은진이 팔에 깁스를 풀고 퇴원하는 날에도 입원할 때처럼 은진과 민재 선배는 내 차에 올라타 있었다. 뚝도 별장에서 내 조상 이야기를 함께 추적하면서 우리는 어떤 감동의 공감대를 형성해 꽤 친해졌다. 어느새 나는 동갑내기 은진과 친구처럼 말을 트고 있었다. 게다가 지금 은진의 집으로 가고 있는 내게는 은근한 호기심도 있다. 민재 선배가 은진의 부모님 이야기를 하면서 자기가 가장 존경하는 사람이 은진의 아버지라고 말했기 때문이다.

우리가 탄 검정 세단은 서부간선도로를 거쳐 인천 방향으로 가다가 부천역 부근에서 신호등에 걸려 멈춰 섰다. 그러자 은진이 왼편으로 난 좁다란 도로를 가리키며 말했다.

"민훈아, 저기 좀 봐. 저 도로는 시흥시 신천리로 넘어가는 길인데 저기로 올라가면 하우고개가 있어. 네 증조부 김청헌 할아버지가 백 년 전에 나환자들을 돌보던 곳 말이야. 나도 저 길을 몇 번 넘어가 봤지만 전혀 아무 흔적이 없던데, 그런 기막힌 사연이 있는 줄 네 덕에 처음 알았다.”

공교롭게도 김은진이 사는 곳도 경기도 부천시, 즉 그 옛날의 복사골이었다. 나도 이전에 인천 가는 길로 이 도시를 몇 번 지나친 적은 있지만 그저 서울과 인천 사이의 중간 통로 정도로만 생각했다. 하지만 내 조상의 기막힌 사연이 서린 곳이라 생각하니 우중충해 보이는 도시가 좀 각별하게 느껴졌다. 한참을 더 가서 우회전하여 들어가니 꼬불꼬불 좁은 도로가 펼쳐져 있고 주변에 자그마한 공장들이 여럿 나타났다. 마침 퇴근 시간 즈음인지 여기저기서 많은 사람들이 쏟아져 나왔다. 그중 절반 이상이 얼굴색이 거무스름한 외국인 근로자들이었다. 그들을 보며 좀 놀라는 나를 보며 은진이 말했다.

“우리나라에서 버는 돈이 자기들 나라에 가져가면 굉장히 큰 돈이래. 이 동네에는 대체로 파키스탄 사람들이 많지만 인도나 필리핀 혹은 베트남이나 중국에서 온 사람들도 있어.”

은진은 공장들을 지나 음식점이 늘어선 도로 근처에서 차를 세우라 하고는 한 허름한 건물 입구로 들어가 계단을 오르기 시작했다. 우리도 그 뒤를 따랐다. 4층까지 올라가자 칙칙하고 낡은 철문이 나왔다. 그 위에 초록색으로 ‘푸른교회’라는 명패가 붙어 있었고 ‘외국인 근로자들과 노숙자들을 위한 쉼터’라는 글도 삐뚜름하게 달려 있었다.

‘4층이면 엘리베이터라도 있어야지, 원. 그리고 무슨 푸른교

회 분위기가 이렇게 칙칙하냐.'

내 불평 어린 생각은 아랑곳없이 은진은 환하게 웃는 얼굴로 교회 문을 활짝 열었다. 두터운 커튼이 길게 쳐진 교회 안은 컴컴하고 고요했다. 은진이 이상하다는 듯 고개를 갸웃거리더니 먼저 뒷자리에 앉아 기도를 올렸다. 민재 선배도 함께 앉아 머리를 숙였다. 어설프게 머뭇거리며 서 있던 나는 예배당을 둘러보다가 정면 쪽 강단을 바라보았다.

나무 강대상 뒤로 자그마한 십자가가 있고 그 아래에 성경책이 한 권 펼쳐져 있었다. 천장에 달린 노란 조명이 십자가와 성경책을 비추고 있었다. 나로서는 난생처음 와 본 교회당이었다. 하지만 불빛에 비치는 성경책이 반가웠다. 우리 집안을 이어 온 조상들의 삶과 사상이 저기 놓인 한 권의 책에서 나왔다니. 특히 김청헌 할아버지와 최수연 할머니의 이야기가 내 가슴에 깊이 남아 있는 터라 마음이 좀 시큰했다.

어느새 은진과 민재 선배도 눈을 뜨고 예배당을 둘러보고 있었다. 그때였다. 갑자기 컴컴하던 예배당에 불이 켜지고 길게 드리웠던 커튼들이 일제히 걷히면서 커튼 뒤에서 사람들이 소리를 지르며 뛰어나왔다.

"서프라이즈, 서프라이즈!"

"콩그레츌레이션, 축하해요. 놀랐지?"

여기저기서 축포 터지는 소리가 뻥뻥 이어졌다. 아마도 은진의 퇴원을 축하하는 깜짝 파티가 준비된 모양이었다. 축포와 함께 튀어나온 색종이 조각들을 머리에 얹고 은진은 함빡 웃으며 사람들과 인사를 나누었다. 절반 이상이 외국인 근로자들이고 한국인들은 주로 내 또래 젊은이들이었다. 그렇게 한참 인사를 나누고 있는데 강대상 옆에 달린 작은 문이 열리더니 초가 잔뜩 꽂힌 케이크를 들고 두 남녀가 나타났다. 여인은 분명 중동 쪽 외국인으로 사십 대 중반이 되어 보였고 옆에 선 머리가 허연 남자는 나이가 상당히 많아 보였지만 큰 키에 다부진 체격이었다. 외국인 여인이 은진을 향해 말했다.

"아들, 퇴원 축하해."

억양이 조금 튀었지만 능숙한 한국어였다. 은진이 혼혈인 것은 짐작하고 있었지만 정작 외국인인 그의 어머니를 보니 기분이 묘했다. 게다가 그녀는 한 손이 불편한 듯 왼손에 하얀 장갑을 끼고 있었다. 나이 든 남자는 아마도 이 교회 목사인 것 같았다. 두 사람은 케이크를 내려놓고 다가와 은진을 꼭 끌어안았다. 그들 품에 안긴 은진이 어린아이처럼 말했다.

"엄마. 아빠."

곧이어 예배당에서는 즐거운 파티가 열렸다. 은진의 아버지는 교회 한구석에 딸린 부엌에서 삶은 닭과 닭죽이 가득 담긴 솥을 들고 나오더니 사람들 각자에게 배식을 시작했다. 모두 연신 땀을 흘리면서 맨손으로 닭고기를 뜯고 죽을 떠서 후루룩 잘 먹었다. 물론 비위가 약한 나는 배가 부르다며 사양했다.

"기역, 니은……."

얼굴이 검은 파키스탄 노동자들이 칠판에 적힌 글자를 보며 열심히 따라 했다. 예전 같으면 무식한 후진국민으로 치부해 버렸을 그들의 반짝이는 눈이 이젠 꽤 귀여워 보이기까지 한다. 몸에서 나는 특유의 카레 비슷한 냄새도 별로 역겹지 않을 정도다. 나는 우습게도 은진의 교회에서 운영하는 외국인 근로자 학교의 한국어 자원 강사를 맡았다. 한국어를 배우고 싶어 하는 근로자들이 자꾸만 늘어 가는데 교회 힘만으로는 다 감당하기 힘들다는 목사님의 간곡한 부탁 때문이었다.

특히 영어를 잘하는 사람이 필요하다고 했다. 한국말을 가르치는 데 왜 영어가 필요한지 궁금했지만 금방 이유를 알게 되었다. 은진의 어머니 야스민만이 파키스탄 인들과 자유롭게 대화가 가능했을 뿐, 나머지 사람들은 어차피 영어로만 대화할 수밖에 없었다. 따라서 한국말을 가르치려 해도 영어가 필수인 상황이었다.

다행히 근로자들의 대부분을 차지하는 파키스탄 사람들은 예상외로 자기 나라에서 대학까지 마치고 온 인텔리들이었다. 파키스탄 대학들은 상당수가 영어로 강의를 진행한다고 했다. 그래서인지 모두 영어가 꽤 능숙했다.

푸른교회에서는 외국인들을 위한 프로그램 외에 노숙자들을 위한 쉼터도 함께 운영했다. 약 이십 명의 노숙자들이 교회에 출석하고 있고 교회가 운영하는 월세 집을 쉼터 삼아 생활한다고 했다. 나는 화요일과 목요일 저녁에 교회에 와서 외국인 근로자들을 가르쳤고 주일에는 예배에도 참석했다.

몇 주 전만 해도 내가 교회에 출석한다는 것은 꿈조차 꿔 보지 않은 일이었다. 하지만 뚝도 별장에서 나환자 처녀를 사랑한 김

청헌 할아버지의 모습이 뇌리에 깊이 새겨진 이후부터 내 마음에
는 진리를 향한 궁금증이 생기기 시작했다. 남녀 간의 사랑을 서
로 육체적 매력을 탐닉하기 전에 그럴싸한 말이나 행동으로 운을
떼는 것 정도로만 생각하던 내게 두 사람의 사랑 이야기는 충격
이었다. 게다가 불쌍한 나환자들을 위해 자기 인생을 송두리째
바친 증조부 김청헌 할아버지의 결단도 대단하게 느껴졌다.

그렇다고 내가 독실한 기독교인으로 급변한 것은 아니었다.
은진과 함께 파헤쳐 본 조상들의 삶과 신앙 내력이 내게 어떤 감
동을 준 것은 사실이지만 내 조상들처럼 나도 예수라는 존재에
게 인생을 바치겠다는 마음은 없었다. 다만 전에 은진이 표현한
대로 내 조상들이 목숨을 바쳐 '위해서 살다가 위해서 죽은 그
어떤 것'이 무엇인지 궁금하여 한 발을 살며시 들여놓았다고 보
는 것이 옳다.

가치관이 너무 다른 사람들에게서 느끼는 호기심 정도로 시작
한 교회 생활은 생각보다 매력이 있었다. 특히 김성민 목사님,
즉 은진의 아버지는 뛰어난 이야기꾼이었고 예배 때마다 듣는
긴 설교가 꽤나 들을 만했다. 더 신기한 것은 예배에 참석한 외
국인 근로자들이었다. 그들은 거의 알아듣지 못하는 긴 설교를
희한하게도 끝까지 견디며 조용히 앉아 있었다. 하지만 교회가
부양하는 노숙자들은 좀 달랐다. 그들은 한국말을 알아들으면서
도 예배 시간 내내 뒷자리에서 서로 쑥덕거리거나 졸고 있었다.
아닌 게 아니라 교회 사정을 좀 알고 보니 교회가 얻어 준 쉼터
방에 사는 이 노숙자들은 이런저런 문제들을 심심찮게 일으켜
목사님을 곤란하게 만드는 것 같았다. 가게에서 물건을 훔치다

가 경찰서에 끌려가기도 하고 술을 먹고 대판 싸움을 벌여 동네를 시끄럽게 하는 일도 부지기수였다.

이런 가운데에도 푸른교회는 이들을 늘 보살폈다. 모든 교회가 그런지 모르겠지만 나는 푸른교회의 운영 방침을 도무지 이해할 수 없었다. 무엇보다 사지가 멀쩡해서 뭘 해도 밥은 벌어먹을 것 같은 사람들이 뻔뻔하게 교회에 빌붙어 있는 것을 볼 때면 가슴이 부글거렸다. 하지만 푸른교회 목사님, 즉 은진의 아버지는 이들을 탓하지 않고 언제나 거둬 주었다. 그러기에 나는 더욱 답답했다. 사고만 저지르는 노숙자들을 재워 주고 먹여 주고 주일이면 용돈까지 쥐어 주다니……. 게다가 푸른교회에는 제대로 돈을 벌고 헌금하는 성도들이 거의 없어 보여서 이런 느낌이 더했다. 외국인 근로자들과 노숙자들을 제외하면 다른 성도들은 기껏해야 마음은 뜨겁지만 돈은 없는 대학생이나 젊은이들이 대부분이었다.

경영학적인 측면에서 본다면 참으로 황당한 구조를 가진 단체였다. 들어오는 수입은 거의 없고 아무 희망이 없는 자들에게 퍼주는 것이 수된 업무라면 도대체 어떻게 조직이 운영될 수 있을까? 저 빈둥거리는 노숙자들은 교회에서 내쫓는 것이 옳지 않을까? 이런 의문이 쌓여 가던 어느 날, 나는 한국어교실 때문에 목사님과 이런저런 이야기를 나누다가 기어이 마음에 담고 있던 질문을 던지고 말았다.

"목사님, 노숙자들을 그냥 먹여 주고 재워 주기보다 뭔가 일을 할 기회를 주는 것이 좋지 않을까요?"

은진의 아버지는 갑작스런 내 말에 잠시 놀라는 듯하더니 곧

빙긋 웃으며 말했다.

"물론 그러면 좋지. 우리도 늘 저 사람들의 재활을 도와주려고 노력하고 있어. 그래서 개중 독립해서 나간 사람들도 몇몇 있지. 하지만 지금 남아 있는 사람들은 노력 중인데도 썩 쉽지가 않구먼. 허허. 아마 별로 일하고 싶은 마음이 없어서 그럴게야."

"그렇다면 뭔가 위기감을 줘야 되는 것 아닙니까? 교회에서 자꾸 뒤를 봐 주니까 저들이 그냥 저 상태로 머물러 있는 것이 아닐까요?"

은진의 아버지가 다시 한 번 조용히 웃으며 말했다.

"자네 생각이 뭔지 아네. 나도 저들이 속히 정신 차리고 빨리 일해서 자리 잡았으면 좋겠어. 하지만 실제로 겪어 보니 현실은 좀 다르더군. 어떤 면에서 저들은 일종의 질병을 앓고 있는 거라고 보면 되네."

"질병이라고요?"

"그렇지. 저들 중 상당수는 '용기를 내서 다시 일어나야지' 하는 그런 정상적인 결단마저 못 내릴 만큼 깊은 마음의 병을 앓고 있네. 다시 말하자면 물고기 잡는 법을 가르쳐 주어도 이를 받아들일 마음이 없을 만큼 세상에 대해 깊이 불신하고 낙심한 사람들이지. 따지고 보면 저들이 진짜 불쌍한 사람들이야. 설사 모든 여건이 주어진다 해도 그 여건을 이용해서 일어설 마음이 거의 없으니 말이야. 그러니 어쩌겠나. 아이러니하지만 저들에게는 물고기 잡는 방법보다 일단 물고기를 주면서 얼어붙은 마음을 사랑으로 녹여 가는 것이 중요하다네. 내 경험으로는 그게 최선의 치료인 것 같아. 단기간에 해결 날 문제가 아니더라고. 허허허."

목사님의 말을 들으니 이해는 갔지만 마음이 더 답답했다. 목사님의 생각에는 분명히 뭔가 문제가 있다. 좋은 일을 하면 좋은 결과가 주어져야 하는 것 아닌가? 노숙자들을 보살피면 이를 통해 그들이 잘되어서 교회가 고생한 것에 대하여 보답도 하고 사회에 소문도 나서 매스컴도 타고 칭찬도 얻어야 되는 것 아닌가? 보통 그렇게 하지 않는가? 하지만 은진의 아버지는 이렇게 말을 맺었다.

"교회는 불쌍한 사람들을 돌보고 희망과 용기를 줄 책임이 있지. 하지만 세상에는 돌보아 주어도 별 반응이 없고 감동을 주어도 감동하지 못할 만큼 꽁꽁 얼어붙은 불쌍한 사람들이 있다네. 어떤 면에서 보면 이들이야말로 정말로 돌봐 줘야 할 사람들이지. 이들은 우리 사회가 준 어떤 상처들 때문에 그렇게 된 경우가 대부분이니까 말이야. 이 땅에 분명히 이런 사람들이 있는데 누가 그들을 맡아야겠는가? 당연히 교회가 해야 할 일이지."

푸른교회 목사는 늘 이런 식이었다. 언제나 긍정적이지만 그의 긍정은 잘되는 방향이 아니라 힘든 일을 감수하는 쪽으로 달려갔다. 어쩌면 이런 엉뚱한 사상의 매력 때문에 나는 더욱 푸른교회를 떠나지 못하고 남아 있는지도 모른다. 이 분위기에서 나환자들을 위해 살았고 나환자와 결혼까지 한 내 증조부 김청헌 할아버지의 체취가 느껴졌기 때문이다.

그래서 나는 은진의 교회에서 한국어 선생 일을 하며 석 달을 보냈다. 물론 우리 식구는 모두 아직 병원에 누워 있는 상태여서 내가 예수쟁이가 된 것을 아무도 몰랐다. 그러던 어느 날이었다. 여느 때와 같이 교회에서 수업을 마친 후 외국인들과 차를 마시던 중 덩치 크고 우스갯소리도 곧잘 하는 리펫이 걱정스러운 얼굴로 말했다.

"티쳐, 요즘 쟈므드 안 보여 걱정 많습니다."

그러고 보니 벌써 2주 전부터 쟈므드가 교회에 나타나지 않았다. 외국인 근로자들은 대부분 매우 성실했지만 스물여덟 살의 쟈므드는 좀 뺀질거리는 스타일로, 일하지 않을 때면 늘 검은 양복에 반짝이는 구두를 신고 다니는 멋쟁이였다. 은진의 말에 의하면 심지어 교회 여자 청년들에게 집적거리기도 한다는데 사실은 파키스탄에 처자식이 있는 유부남이라고 했다.

이런 쟈므드보다 거의 열 살 가까이 나이가 많지만 친구처럼 지내는 리펫, 야쿱 등은 평소에도 쟈므드 걱정을 많이 했다. 그동안 자기들은 외국 생활로 꽤 많은 돈을 모았기에 이제 고향에 가면 넉넉하게 살 수 있지만 쟈므드는 버는 족족 한국에서 다 써버리기 때문에 그의 가족은 파키스탄에서 가난하게 산다고 했다. 쟈므드가 어디에 돈을 쓰느냐고 물었더니 주로 휴대폰을 사거나 밤에 춤추고 노는 데 소비한다고 했다. 그래서 친구들은 쟈므드에게 자주 쓴소리를 했는데 씨알도 먹혀들지 않는다고 했다. 자존심 강한 쟈므드는 누구의 말도 잘 듣지 않았다. 그런 쟈므드의 성향을 알기에 나는 웃으면서 대수롭지 않게 말했다.

"아마 밤마다 놀러 다녀 피곤한가 보지요."

그러자 리펫 곁에 서 있던 야쿱이 정색을 하고 말했다.

"티쳐, 회사뿐 아니라 집에도 한참 안 들어왔어요. 이번에는 왠지 불안해요. 내 생각에는 체포된 것 같은데 전화를 한번 해주세요."

그들 대부분이 불법 입국자인 것은 이미 나도 아는 사실이었
다. 한국에서 돈벌이가 된다는 소문이 널리 퍼지면서 수많은 외
국인 근로자들이 목숨을 걸고 배 밑바닥에 숨어 한국으로 밀항
해 들어오곤 했다. 그들 말에 의하면, 비록 불법 입국자일지라도
한국 경찰들은 상당히 젠틀하기 때문에 사고만 일으키지 않으면
굳이 체포하지 않는다고 했다.

그러나 쟈므드 같은 경우는 좀 예외였다. 주민등록증이 없는
불법 체류자가 구입하기 힘든 핸드폰을 들고 밤중에 유흥가를
돌아다니면 체포될 가능성이 매우 높다는 것이었다. 체포되면
어떻게 되는지 물으니 인천에 있는 이민국 감옥에 수감되고 조
사가 끝나면 본국으로 강제 송환된다고 말했다. 물론 송환에 드
는 비행기 표 값을 본인이나 누군가가 대신 내 줄 경우에 말이다.

그들의 부탁대로 나는 이민국에 전화를 걸었다. 한국말을 잘
못 알아듣는 쟈므드의 친구들은 불안한 눈으로 내 입술만 쳐다
보았다. 그런데 아니나 다를까, 쟈므드는 정말로 이민국에 수감
되어 있었다. 내가 누구인지 어떤 관계인지 꼬치꼬치 캐묻는 이
민국 형사에게 교회에서 아는 사이라고 대충 얼버무리고 전화를
끊었다. 마침 그날은 목사님도 은진도 교회에 없었다. 교회 중·
고등학생들을 데리고 멀리 전라도 한 섬으로 수련회를 떠난 것
이었다. 나는 좀 망설이다가 은진에게 휴대폰을 걸어 자초지종
을 설명했다. 잠시 후 전화를 바꿔 든 목사님은 내게 이민국으로
가서 쟈므드를 먼저 좀 만나 달라고 부탁했다. 나는 알았다고 대
답했다. 어쨌든 쟈므드는 내 제자이기도 했으니까.

다음 날 오전, 면회를 신청하고 찾아간 인천의 이민국 지하 감

옥에는 붙잡혀 온 외국인들로 가득했다. 알아듣지 못할 자기나라 언어로 언성을 높이며 뭐라 떠들어 대는 검은 피부의 사람들 사이로 쟈므드가 걸어 나왔다. 쟈므드는 나를 보자마자 눈물을 뚝뚝 흘리면서 창살 너머에서 말했다.

"티쳐, 나 집에 가고 싶어요. 제발 보내 주세요."

쟈므드는 자기가 다니던 공장에서 받을 임금이 70만 원 정도 있는데 그걸로 비행기 표를 사 달라고 부탁했다. 또한 자기가 월세로 살던 연립주택 지하방의 보증금 50만 원도 주인을 만나서 찾아 달라고 했다. 사람들로 빽빽한 감옥 안으로 돌아가는 쟈므드를 뒤로 하고 나는 다시 부천으로 차를 몰았다. 교회가 가까워질 무렵 잠시 망설이다가 일전에 한번 지나간 적이 있던 쟈므드의 공장 쪽으로 운전대를 꺾었다. 기왕에 일 처리에 나선 것이니 끝까지 한번 해 보려는 생각에서였다.

쟈므드의 공장은 지하실이었다. 꽤 널찍한 공간에서 낯선 기계들이 열심히 돌아가고 있었고 많은 외국인 근로자들이 뭔가를 열심히 자르고 붙이고 있었다. 내가 그들 앞에서 서성대자 어떤 한국 사람이 다가와 누구인지 물었다. 나는 쟈므드가 체포되었다는 소식을 전하고 그의 밀린 임금 때문에 왔다고 말했다. 자신을 공장장이라고 소개한 그는 쟈므드를 잘 알고 있었다. 내게 잠시 기다리라 하고는 장부를 뒤지더니 쟈므드의 말대로 그가 받을 임금이 20일치 정도 남아 있다고 했다. 나는 기뻤다. 쟈므드가 거짓말을 하지 않았다는 것과 일이 생각보다 쉽게 풀릴 것이라는 생각에서였다.

하지만 사장을 만나러 사무실로 들어간 공장장은 잠시 후 당황한 표정을 지으며 나타났다. 곧이어 힘깨나 쓸 것 같은 다부진 체구의 중년 사내가 하나 나타났다. 아마도 사장인 것 같았다. 그는 나를 보자마자 대뜸 이렇게 말했다.

"당신 쟈므드와 무슨 관계야?"

교회에서 한국어를 가르치는 선생이라고 말하자 그는 대뜸 욕설을 내뱉더니 담배를 빼물었다.

"쌍, 불법 입국으로 체포된 놈한테 월급 주는 회사가 어디 있어? 못 줘."

상황이 갑자기 꼬인다는 생각이 들었다. 물론 70만 원 정도는 내가 쟈므드를 위해 얼마든지 내줄 수도 있다. 하지만 마땅히 주어야 할 임금을 지불하지 못하겠다는 뻔뻔한 사장의 모습을 보자 묘한 전투의식이 생겨났다. 나는 정색을 하고 사장에게 말했다.

"근로자가 일한 대가를 고용주가 지불하는 것은 당연한 것 아닙니까? 악덕 사장들이나 직원들 월급을 떼먹지요. 그 돈을 주셔야 쟈므드는 집에 돌아갈 수 있습니다."

악덕 사장 어쩌고 하자 그의 얼굴이 갑자기 시뻘개졌다. 담배 꽁초를 땅바닥에 던진 그는 내 앞으로 다가와 우악스럽게 멱살을 팍 움켜잡았다.

"이 어린 새끼가. 너 정체가 뭐야? 너 빨갱이지? 부모가 대학 보내 주니까 하라는 공부는 안 하고 쓸데없는 짓거리만 하고 다니는 운동권이지?"

이것은 내 평생 들어온 말들 중 가장 우스운 말이었다. 은진을 만나고 난 후 속속들이 변해 버린 나 자신의 변화를 또 한 번 느꼈다. 그에게 지금 내가 마태그룹 외아들이라고 말하면 믿을까?

빨갱이? 운동권? 이게 나와 털끝만큼이라도 상관이 있는 말인가? 나는 갑자기 웃음이 나와서 쿡 하고 웃음을 터뜨렸다. 그 순간 눈앞에서 뭔가가 번쩍했다. 솥뚜껑만 한 그의 손이 내 얼굴을 후려친 것이었다. 나는 작업장 바닥에 쓰러졌다. 코에서 뜨끈한 것이 주룩 흘렀다. 태어나 처음으로 누군가에게 맞아서 흘리는 코피였다. 그런데 기분이 썩 나쁘지 않았다. 오히려 가슴에 얹혀 있던 뭔가가 쑥 내려가는 것 같은 시원함이 얼얼한 아픔 속에 섞여 있었다.

내가 고개를 들자 흐르는 피를 보고 사장도 움찔하는 듯했다. 그는 몸을 휙 돌려 쓰레기통을 한 번 걷어차고는 큰 소리를 지르며 사라졌다.

"너 말이야, 한 번만 더 내 공장에 나타나면 그땐 정말로 죽여버릴 거야."

그의 뒷모습을 보면서 쟈므드의 밀린 임금을 받는 것은 불가능할 것이라는 생각이 들었다. 나는 공장장이 내미는 휴지를 받아 들고 구석의 작은 세면대 거울을 보면서 피를 닦았다. 피 묻은 얼굴을 보고 있자니 분노보다 오기가 생겨났다. 대충 얼굴을 씻고 공장을 나와서 이번에는 쟈므드가 살던 집으로 향했다. 예전에 한 번 가 본 적이 있었다. 오래되어 낡디 낡은 연립주택 지하에는 컴컴한 백열전등 불빛 속에 창고 같은 방이 죽 늘어서 있었다. 은진에게 들은 바로 이 방들은 연립주택 입주자들에게 지하 창고 용도로 하나씩 주어지는 것인데 대부분 방으로 개조해서 외국인 근로자들에게 세를 놓는다고 했다.

쟈므드가 쓰던 방은 예상대로 굳게 닫혀 있었다. 나는 쟈므드가 일러 준 호수로 위층의 주인을 찾아갔다. 주인도 처음에는 쟈니(그는 쟈므드를 이렇게 불렀다)를 동정하는 것 같았지만 돈 이야기가 나오자 정색을 하고 방이 나가야지만 보증금을 줄 수 있다고 말했다. 심지어 만약 5개월 내로 방이 안 나가면 밀린 월세를 다 까야 하니까 보증금을 한 푼도 내줄 수 없다는 말도 했다.

결국 예상과는 달리 나는 쟈므드가 받을 돈을 한 푼도 받을 수가 없었다. 쓸 줄만 알았지 돈의 소중함을 전혀 모르던 내게는 일종의 충격이었다. 세상이 돈 한 푼에 이처럼 치열하고 비정하다는 것을 처음으로 맛본 것이었다. 나는 내 돈으로 쟈므드의 돈을 대신할까 하는 생각도 했지만 그동안의 노력을 알리고픈 마음에 그날 저녁 쟈므드의 친구들을 만나서 돈을 받지 못한 사정 이야기를 해 주었다.

놀랍게도 외국인들은 의리 있는 친구들이었다. 그들은 당연히 예상했다는 듯 고개를 끄덕이며 더 이상 돈을 받으러 다니지 말라면서 다음 날 다시 한 번 만나자고 했다. 결국 그들은 다음 날 자기들끼리 돈을 모아 쟈므드의 비행기 표를 사 가지고 와서 내게 전해 달라고 내밀었다. 출국일은 일주일 뒤였다. 아직 목사님과 은진이 돌아오지 않은 상태였기 때문에 나는 비행기 표를 들고 다시 이민국으로 찾아갔다.

쟈므드 담당 형사를 찾아 표를 사 왔다고 하자 눈매가 매서운 형사는 펄쩍 뛰었다. 도대체 누구 마음대로 출국 날을 멋대로 정해 표를 사 왔냐고 내게 눈을 부라렸다. 알고 보니 귀국할 날짜는 조사를 다 마친 후에 이민국에서 정하는 것이었다. 이것을 모른 쟈므드는 표만 있으면 집에 가는 줄 알고 미리 호들갑을 떨었던 것이다. 당황한 나는 형사에게 사정을 간곡히 부탁했다. 어려운 중에 돈을 모아서 쟈므드의 표를 사 준 친구들의 정성이 무산될까 봐 두려웠기 때문이다. 그런 내 모습이 측은했던지 화가 좀 누그러진 형사는 한참 뒤에 그럼 일주일 내로 출국시키도록 해 보겠다고 퉁명스럽게 말했다.

한숨을 돌린 나는 지하에 있는 감옥으로 쟈므드를 면회하러 갔다. 쟈므드는 자초지종을 듣고 고맙다고 말했다. 나는 모두 좋은 친구들 덕분이라 말하고 돌아서려 했다. 그러자 잠시 머뭇거리던 쟈므드가 나를 불러 세우면서 한 가지 부탁이 더 있다고 했다. 무엇인지 말해 보라고 하자 허리춤에서 열쇠 하나를 꺼내 주며 자기 방에 있는 짐들을 좀 가져다 달라는 것이었다. 비록 자신이 추방당하는 것이지만 개인의 짐 한 보따리 정도는 이민국 창고에 보관했다가 출국할 때 가지고 가도록 해 준다는 것이었다. 특히 쟈므드는 장롱 속에 카메라와 중요한 물건이 든 상자가 몇 개 있는데 그것들을 꼭 좀 가져다 달라고 신신당부를 했다.

별로 내키지 않았지만 하는 수 없이 쟈므드의 연립주택 지하로 다시 내려가 그가 준 열쇠로 방문을 열었다. 형광등을 켜자 꿉꿉한 냄새가 진동하는 방에 누더기 같은 이불이 깔려 있었고 방바닥에는 야한 사진이 붙은 비디오테이프들이 뒹굴고 있었다. 나는 덮는 이불을 보따리 삼아 이것저것 보이는 대로 물건들을 담았다. 방 안 물건들을 대충 담은 뒤 구석에 세워진 비키니 옷장 지퍼도 열었다. 쟈므드의 말대로 장 속에는 종이 상자가 세 개 쌓여 있었고 그 위에 꽤 고급스러운 수동 카메라가 한 대 놓여 있었다. 깨질지도 모를 카메라부터 옷가지로 둘둘 말아 짐 속

에 넣었다. 이어서 그가 부탁한 상자들을 꺼냈다. 세 개의 상자
는 부피가 꽤 커서 보따리에 넣기에는 무리가 있었다.

하는 수 없이 상자 안의 물건들을 꺼내서 따로 싸 보려고 맨
위에 있는 상자의 뚜껑을 열었다. 그 순간 깜짝 놀랐다. 첫 번째
상자 안에는 비디오 카세트 리코더와 빔 프로젝터가 들어 있었
고, 그 아래 상자에는 앰프와 이펙터, 마이크 등의 전자음향 제
품들이 들어 있었기 때문이다. 모두 한 달 전 교회에서 사라진
물건들이 분명했다. 교회에서 도난 사건이 일어났을 때 제일 실
망한 사람은 은진이었다. 특히 교회 천장에 설치된 빔 프로젝터
가 사라진 것을 알고 은진은 크게 낙담했다. 이 전자기기들은 대
부분 은진이 학부 때부터 틈틈이 아르바이트해 번 돈을 교회에
헌금해서 산 것이라 했다. 낮이나 밤이나 항상 문을 열어 놓는
교회이기에 이런 일이 일어날 수도 있다는 생각은 했지만 설마
그 도둑이 쟈므드일 것이라고는 아무도 예상치 않았다. 나도 모
르게 입에서 이런 말이 튀어나왔다.

"배은망덕한 놈!"

마지막 남은 상자도 열어 보았다. 그 안에는 좀 작은 물건들이
들어 있었다. 성찬 용기, 황금색 십자가, 크리스딜로 된 감사패,
만년필, 심지어 교회 강단에 놓여 있던 종과 초 받침대 등등. 아
마도 쟈므드는 예배당에 있는 황금색 물건들이 모두 값비싼 것
이라고 생각한 것 같았다. 그 외에도 작은 반지 상자와 모조품
도자기 몇 점도 두툼한 천에 감겨 있었고, 맨 밑바닥에는 책이
몇 권 놓여 있었다. 쟈므드는 이 도자기들도 비싼 골동품으로 여
기고 가져왔나 보다.

사실 '축 졸업'이라고 적힌 이 도자기들은 교회 한구석에 칸막이를 막고 사는 목사님의 사택에서 본 것이었다. 예배당 안에 허술한 칸막이로 꾸며진, 집 같지 않은 은진의 집에는 낡은 장롱을 제외하고는 온통 책뿐이었다. 쟈므드는 그 책장에 놓여 있던 목사님의 신학대학 졸업 기념품 도자기까지 모조리 훔쳐 온 것이었다. 자기를 위해 봉사하는 사람의 물건을 훔친 쟈므드가 참 독한 놈이라는 생각이 들었다.

이번에는 '정금당'이라는 문자가 어설프게 박혀 있는 분홍색 플라스틱 상자를 열어 보았다. 자그마한 반 돈짜리 돌 반지가 하나 들어 있고 그 옆에 뭔가가 휴지에 싸여 있었다. 펴 보니 중간에 십자가가 새겨진 두툼한 옥색 반지였다. 상자 밑바닥의 책들도 꺼내 보았다. 아주 오래된 책 두 권과 현대식 공책 세 권이 하나의 바인더에 묶여 있었다. 바인더를 풀고 공책을 꺼내는 순간 나는 소스라치게 놀라고 말았다. 공책마다 '성도일기'라는 제목이 붙어 있었기 때문이다. 특히 오래된 두 권의 책 중 하나는 뚝도 별장에서 발견한 옛날 책과 똑같은 모양의 고서로서 아래에 김청헌이라는 이름까지 적혀 있었다. 다른 한 권은 고서는 아니었지만 상당히 오래된 낡은 공책으로 역시 '성도일기'라는 제목과 함께 김길민이라는 이름이 오래된 펜글씨로 적혀 있었다.

그때 은진과 함께 뚝도 별장에서 읽은 책들은 모두 내 방에 옮겨 놓은 상태였다. 그렇다면 이 책들은 대체 무엇인가? 특히 뚝도에서 김청헌 증조부의 사연을 안 후 우리는 그와 최수연 할머니 사이에 태어났다는 김길민의 정체를 알기 위해서 다른 자료들이 없는지를 열심히 뒤졌다. 하지만 할아버지가 모아 놓은 자료들 중에 김길민이라는 사람의 사연이 들어 있는 것은 발견할 수 없었다. 그런데 지금 그 김길민의 이름이 적힌 《성도일기》가 쟈므드가 교회에서 훔친 물건들 중에 나타난 것이었다.

떨리는 마음으로 우선 김청헌의 이름이 적힌 《성도일기》를 들춰 보았다. 역시 내용 파악은 힘들었지만 그것이 뚝도 별장에서 본 김청헌 할아버지의 《성도일기》 후편이라는 사실을 금세 알 수 있었다. 뚝도에서 읽은 《성도일기》는 1921년 2월 23일로 끝나고 있는데 이 책은 1922년부터 시작되고 있었기 때문이다. 도대체 왜 이 책이 쟈므드의 방에, 아니 엄밀하게 말해서 쟈므드가 목사님 집에서 훔친 물건들 중에 들어 있단 말인가? 혹시 그날 은진이 뚝도에서 혼자 책들을 더 발견하고 몰래 자기 집에 가져다 놓은 것일까? 하지만 도대체 왜 그런단 말인가?

눈을 부릅뜨고 다시 책을 뒤적여 보았지만 역시 내 한문 실력으로는 내용까지 파악하기가 힘들었다. 그래서 이번에는 함께 섞여 있는 현대식 공책들을 꺼내 보았다. 공책들의 겉표지에는 비록 한글이었지만 '성도일기'라는 제목이 적혀 있었다. 그런데 아래에는 김성민이라는 이름이 적혀 있었다. 김성민은 은진의 아버지 이름이다. 원래 예수를 믿는 사람들은 일기에다가 주로 '성도일기'라는 명칭을 즐겨 붙이는 것일까? 아무리 그렇다 해도 푸른교회 김성민 목사의 일기가 김청헌, 김길민 씨의 일기와 함께 있는 것은 정말 이상했다. 혼란스런 마음으로 망설이다 나는 쟈므드의 짐 위에 걸터앉아 김성민 목사의 《성도일기》를 펼쳐서 읽기 시작했다.

교회에서 도난당한 물건들은 미리 빼놓았지만 그래도 짐 보따리가 꽤 무거웠다. 이민국에 도착한 나는 마치 산타클로스처럼 힘겹게 보따리를 어깨에 짊어지고 이민국 창고에 전달했다. 창고를 관리하는 사람에게 쟈므드의 짐이라는 말만 전하고 돌아왔다. 쟈므드를 다시 만나 얼굴을 보면 내 입에서 좋은 말이 안 나올 것 같았기 때문이다.

교회에 도착한 나는 다섯 권의 《성도일기》만 따로 차 안에 빼두고 상자를 든 채 다시 낑낑거리며 푸른교회 예배당 계단을 올라갔다. 교회 사택 문을 두드려 은진의 어머니에게 도난당했던 물건들을 전달했다. 은진의 어머니가 식사를 권했지만 그냥 인사만 하고 나와 다시 차를 몰았다.

서울로 진입한 뒤, 오랜만에 삼성동 병원에 들러 가족을 만나보았다. 일반인의 출입이 통제된 특등 병실 네 개를 우리 식구들이 차지하고 있었다. 식구들의 건강 상태는 여전히 좋지 못했다. 아버지의 간 수치는 크게 오르락내리락했고 여동생은 하반신을 여전히 움직이지 못했다. 누나의 조각조각 부러진 다리는 골반뼈를 이식하는 수술을 고려하는 중이었고 엄마의 병은 아직도 원인 규명이 어려운 상태였다. 얼굴이 더 검게 변한 아버지는 나를 보더니 요새 어디를 그리 쏘다니냐고 호통을 치면서 아무래도 식구들 모두 미국 병원으로 옮겨야 할 것 같다고 말하였다.

집에 돌아온 나는 쟈므드의 방에서 찾은 오래된 《성도일기》 두 권과 김성민 목사의 《성도일기》 세 권을 책상 위에 올려놓고 곰곰이 생각에 잠겼다. 아직 김성민 목사의 일기를 다 읽은 것은 아니었지만 쟈므드의 방에 앉아 읽은 것만으로도 나는 어느 정도 충격을 받은 상태였다. 우리 아버지, 즉 마태그룹의 현 최고 경영 책임자인 김만걸 회장과 은진의 아버지인 김성민 목사 사이에 과거 어떤 악연이 존재했음을 어렴풋이 감지했기 때문이다.

이렇게 짐작하는 이유는 예전에 아버지한테서 비밀처럼 전해 들은 이야기 때문이었다. 아버지는 할아버지와 마찬가지로 경제적인 이득을 항상 최우선으로 삼았다. 두 분 다 돈이 되는 일이라면 어떤 일이라도 가능하게 만드는 능력이 있었다. 하지만 예술이나 문학에 관심이 많은 나는 여러 면에서 아버지와 달랐다.

고등학교 시절, 한참 공부에 지쳐 심사가 삐뚤어졌던 나는 아버지께 반항하며 어른이 되면 집안 사업 안 물려받고 시골에 예쁜 집이나 지어서 좋아하는 책과 트럼펫에 빠져 살겠다고 말한 적이 있었다. 그때 아버지가 나를 앉혀 놓고 자신이 어떻게 마태그룹을 할아버지로부터 이어받았는지 자랑스럽게 밝힌 이야기가 있다. 본래 자기 삶이 자랑스러운 사람은 자식이 자신을 닮지 않았을 때 안타까워하고, 자기 삶이 부끄러운 사람은 자식이 자기를 닮았을 때 근심하는 법이다. 경제적 가치를 최우선으로 여기는 아버지는 나 또한 당신을 닮기 원하셨기에, 따지고 보면 사실 남부끄러울 이야기를 자랑스럽게 꺼낸 것이었다. 이야기의 내용은 이러했다.

1988년 1월 어느 날, 김성만 회장은 서른두 살 된 아들 김만걸을 회장실로 불렀다. 대학을 졸업하고 유학까지 다녀온 아들은

유학 중에 일찌감치 결혼해 일곱 살 된 딸과 여섯 살 된 민훈을
두고 있었다. 하지만 김정만 회장은 이상하리만치 아들에게 엄
격했다. 공부를 마치고 미국 지사에서 몇 년간 근무하다 한국으
로 귀국한 아들 식구를 본가에서 함께 살지 못하게 하고 작은 아
파트를 얻어 주어 따로 살게 한 것이었다.

게다가 김만걸이 경영학 석사를 마치고 미국 지사에서 꽤 경
험을 쌓았는데도 경영 일선에 등용하지 않고 본사의 말단 직원
자리에 앉혀서 거기서 받는 월급으로만 온 식구가 살도록 했다.
당연히 김만걸의 불만은 컸다. 그렇게 말단 사원 생활이 2년째
접어들 무렵, 김정만 회장은 아들을 부르더니 더 황당한 말을 꺼
냈다.

그는 일단 아들에게 봉투를 하나 내밀었다. 열어 보니 백만 원
짜리 수표가 열 장 들어 있었다. 갑자기 안 주던 용돈을 주시나
해서 좋아했더니 아니나 다를까 김정만 회장의 매정한 명령이
떨어졌다.

"내일부터 더 이상 회사에 출근하지 말거라. 그리고 이 돈을
밑천으로 무슨 수단 방법을 써서라도 1년 안에 3억 원을 벌어 와
라. 누구한테 빌려서는 절대 안 되고 반드시 네 손으로 3억을 벌
어 와야 한다. 우리 마태그룹은 나약하고 능력 없는 지도자를 절
대 용납할 수 없다. 네가 이 일에 성공한다면 나는 너를 곧바로
경영 일선에 세워 줄 것이고 내 모든 재산을 함께 사용할 권리를
줄 것이다. 하지만 만약 실패한다면 무능력한 너에게 마태그룹
을 물려줄 수 없으니 그리 알아라."

아버지의 황당무계한 말에 김만걸은 잠시 어안이 벙벙했다.

하지만 아버지의 고집은 단호했다. 집에 돌아간 만걸은 그 돈을 앞에 두고 밤새 고민하기 시작했다. 아무리 고민해도 별 뾰족한 수가 생기지 않자 만걸은 자고 있는 식구를 남겨 두고 홀로 집을 나섰다. 아파트 단지를 나와서 바람을 쐬며 걷는데 밤거리에 몇몇 야식 집들이 불을 밝히고 있었다.

갑자기 술 한잔이 간절해진 만걸은 그중 한군데의 야식 집 문을 열고 들어가 꼼장어에 소주 한 병을 시키고 앉았다. 언젠가는 이런 일이 있을 거라 대략 예상은 했다. 깐깐한 아버지가 그룹 일을 맡기기 전에 어떤 식으로든 자기를 시험할 때가 있을 것으로 생각했던 것이다. 하지만 달랑 돈 천만 원을 가지고 1년 내로 3억을 벌어 오라니 암담하기 그지없었다.

그렇게 소주잔을 비우며 고민하는 만걸의 귀에 갑자기 옆 탁자에 앉은 사람들이 떠드는 소리가 들려왔다. 노가다, 즉 일용직 노동자처럼 보이는 그들은 이런 이야기를 하고 있었다.

"우이씨, 요새는 허리가 아파서 질통도 잘 못 지겠어. 이 놈의 노가다 짓 언제까지 할 수 있을라나 몰라. 애들은 자꾸 커 가고, 참 답답하구먼."

"글씨 말이여. 목돈이라도 좀 있으먼 노가디 때려 치고 조그만 화물차나 몰면서 살았으면 좋겠어. 운전은 이만큼 힘 안 들 텐디."

"근데, 그 뭐더라. 물류 배송인가 뭐가 하는 일 있잖아. 그거 짭짤하다고 누가 그러더구먼. 제대로 하나 맡으면 하루 종일 차로 물건만 실어 주고 곧바로 집으로 퇴근하면 된다던데. 차 유지비도 주고 돈도 꽤 많이 준다는데. 나도 그거나 하며 살았으면 좋겠어."

그러자 곁에 있던 다른 일행 하나가 입을 열었다.

"물류 지입 차 말이여?"

"그렇지. 근데 그거 어떻게 하면 할 수 있는지 누구 아는 사람 없어?"

"전에 어떤 사람한테 들었는데 그거 해 보려는 사람이 엄청 많아서 경쟁률이 상당하대요. 근데 대부분 물류회사랑 연결될 방법이 없어서 포기하나 보더라구요. 아무래도 물류 회사에 빽이 좀 있어야 일을 시켜 주지 않겠어요?"

그들의 대화를 듣던 만걸의 머리에 희미한 불빛이 하나 켜졌다. 마지막 잔을 들이켠 만걸은 집으로 돌아와 공책을 꺼내들고 계획을 짜기 시작했다. 그리고 다음 날부터 서울과 경기도 인근의 대형 물류 창고들과 회사들을 돌아다니며 실제 물류회사 분위기와 실태를 파악했다.

각 물류회사는 전국 곳곳으로 엄청난 양의 물품을 배송하고 있었다. 전자 제품, 가구, 의류, 문구류, 농산품, 의약품, 그 외에도 소포, 우편물, 서류 등등 수많은 물건들이 대형 혹은 소형 화물차나 승합 벤 등에 실려 전국으로 배달되었다. 그 회사들은 배달을 맡을 화물 차주들을 구하고, 화물차 주인들은 회사와 계약을 맺은 상태에서 월급처럼 돈을 받으며 매일 물건들을 전국에 배달해 주는 구조였다.

특히 만걸은 야식 집에서 들은 대로 이 일을 하고 싶어 하는 사람들이 상당히 많다는 사실을 재차 확인할 수 있었다. 별로 배운 것이 없거나 사업에 실패했거나 인생에서 크게 낭패를 보고 절망한 사람들이 마지막 직업으로 이 일을 얻기 원하고 있었다.

하지만 일자리가 쉽게 나지 않고 각 회사와 연결해 주는 중개 역할자가 없기 때문에 어떻게 해야 할지 모르는 사람들이 많았다.

물류 유통과 지입 차에 대하여 치밀한 조사를 마친 만걸은 경기도 용인시 변두리에 그럴 듯한 신축 상가 건물 한 층을 통째로 빌렸다. 보증금 없이 월세만 내겠다는 만걸의 말에 건물 주인은 시큰둥했지만 만만치 않은 월세 두 달치를 선불로 지불하자 결국 세를 주었다. 만걸은 아버지가 준 돈에서 과감히 500만 원을 들여 사무실을 최대한 치장하기 시작했다. 사무실 전체에 현대식 느낌이 나는 깔끔한 인테리어와 색칠을 하고 곳곳에 예쁜 글씨로 회사 로고도 달았다. 회사 이름은 '이반물류'라고 지었다. 일반적이고 평범한 회사가 아니라는 인상을 주기 위해 지은 이름이었다. 사무실 곳곳에는 그동안 물류회사들을 뛰어다니면서 찍어 온 대형 창고들과 화물차들의 사진도 확대해서 여기저기 붙여 놓았다.

책상도 깔끔한 것으로 들여다놓고 전동 타자기와 전화도 놓아 구색을 맞추었다. 세를 얻은 공간은 마침내 누가 봐도 고급스러운 사무실로 변했다. 곧이어 만걸은 가까운 대학교에 아르바이트생 공고를 붙였다. 다른 아르바이트보다 높은 일당을 준다고 하니 많은 학생들이 지원했다. 만걸은 그중 똑똑하고 귀티가 나는 여학생 세 명을 채용해서 사무실에 앉혀 놓았다.

내부적으로 모든 준비가 끝나자 만걸은 남은 일들을 추진했다. 첫째는 자동차 대리점 딜러와의 만남이었다. 앞으로 이반물류를 통해 엄청나게 차를 팔 수 있을 것이라는 만걸의 말에 딜러는 오십 대 이상만 팔리면 자기 수익의 20퍼센트를 만걸에게 주겠다고 약속했다. 그다음 만걸은 안양에 있는 어느 자그마한 물류회사를 찾아갔다. 구입한 차를 영업용 차량인 노란색 번호판으로 바꿔 달려면 일단 특정 물류회사 소속이 되어야 하기 때문이었다.

그쪽 물류회사의 부장도 앞으로 많은 차들을 소개해 줄 것이라는 만걸의 말에 일정 수익을 나누기로 약속했다. 이미 만걸은 아버지 몰래 마태그룹 소속의 김 변호사에게 전화를 해서 이반물류를 물류 법인 회사로 등록해 달라고도 부탁해 놓았다. 물론 등록에 필요한 자본금은 잠시 꾸기로 하고서.

이제 남은 일은 오직 한 가지뿐이었다. 만걸은 아르바이트 직원들에게 사무실이 있는 용인을 비롯한 경기 지역과 인근의 서울을 제외한, 전국의 모든 정보지 회사들의 전화번호를 다 찾아오라고 했다. 그러고는 정보지를 통하여 전국 곳곳에 이런 광고를 일시에 냈다.

지입 차량 대모집. (물류법인 이반물류)
1톤, 2.5톤 트럭, 승합 벤, 소형승합 벤 모집.
트럭 월 400만 원, 승합 벤 월 300만 원, 소형승합 벤 월 270만 원.
안정된 수입 보장, 주 5일 근무, 배송 완료지에서 퇴근 가능.
매달 유류비와 점심 식사비 지원. 선착순 모집.
연락처 031-321-□□□ 1~3.

과연 만걸의 예감은 적중했다. 광고가 나간 직후 곳곳에서 문의 전화가 폭주했다. 아르바이트생들은 만걸이 교육한 대로 전화 상담을 했고 곧이어 사람들이 전국 방방곡곡에서 이반물류로 모여들었다. 찾아온 사람들은 인테리어가 깔끔한 사무실과 단정한 여직원들을 보고 안심하는 모습이었다.

만걸은 스스로 실무 과장이라고 칭했고 '손성대'라는 사람을 미리 고용하여 자기보다 높은 차장 직함을 주었다. 김 과장과 손 차장은 이반물류를 찾아온 사람들에게 일을 소개했다. 찾아온 사람들은 귀를 쫑긋 세우고 그들의 설명을 들었다.

  김성민 목사, 그러니까 은진의 아버지
가 쓴 현대판 《성도일기》는 그가 신학 대학에 입학한 해로 보이는
1971년 3월 27일부터 시작되었다. 지금은 거친 노숙자들을 능숙하
게 다루고 외국인 노동자들을 위해 바삐 뛰어다니는 은진의 아버
지이지만 일기 속에는 과거 그가 겪은 많은 고민과 갈등들이 가득
했다.

  아마도 어린 시절을 고아원에서 보낸 듯한 김성민은 고등학교
졸업 후 야간 대학에 다니며 사회생활을 하다가 어떤 계기로 스물
일곱 늦은 나이에 신학 대학에 입학하였다. 힘겨운 생활고와 싸우
며 고학으로 신학 대학 공부를 한 그는 몇 번의 휴학 끝에 1977년
에야 비로소 졸업했다.

  이후 그는 교회를 개척하고 싶었지만 워낙 가진 것이 없던 터라

서울 구로동 어느 큰 교회의 전도사 일부터 시작했다. 하지만 그는 기존 교회에 잘 적응하지 못했던 것 같다. 이 무렵 일기에는 그가 담임목사와 의견이 달라 자주 질책을 당했다는 이야기가 나왔다. 그 교회의 어느 유력한 장로와도 사이가 안 좋았던 것 같다. 이런 정황 속에서 갈등하던 김성민 목사, 즉 당시 전도사였던 김성민에게 1978년 한 가지 사건이 발생했다. 사건의 전말은 이러했다.

김성민 전도사는 교회 업무를 하는 중간중간에 나는 짬을 이용하여 근처에 있는 구로공단 근로자들을 전도하러 다녔다. 처음에는 외면하던 근로자들도 야근 시간에 커피를 타 와서 돌리는 성민을 좋게 생각하는 사람들이 많아졌고 성민이 나타나면 "도사님 오셨습니까?"라며 반기기까지 했다. 곧이어 몇몇 젊은이들이 성민의 전도로 교회에 출석하기 시작했다. 물론 성민과 생각이 많이 달랐던 담임목사는 "작업복 차림의 공돌이들이 교회 물 흐려 놓는다"는 섭섭한 소리를 하곤 했다.

그러던 어느 월요일 오후, 그날도 전도지를 들고 공단으로 간 성민은 자주 들르는 공장 작업실 뒷마당에서 이상한 소리가 나는 것을 들었다. 소리 나는 쪽으로 가 보니 장정 서너 명이 누군가를 둘러싼 채 몰매를 때리고 있었다. 깜짝 놀란 성민은 그들에게 나가갔다. 두들겨 맞고 있는 사람은 성민이 잘 아는 주철원이라는 청년이었다. 주먹을 휘두르는 사람들도 대부분 안면이 있는 사람들이었다. 성민이 말했다.

"아니 무슨 일이십니까? 동료들끼리 왜 이러십니까?"

주먹을 휘두르던 직원들은 평소에 호감을 가졌던 전도사의 등장에 좀 겸연쩍은 듯 손을 탁탁 털더니 핫바지에 뭐 빠지듯 쓱 사라져 버렸다. 성민은 쓰러진 철원을 일으켜 세웠다. 입술이 터져서 피가 나오고 손에는 유인물로 보이는 종이 뭉치가 한 다발 들려 있었다. 피가 배어 나온 입을 꾹 다물고 부르르 떨고 있는 철원의 모습은 금방이라도 분노로 폭발할 것만 같았다. 그런데 잠시 후 철원을 구타하던 자들 중 나이가 제일 많아 보이던 사람 하나가 물 묻힌 수건을 들고 나타났다. 그는 조금 전까지 두들겨 패던 철원의 피 묻은 입술을 닦아 주며 이렇게 말했다.

"그러니까 이 철없는 놈아. 나서지 말랬잖아. 튀어 봤자 너만 손해라고……"

종이 뭉치를 손에 움켜쥔 철원은 말없이 눈물만 뚝뚝 흘렸다. 성민이 무슨 일인지 재차 묻자 갑자기 철원이 성민에게 이렇게 말했다.

"김 도사님, 오늘 밤에 나 술 한잔만 사 주실랍니까?"

그날 저녁 김성민 전도사는 철원과 함께 근처 포장마차로 갔다. 김이 펄펄 나는 솥에서 아줌마가 순대를 숭숭 썰어 놓아 주고 석쇠에 메추라기 두 마리를 구웠다. 숯불 위로 고소한 냄새가 퍼지자 입술이 퉁퉁 부은 철원은 소주 한잔을 단숨에 입에 털어 넣고 주머니에서 뭔가 부스럭대더니 종이 한 장을 꺼내 성민에게 건넸다. 성민은 그가 건넨 종이를 읽기 시작했다. 정성껏 쓴 글씨를 복사한 것이었다.

친애하는 사우 여러분. 우리는 매주 3회(월, 수, 금) 한 시간씩 일찍 출근하여 강제로 예배를 드리고 있습니다. 게다가 예배 시간에는 의무적으로 헌금까지 내고 있습니다. 월급은 석 달째 밀려 있는데도 말입니다. 벌써부터 직원들이 예배 참석을 자율로 바꿔 달라고 여러 차례 건의했지만 회사 측은 들은 척도 하지 않고 있습니다. 사장님이 기독교인이라고 다른 직원들까지 강제로 예배드리고 헌금을 낼 의무는 노동법 어디에도 없습니다. 우리나라는 종교의 자유가 있는 나라입니다. 따라서 저는 오늘부터 예배를 거부하고 그 시간에 밖에서 침묵시위를 할 것입니다. 저와 뜻을 같이 하는 분들은 동참해 주시기 바랍니다.

성민은 대충 사태가 짐작이 갔다. 철원은 소주를 한잔 더 마시더니 성민에게 소주잔을 건넸다. 성민이 고개를 젓자 안 마셔도 좋으니까 그냥 자기 술 한잔만 받아 달라고 했다. 성민은 고개를 끄덕이며 잔에 소주를 받았다. 그러자 철원이 말했다.

"김 도사님, 솔직히 전도사님 생각하면 교회 나가고 싶다가도 우리 사장님 생각만 하면 정나미가 떨어집니다. 나뿐 아니라 회사 사람들 대부분이 그렇습니다. 무슨 말을 해도 씨알도 안 먹히고 오늘처럼 고참들 시켜서 두들겨 패기까지 하니 참 답답합니다. 그래서 염치없지만…… 전도사님, 부탁 하나만 드릴게요. 우리 사장님이 전도사님 교회 장로 아닙니까? 전도사님이 사장님한테 이런 입장을 한 번만 전달해 주실 수 없습니까?"

대충 이런 부탁이 있을 줄 예상했던 성민은 잠시 고개를 숙이고 있다가 철원을 보며 미소를 한번 지었다. 그러고는 철원이 따라 준 소주잔을 들어 단숨에 들이켜고 고개를 끄덕이며 알겠다고 대답했다. 철원이 잠시 놀란 얼굴을 하다가 곧 기분 좋은 미소를 지었다.

이후의 이야기는 간단했다. 성민은 회사 사장인 장로를 만나서 철원의 부탁대로 직원들의 의사를 전달했고 그 주에 바로 교회에서 쫓겨났다. 물론 철원도 회사에서 쫓겨났다. 그날 이후로 어떤 교회에 이력서를 넣어도 성민을 받아 주는 교회는 없었다. 빨갱이에다 술주정뱅이 전도사라는 소문과 함께 교단의 블랙리스트에 오른 것이었다. 결국 성민은 교회에 원서 넣기를 포기하고 철원과 함께 여기저기 전전하다가 마침내 부천 지역의 공단까지 흘러와서 학력을 속이고 어느 공장에 노동자로 입사했다.

처음에는 조용히 돈을 벌려는 목적뿐이었다. 하지만 공장 일을 하면서 성민은 가난한 근로자들의 고통과 이들을 착취하는 사주의 억압을 무수히 목격하게 되었다. 성민이 대학 다니던 시절은 민주화운동과 노동운동이 극을 이루던 시기였다. 대학 캠퍼스마다 수업이 진행되기 힘들 정도로 시위가 잦았다.

하지만 성민은 학창 시절 최루탄 가스가 가득 차던 캠퍼스에서 단 한 번도 시위에 참가해 본 적이 없었다. 등록금을 벌어야 했고 하루하루 생활하는 문제가 시급했다. 무엇보다 독재와 싸우고 민중과 정의의 편에 서기에는 자기 스스로의 신앙적 갈등이 너무 컸기 때문이다. 그런데 그 옛날 열심히 뛰어다니며 시위하던 동기들이 모두 제도권에 들어간 지금에야 비로소 성민은 노동 현장 한복판에서 하나님께서 자신에게 맡긴 어떤 사명이 있다고 자각했다.

이후로 2년 동안 성민의 삶은 파란만장했다. 수많은 노동운동 현장의 선두에서 그가 달리고 있었다. 경찰의 수배 명단에도 올랐다. 결국 어떤 공장에서도 성민을 받아 주지 않을 만큼 요주의 인물이 된 후에야 그는 비로소 본래의 자리로 돌아갈 결심을 했다. 공장에서 푼푼이 모은 돈으로 부천 공단 근처에 있는 건물 4층의 한 공간을 월세로 얻었다. 성민은 그 공간에 교회 간판을 걸었다. 이때가 1981년이었다.

밤새 나무판을 깎고 페인트를 칠해 만든 교회 현판에 '푸른교회'라는 이름을 새겼다. 소외된 자들에게 푸른 꿈을 주는 교회가 되기를 소망하면서 지은 이름이었다. 이후로도 성민은 계속 공장 근로자들과 빈민들을 위해 뛰어다녔다. 하지만 들어오는 헌금이 거의 없는 푸른교회는 유지하기가 힘들었다. 게다가 성민은 이미 블랙리스트에도 올라 있는 인물이라 다른 큰 교회로부터 지원도 전혀 받을 수 없었다. 이런 상황에서 푸른교회의 김성민 전도사에게 새벽예배는 오히려 사치였다. 다른 교회가 새벽예배의 불을 밝히기 훨씬 전부터 성민은 신문이나 우유 배달 등을 하며 자신과 교회를 겨우 유지해 나갔다.

성민의 아내, 즉 은진의 어머니인 파키스탄 여인 야스민을 만난 것도 이때였다. 어느 추운 겨울 새벽, 그날도 여느 때처럼 신문 뭉치를 들고 하얀 김을 뿜어내며 골목길을 달리던 성민은 골목 한구석에 누군가 덜 꺼진 연탄불 곁에 쪼그리고 앉아 떨고 있는 모습을 보았다. 머리에 흰 수건을 뒤집어쓴 여인이었나. 처음에는 대수롭지 않게 그냥 지나쳤지만 성민은 곧 등 뒤에서 쿵 하고 사람이 쓰러지는 소리를 들었다. 뒤돌아보니 쪼그리고 앉아 있던 그녀가 골목길에 길게 엎어져 있었다. 황급히 다가가 보니 가느다란 왼쪽 손목이 쩍 갈라져 있었고 시뻘건 피가 언 눈 위로 콸콸 흘러내렸다. 그녀의 오른손에는 날선 커터 칼이 하나 들려 있었다.

성민은 기겁을 하고 급히 그녀의 손목 상단을 눌러 지혈을 하면서 자기의 윗옷과 속옷을 벗었다. 그리고 속옷으로 피가 흐르는 손목을 꽉 조여 묶었다. 처음에는 피가 약간 멎는 듯했지만 흰 속옷은 금세 시뻘겋게 젖어 갔다. 성민은 신문 뭉치를 팽개친 채 그녀를 업고 달렸다. 이른 새벽이라 문을 연 병원이 없었지만 다행히 멀리 개인 산부인과 간판이 하나 보였다. 산부인과 문 옆에는 산모들을 위한 24시간 호출 벨이 달려 있었다. 성민이 다급하게 그 벨을 누르자 병원 위층에 사는 의사가 졸린 눈으로 내려와서 성민을 맞았다. 임산부가 아니라는 말에 시큰둥하던 의사도 그녀의 손목 상처를 보자마자 응급처치를 하기 시작했다.

상처는 끔찍하게 깊었다. 정말 독한 마음을 먹지 않고는 제 손에 이토록 깊은 칼집을 낼 수 없을 거라고 중얼거리던 의사는 조금만 더 늦었으면 과다 출혈로 죽었을 것이라고 말했다. 그리고 지저분한 칼날이 동맥과 신경들뿐 아니라 손목뼈까지 깊이 긁어 놓은 상태라 잘못하면 손목을 잃을지도 모른다고 말했다. 과연 의사의 염려대로 아침에 다시 찾아간 종합병원에서 그녀는 끝내 손목을 살리지 못하고 절단 수술까지 받아야만 했다.

그녀가 바로 성민의 아내 야스민이다. 1980년대에 외국인들이 한국으로 취업하기 위해 오는 경우는 드물었다. 하지만 파키스탄의 한 농촌에서 태어난 야스민은 지독한 가난이 싫었고 무엇보다 집안 결정에 따라 사촌 오빠와 강제로 결혼해야 하는 운명도 싫었다. 그러기에 결혼식을 이틀 앞두고 몰래 집을 나와 밀항선을 타고 떠돌다 일본을 거쳐 한국에까지 들어왔다.

아무 연고도 없는 한국에서 손짓 발짓을 하며 일자리를 찾아보려 했지만 피부색이 다른 야스민을 고용해 주는 곳은 없었다. 그러다가 천만다행히 그녀를 불쌍히 여긴 어느 가게 주인의 소개로 김포 어느 부잣집에 가정부로 취직할 수 있었다. 먹고 잘 곳이 생긴 것만으로도 야스민은 기뻤다. 하지만 그것도 잠시, 어느 악몽 같던 밤을 시작으로 그녀의 순결한 영혼과 육체는 음흉한 주인집 남편과 불량한 고등학생 아들에게 차례로 농락당하기 시작했다. 죽음 같던 몇 달이 흐른 뒤에야 모든 사실을 눈치 챈 주인아줌마가 동네 여인들을 모아 야스민을 모질게 두들겨 패고 마을에서 내쫓아 버렸다.

얼굴을 천으로 가리고 야스민은 울고 또 울며 김포에서부터 정처 없이 걷기 시작했다. 하루 종일 걷자 부천시에 도착했다. 오라는 곳도 가야 할 곳도 없는 그녀는 계속 정처 없이 걷기만 했다. 이른 새벽녘, 부천역 즈음에 도착해서 잠시 망설이던 그녀는 하우고개를 넘어 신천리 가는 방향의 좁은 도로를 보고 거기로 발길을 돌렸다. 예전에는 산이었지만 지금은 수없이 많은 집들이 따닥따닥 마을을 이루고 있는 골목길을 걷다가 그녀는 언 땅 위에서 뭔가 반짝하는 것을 발견했다.

그것은 날이 무뎌질 때마다 끝 날을 한 조각씩 분질러서 사용하는 커터 날이었다. 야스민은 그 칼날을 주워 들고 희미하게 불기가 남아 있는 버려진 연탄재 곁에 앉았다. 눈물로 범벅이 된 그녀의 눈에는 신문을 든 성민이 곁을 지나가는 것도 보이지 않았다. 칼날 끝을 하나 분질러 잘라 내고 몇 번이나 이를 꽉 깨물던 그녀는 끝내 칼을 자기 손목에 대고 힘껏 그었던 것이다.

비록 손목은 잃었지만 수술 경과는 좋았다. 마침내 퇴원한 야스민은 이후로 성민의 교회에서 함께 생활했다. 총명한 그녀는 금세 한국말을 익혔고 교회에서 성민의 일을 돕기 시작했다. 어쩌면 둘의 결합은 자연스러운 것이었는지 모른다. 한 공간에서 하루 종일 함께 생활하면서 두 남녀는 금세 사랑에 빠졌고 서른여덟 노총각 성민은 기어이 야스민에게 결혼하자는 말을 꺼냈다.

처음에는 그녀가 망설였지만 성민의 청혼은 끈질기게 이어졌고 마침내 공장 근로자들과 노숙자들이 축하해 주는 가운데, 아니 더 정확하게 말해서 열세 살이나 어린 신부를 맞는 성민을 도둑놈이라고 놀리는 가운데 둘은 조촐하지만 행복한 결혼식을 올렸다. 그리고 이듬해 1983년에 피부가 성민보다는 더 짙고 야스민보다는 좀 덜 짙은 떡두꺼비 같은 아기가 태어났다. 성민은 그 아들에게 은진이라는 이름을 붙였다. 이 땅에 은혜와 진리가 동시에 충만할 날을 소망하면서.

결혼한 두 사람은 행복했지만 동시에 험난한 고갯길도 함께 넘어야만 했다. 설립 당시부터 상당수의 사람들이 푸른교회를 들락거렸지만 대부분 도움이 필요한 영세한 공장 근로자들, 숨어 지내는 운동권 수배자들, 가출한 청소년들, 돈 몇 푼을 바라고 찾아오는 노숙자들이었다. 비록 이런 사람들이 중심이었고 또 늘 재정적인 압박에 시달렸지만 초창기 푸른교회 분위기는 꽤 즐겁고 활기 있었다.

하지만 언제나 그렇듯이 위기는 기회의 탈을 쓰고 다가왔다. 철길 너머 부유한 아파트 동네에 있던 큰 교회에서 다툼이 생겨 그 교회 신자 팔십여 명이 일시에 성민의 교회로 찾아왔다. 좋은 일을 많이 하는 목사라는 소문을 듣고 성민의 교회를 찾아온 새로운 신자들로 인해 성민은 처음으로 안정된 목회가 시작되었다고 생각했다. 새벽에 하는 배달 일을 그만두고 정식으로 새벽기도회를 열었고 성도 가정에 심방을 가서 식사와 차 대접이라는 것도 받아 보게 되었다.

새로 온 신자들도 특별한 경험을 하기는 마찬가지였다. 그들 대부분은 김성민 목사의 설교를 듣고 매우 놀랐다. 그의 설교에는 다른 데서 좀처럼 듣기 힘든 쉬우면서도 깊이 있는 진리와 구체적인 적용들이 가득했기 때문이다. 당시 성민의 일기에는 새로 온 신자들 중 다소 주책없는 누군가가 이런 말을 했다는 기록도 있다. 당시 당황스러운 느낌이 꽤 깊어서 김성민 목사도 기록으로 남겨 놓았다. 잠시 지방으로 여행을 떠나 푸른교회 예배에 한 주일 참석하지 못했던 한 여신도가 그다음 주에 모두 듣는 데서 남긴 말이었다.

"큰일 났다. 이제 우리 귀 다 버렸어. 지난주에 딴 교회에서 설교 듣는데 정말 못 들어 주겠더라고. 목사님이 우리들 귀 다 버려 놨다야."

정상적인 십일조와 헌금이 들어오자 교회는 설립 이후 처음으로 재정적인 여유를 읽었다. 성민은 이 재정을 가지고 교회를 세운 첫 취지대로 소외된 자들을 더 많이 돌볼 계획을 수립해 나갔다. 하지만 그의 계획은 얼마 안 가서 난관에 부딪혔다. 처음에는 성민에게 어느 정도 동조하던 새신자들 사이에 점점 불만의 싹이 자라기 시작한 것이었다.

시간이 지나면서 이 불만은 점점 더 확산되어 가더니 마침내 노숙자들이나 운동권들은 이제 교회에 출입하지 못하게 해야 한다는 의견으로 이어졌다. 교회 분위기를 망친다는 것이었다. 교회 내부에 어느새 가진 자와 못 가진 자들의 대립 양상이 뚜렷해지고 있었다. 본래 교회에 있던 소외 계층들과 운동권들도 갑자기 나타난 부유한 신자들을 눈꼴사나워 하기는 마찬가지였기 때문이다.

이런 갈등 상황 속에서 성민은 교회를 화목하게 만들어 보려고 힘을 다해 뛰어다녔다. 하지만 두 그룹 사이에는 애초부터 건널 수 없는 강이 흐르고 있었는지 모른다. 성민이 뛰어다닐수록 역효과만 났고 갈등의 골은 더 깊어졌다. 가난했지만 따뜻했던 교회는, 예전보다 재정은 넉넉해졌지만 분위기가 싸늘하고 냉랭하게 바뀌어 갔다. 예배를 인도하면서도 성민은 성도들 간에 살벌한 눈초리가 교환되는 것을 보아야만 했다. 예배를 마치면 이리저리 무리 지어 앉은 사람들 사이에 찬바람이 쌩쌩 도는 것도 느껴야 했다. 이런 분위기로 인해 성민의 마음은 나날이 절망 속으로 빠져 들었다. 이즈음 김성민 목사는 교회를 위해 여러 번 장기 금식기도를 했다. 이십 일 혹은 사십 일씩 금식을 했다는 기록이 《성도일기》에 여러 번 적혀 있다.

하지만 교회 내의 갈등은 해결될 기미를 보이지 않았다. 아니 오히려 갈등은 이상한 방향으로 구체화되었다. 대립하던 두 그룹은 엉뚱하게도 목사인 성민을 못마땅해하기 시작했다. 가진 자들은 빈자들을 쫓아내지 않는 성민을 원망했고 빈자들은 부자들을 끌어들인 성민을 원망했다. 이런 분위기는 점점 고조되다가 마침내 어느 한 지점에서 폭발하고 말았다. 엉뚱하게도 그 폭발 대상에 있어서는 대립하던 두 그룹의 마음이 서로 일치했다. 그 대상은 바로 성민의 아내 야스민이었다.

야스민은 애초부터 한 교회의 사모님으로 대접받을 마음은 없었

182

다. 하지만 부유한 사람들이 교회에 들어온 이후로 야스민에 대한 신자들의 멸시와 차별은 점점 노골화되었다. 피부색도 다른, 가난한 나라 출신에다 한국말도 능숙하지 않고 한쪽 손까지 없는 장애인 사모는 기존에 큰 교회를 다니던 사람들이 받아들이기에 너무 부족한 사람이었다. 희한한 것은 이전까지 잘 지내던 소외 계층들까지도 야스민을 무시하기 시작했다는 것이다. 서로 사랑해야 한다는 말을 하도 자주 듣기에 미움의 속내를 쉽게 터놓고 표현할 수 없게 되자 달구어진 불만의 화살들은 언제나 그렇듯, 만만한 희생양을 필요로 했다. 결국 이 화살은 야스민에게로 집중되었다.

고통스러운 목회생활을 이어 가던 김성민 목사는 여러 우여곡절 끝에 1988년 2월 10일, 7년간 땀 흘려 세워 온 푸른교회를 훌쩍 떠나고 말았다. 김성민은 교회에 갑작스런 사표를 남기고 강원도 어느 작은 강변 마을로 떠났다. 떠나는 그의 곁에 야스민은 없었다. 여섯 살 난 은진만 있을 뿐이었다. 거기에는 이런 사연이 숨어 있었다.

1987년 8월, 교회 분위기는 더욱 악화되었다. 부자 교인들과 가난한 자들 모두가 야스민을 은근히 하녀 취급했다. 물론 성민도 그런 분위기를 어느 정도 감지했다. 하지만 성민은 신도들이 자신 앞에서 대놓고 야스민을 무시한 것도 아니었고, 야스민도 자기가 당한 일들을 성민에게 말하지 않았기에 사태의 진정한 심각성은 잘 모르고 있었다.

그러던 어느 토요일, 아내가 당하는 멸시의 강도를 성민에게 확실히 깨닫게 해 준 사건이 발생했다. 교회 부엌에서는 다음 날 있을 공동식사를 준비한다고 여 선교 회원들이 모여서 음식 장만을 하고 있었다. 여느 때처럼 야스민도 그들을 돕고 있었다. 자기를 무시하는 사람들과 함께 있는 것은 괴로웠지만 그렇다고 돕지 않으면 앉아서 받아먹기만 한다는 욕을 듣기 일쑤였다. 물론 손이 불편하고 한국 요리에 익숙하지 못했기에 야스민은 주로 허드레 심부름만 하였다. 하지만 그날따라 여 선교회 대장 격인 한 집사가 불 위에 끓고 있던 뜨거운 국 솥을 들더니 야스민에게 쑥 내밀었다. 얼결에 야스민은 솥의 손잡이에 손을 올렸다.

그 순간 여 집사는 "이것 좀 들고 있어요"라며 자신의 손을 놓아버렸다. 의수가 끼워져 있던 그녀의 힘없는 왼손은 솥을 놓치고 말았다. 솥은 요란한 소리를 내며 바닥에 떨어졌고 부엌 바닥에는 국이 다 쏟아져 야스민의 발에까지 흘렀다. 교회 사무실에서 주보를 만들던 성민은 이 소리에 부엌으로 달려갔다.

예배당을 거쳐 부엌에 거의 도착했을 즈음 성민은 문 앞에서 억장이 무너지는 소리를 들어야 했다. 솥을 맡긴 여 집사가 야스민을 향해 대놓고 이렇게 말했던 것이다.

"어휴 이 등신 깜둥이. 뭐 하나 제대로 하는 게 없어."

순간 성민의 피가 거꾸로 솟아올랐다. 문을 왈칵 열고 들어간 성민은 지금 그 말 누가 누구에게 한 것이냐고 소리쳤다. 여신자들은 갑작스런 목사의 출현에 좀 놀라는 듯했다. 성민이 재차 묻자 야스민에게 솥을 맡겼던 나이 든 여 집사가 다소 능글거리며 말했다.

"오전 내내 끓인 국을 사모님이 다 쏟아서 홧김에 말이 좀 심하게 튀어나왔네요. 뭐 크게 악의를 가지고 한 말도 아니고 사모님도 우리말을 잘 못 알아들으니 너무 신경 쓰지 마세요."

성민의 마음속에 분노가 치솟았다. 교인들이 야스민을 무시하는 것은 알고 있었지만 이 정도인 줄은 몰랐던 것이다. 그동안 야스민이 당했을 마음고생을 생각하니 눈이 튀어나올 정도로 화가 치밀었다. 하지만 어떡하겠는가? 폭발할 것 같은 마음을 꾹꾹 눌러 삼키며 야스민을 데리고 사무실로 와서 양말을 벗기고 화상 입은 발을 치료했다. 부엌에서는 언제 그런 일이 있었냐는 듯이 아줌마들의 폭소가 다시 까르르 터져 나왔다.

벌겋게 달아오른 그녀의 검은 발에 화상 연고를 바르다가 성민은 아내의 얼굴을 올려다보았다. 유난히 크고 반짝거리는 눈망울에선 눈물이 떨어지고 있었다. 한국말이 완벽하지 않다 해도 그 집사가 자기에게 던진 말이 어떤 뜻인지 정도는 그녀도 잘 알고 있었다. 성민은 뭐라고 위로의 말을 하려 했다. 하지만 야스민이 먼저 입을 열었다.

"목사님, 나 괜찮아요."

하지만 그것은 시작에 불과했다. 성민이 결국 분노를 터뜨릴 수밖에 없는 일이 몇 주 뒤에 또다시 벌어졌다. 그날도 토요일이었다. 일 때문에 밖에 나갔다가 오후 늦게 예배당에 돌아온 성민은 믿을 수 없는 장면을 목격하고 말았다. 평소 교회에 자주 드나드는 노숙자들 몇 명이 예배당 뒷자리에 있아서 야스민을 잡아끌며 자기들 무릎에 앉히려 하는 것이었다.

구걸하는 코스를 돌다가 푸른교회를 지날 때쯤이면 마치 공짜 다방인양 들어와서 커피를 타 달라고 소리치는 그들이었다. 그날도 커피를 타 오라는 그들에게 야스민이 커피를 들고 가자 못된 짓을 시도한 것이었다. 성민이 보고 있는 줄도 모르고 야스민을 잡아끌던 노숙자 하나가 뿌리치고 달아나는 야스민의 왼손을 획 낚아

챘다. 흰 장갑을 낀 그녀의 의수가 팔에서 툭 빠져나왔다. 엉겁결에 의수만 손에 쥐어 든 노숙자는 기겁을 하더니 의수를 땅바닥에 내동댕이치면서 말했다.

"이런 썅, 재수 없게. 퉤엣."

성민은 더 이상 자신의 마음을 다스릴 수 없었다.

"야이, 나쁜 놈들아."

순간적으로 입에서 이 말을 토해 낸 성민은 번개처럼 달려가 의수를 내팽개친 노숙자의 얼굴을 발로 걷어차 버렸다. 노숙자가 쿡 쓰러졌다. 하지만 두 번째 공격을 위해 주먹을 치켜든 성민의 손은 금세 곁에 있던 다른 노숙자들에게 붙잡히고 말았다.

곧이어 불량한 노숙자들의 주먹이 성민의 얼굴로 날아들었다. 그들의 주먹에 일단 한 번 쓰러졌지만 분노한 성민은 굴하지 않았다. 결국 예배당 구석에 놓인 간이 의자까지 집어 들고 휘두르는 성민의 시퍼런 서슬에 노숙자들은 예배당을 황급히 빠져나가 버렸다. 소리를 지르며 의자를 휘두르는 성민의 뒤로 부엌에서 달려 나온 여신도들이 쪼르르 모여들어 수군거렸다. 성민은 아내를 찾았다. 그녀를 처음 만난 그 겨울의 새벽처럼 야스민은 한구석에 쪼그리고 앉아 울고 있었다.

흰 장갑이 벗겨진 야스민의 살구색 의수는 예배당 바닥에 팽개쳐져 있었다. 진짜 손처럼 보이려고 어설픈 손금을 새겨 놓은 그녀의 찌그러진 의수 위로 엎질러진 커피가 흘렀고 여기저기 깨진 커피 잔 조각들이 있었다. 왜 그녀의 손목은 이토록 그녀의 팔에서 떨어져 나가려 하는 걸까.

그다음 날 야스민은 홀연히 성민과 은진의 곁을 떠났다. 전날 밤인 토요일, 애써 위로하는 성민에게 괜찮다는 말만 반복하던 야스민은 끝내 주일 예배에 모습을 나타내지 않고 어디론가 사라졌다. 성민은 그녀를 찾기 위해 온 힘을 다했지만 소용이 없었다.

어느 새벽, 성민은 야스민에게서 한 통의 전화를 받았다. 그녀는 고향 파키스탄으로 돌아갔다고 하면서 성민에게 더 이상 자신을 찾지 말라고 했다. 성민은 제발 다시 돌아오라고 애원했다. 야스민은 슬프지만 단호한 목소리로 성민을 위해 돌아가선 안 될 것 같다는 말만 남기고 전화를 끊었고 다시 그녀에게서 연락이 없었다.

그런 와중에 교회에서는 이상한 소문까지 돌기 시작했다. 신도 중 누군가가 야스민이 김포에서 가정부 하던 시절에 당했던 일을 알아낸 것이었다. 아내가 사라져 슬퍼하는 성민의 귀에 위로는커녕 "원래부터 화냥년이었대"라는 말이 기어이 들려왔다. 분노가 극에 달하면 오히려 의욕을 상실하는 법. 이후로 성민은 극심한 우울과 무기력증에 빠져 있다가 결국 교회를 사임하고 말았다.

성민은 가지고 있던 모든 돈을 교회 설립에 이미 사용했던 터라 한 푼도 없는 상황에서 결단을 내리기가 쉽지 않았다. 하지만 옛날 회사 사람들에게 얼마산의 돈을 빌린 후 뒤지고 뒤져서 집값이 제일 싼 강원도 섬강 근저로 여섯 살 된 은신과 함께 떠났다. 이때가 1988년이었다. 당시 김성민 목사의 일기 곳곳에는 하나님을 향한 한탄조의 글들이 종종 있었다. 어떤 부분에는 이런 글도 있었다.

"하나님 저 너무 힘듭니다. 당신은 도대체 어디 계십니까? 진짜 계시기는 한 겁니까?"

하지만 현실은 성민이 마음껏 슬퍼할 수 있게 놔 두지조차 않았다. 슬픔마저 사치였다. 어린 은진이 있기에 성민은 서둘러 일자리를 찾아야만 했다. 하지만 쉽지 않았다. 나이 든 그를 채용해 주려는 곳도 없었지만 무엇보다 어린 아들을 집에 혼자 놓아두고 출근할 수도 없었기 때문이다.

그러던 어느 날이었다. 며칠 전부터 자장면이 먹고 싶다고 보채는 은진을 데리고 읍내 자그마한 중국집에 들어간 성민은 식탁에 놓인 생활 정보지에서 우연히 이런 광고를 만나게 되었다.

지입 차량 대모집. (물류법인 이반물류)
1톤, 2.5톤 트럭, 승합 벤, 소형승합 벤 모집.
트럭 월 400만 원, 승합 벤 월 300만 원, 소형승합 벤 월 270만 원.
안정된 수입 보장, 주 5일 근무, 배송 완료지에서 퇴근 가능.
매달 유류비와 점심 식사비 지원. 선착순 모집.
연락처 031-321-□□□1~3.

은진의 손을 잡고 찾아간 용인의 이반물류 사무실은 한눈에 봐도 믿음이 갔다. 고급스러워 보이는 인테리어에 깔끔한 직원들이 끝없이 울리는 전화를 받으며 바쁘게 상담을 했다. 한 여직원이 상담실이라고 적힌 방에 성민을 인도한 뒤 녹차를 한잔 따라 주고 나갔다. 은진도 아빠 곁에 얌전히 앉았다.

차를 두 모금 정도 마시자 한 남자가 나타났다. 사무실 분위기에 어울리는 준수한 정장 차림이었다. 김 과장이라고 자신을 소개한 그는 김혁이라는 외자 이름이 박힌 칼라 명함을 한 장 내밀었다.
이윽고 이어진 그의 설명에 따르면 이반물류는 거의 전국 모든 물
류 유통에 관여하기 때문에 성민이 사는 강원도에서도 얼마든지
근무할 수 있다고 했다.

성민이 고를 수 있는 차는 광고에서 본 대로 세 종류였다. 트럭
은 주로 가전제품을, 승합차는 의약품이나 기타 의료 장비들을, 제
일 작은 차는 작은 소포나 서류 등을 배송한다고 했다. 세 가지 중
무엇을 고를지 망설이는 동안 김 과장은 가무잡잡한 은진을 보며
신기하다는 듯 장난을 걸었다. 그러다 섣불리 결단을 못 내리는 성
민에게 서류를 배송하는 제일 작은 차를 하라고 권했다. 성민은 그
에게 아이와 함께 일을 다녀도 되는지 물었다. 김 과장은 얼마든지
가능하다고 시원스레 말했다. 그리고 차가 출고되어서 영업용 번
호판을 달고 일을 시작하기까지 걸리는 시간은 1개월 정도가 소요
된다고 했다.

하지만 문제가 있었다. 중간에 일을 그만두는 사람들이 있으면
자기들의 신용에 문제가 생기기 때문에 이 바닥에서 일을 하려면
회사에 일정한 액수의 보증금을 맡기는 판례가 있다는 것이었다.
다른 차들은 천만 원이 넘지만 성민에게 권한 작은 차는 700만 원
만 맡기면 되고 1년 이상 성실하게 일을 하면 전액 환불해 준다고
했다.

물론 약속된 월급 270만 원도 틀림없이 지불될 것이며 아쉽게도
작은 승합차는 점심 식사비가 안 나오지만 유류비 십만 원은 매달
지급될 것이라고 했다. 꺼림칙했지만 현재 성민에게 이만큼 적합
한 일도 없었다. 무엇보다 어린 은진을 따로 떼 놓지 않아도 되고

월급도 많으니 1년 정도 열심히 돈을 모으면 야스민을 만나러 파키스탄에 갈 수도 있을 것 같았다.

결국 성민은 현재 지원자가 너무 많아서 경쟁률이 치열하다는 말을 듣고는 그 자리에서 계약서를 쓰고 말았다. 혹시나 싶어 일이 잘못되면 보증금을 돌려받기 위해, 일을 못하게 되면 이반물류가 보증금을 돌려준다는 각서도 꼼꼼히 받아 두었다. 나름대로 완벽하게 받아 둔 서류들은 보기에도 두툼하고 안심이 되었다. 성민이 차후에 지금 살고 있는 방을 빼는 대로 돈을 입금하겠다고 약속을 하자, 김 과장은 성민의 사정이 힘들어 보여 양해해 주는 것이라는 말을 수차례 하면서 될 수 있으면 빨리 돈을 보내라며 계약을 체결해 주었다.

강원도로 돌아온 성민은 친구들에게 빌린 전세 보증금을 빼서 이반물류에 700만 원을 송금하고 남은 돈으로 시골 대학 부근의 다섯 평짜리 미니 원룸을 얻어 이사를 했다. 그 와중에 한강변의 운전 검사장에서 '운전정밀검사'라는 것도 하루 종일 받아야 했다. 모두 화물차 운전사로 변신하기 위해 필요한 절차였다. 그 시험이 꽤나 인상적이었던지 김성민 목사는 자신의 일기에 이런 시를 남기고 있었다.

먹물 좀 든 것 같은 양복쟁이 둘이
화물차 운전사 부적합 판정에
씁쓸히 조립식 계단으로 사라진다.
운전정밀검사
일곱 시간이나 걸리는 기묘한 시험.

깊은 사고는 오답을 유도한다.
단순하게, 아주 단순하게 생각해야만
적합 판정이 떨어지는 희한한 시험
애초에 세상엔 아무 길도 없었다는데
누군가 걸어간 곳이 길이 되었다는데
운전정밀 검사장에서
화물 운전사 합격 발표를 기다리며
오스카 와일드를 읽고 있는 나는
어떤 길로 접어든 것일까?
어떤 길을 만드는 중일까?

시간이 좀더 지나자 마침내 성민이 할부로 뽑은 차가 출고되었다. 앞자리에 둘이 타고 뒤에는 짐을 싣는 꼬마 승합차였다. 차까지 나오자 성민은 안심이 되었다. 이제 일을 시작하라는 명령만 기다리면 되기 때문이었다. 성민은 차가 생겨서 좋아하는 은진을 옆에 태우고 평소 가 보고 싶던 섬강 구석구석을 탐험하듯 돌아다녔다.

하지만 약속한 한 달이 흐른 뒤에도 이반물류에서는 아무 소식이 없었다. 답답한 마음에 회사로 전화를 해 보면 계획에 차질이 생겨 일주일씩 혹은 보름씩 일이 연기되었다는 답변만 들었다. 그러던 어느 날 누군가에게서 전화가 왔다. 진한 경상도 사투리를 쓰는 사람이었다.

"혹시 김성민 씨 맞십니꺼?"

"누구신데요?"

"지는 윤정길이라고 하는데예. 혹시 이반물류에서 일하기로 안 하셨습니꺼?"

"맞습니다."

"지도 이반물류에서 일하기로 한 사람인데예, 아무래도 그 회사 좀 이상하지 않으신교? 지가 하도 이상해서 회사에 한번 가 봤다 아입니꺼. 거기서 서류에 김성민 씨 이름하고 전화번호 있는 거 보고 한번 전화 드려 본 깁니더. 뭔가 아시는 거 없나 해서 말입니더."

그렇지 않아도 회사 일이 찜찜했던 성민은 그에게 물었다.

"정길 씨는 언제부터 일하기로 했는데요?"

"본래로 하면 벌써 두 달 전에 일 시작해야 했심더. 근데 아직도 소식이 없네예."

그의 말을 듣는 순간 마음속에 불안이 밀려왔다. 결국 둘은 이틀 후에 용인의 회사 앞에서 만났다. 의외로 훤칠한 키에 다부진 근육질인 윤정길은 한쪽 귀에 조그만 귀걸이까지 단 신세대 청년이었다. 둘은 함께 이반물류로 올라가 보았다. 회사는 여전히 바쁘게 업무를 보고 있었다. 그것을 보니 약간 안심이 되긴 했다. 성민과 정길이 어린 은진까지 데리고 나타나자 김 과장은 좀 곤란한 얼굴을 짓다가 곧 반색을 하고 그들을 맞이했다. 차를 대접하면서 곧 일이 시작될 것이라고 둘을 안심시킨 김 과장은 먼 데서 오셨는데 식사라도 하라면서 만 원짜리 일곱 장을 건넸다. 아무한테도 돈 받은 이야기를 하지 말라는 말을 덧붙이면서.

근처 식당에 마주 앉은 두 사람은 이런저런 이야기를 시작했다. 정길은 아직 총각이었고 집은 멀고 먼 경상남도 남해였다. 아버지

없이 가난한 어머니 밑에서 자랐기에 농업 고등학교를 졸업하자마자 일찌감치 직업 전선에 뛰어들었다. 정길은 아직 젊은 나이였지만 안 해 본 것이 없다고 했다. 얼마 전까지는 보안 회사 경비원으로 일했는데 밤새도록 순찰을 돌며 차에서 생활하는 일이 너무 고단했단다. 그러던 어느 날 새벽, 그날도 차 안에서 쪼그리고 앉아 졸다가 일어나 차가운 거리에 나와 우연히 빼 든 정보지에서 이반물류 광고를 보았다고 했다. 정길은 바로 이 일이다 싶어 회사와 통화를 한 뒤에 보증금 천만 원을 빌려 보려고 여기저기 뛰어다녔다. 그러다가 김 과장이 속히 계약하지 않으면 지원자가 많아 차례가 돌아오기 힘들 것 같다고 전화를 해 급한 마음에 사채를 끌어들여 계약을 맺었단다.

동동주 잔을 손에 든 정길은 약간 혀 말린 소리로 성민에게 말했다.

"행님, 우리 설마 돈 떼이는 건 아니겠지예. 내한테 돈 빌리 준 놈들 우리 동네 유명한 깡팬데 그 돈 떼묵히문 내 칼침 맞아 죽심더."

성민의 옆자리에서 은진은 쌕쌕거리며 자고 있었다. 아무것도 모르는 은진의 얼굴을 보자 성민도 애타는 마음이 끓어올랐다.

'하나님. 혹시라도 이 돈만은 가져가지 마세요. 화물이나 나르며 은진이랑 조용히 살아 보려고 합니다. 제발 허락해 주세요.'

그날 밤 성민은 잠든 은진을 한 손에 안고, 술에 취해 비틀거리는 정길까지 부축하고는 김 과장이 준 돈으로 여관에 갔다. 다음 날 아침 조금 늦게 여관을 나와서 다시 이반물류를 찾아갔을 때 성민과 정길은 회사 앞에서 이상한 낌새를 느꼈다. 십여 명의 사람들이 모여서 웅성대고 있는 것이었다. 그들에게 다가가자 한 사람이 성민에게 말했다.

"혹시 이반물류에서 일하기로 하셨습니까?"

"예. 무슨 일 있습니까?"

"아무래도 이놈들 사기꾼인 것 같아요. 지금 회사 문도 잠겨 있고 전화도 안 받습니다. 몽땅 튄 것 같아요."

성민과 정길은 급히 계단을 뛰어 올라갔다. 회사 문은 굳게 잠겨 있었다. 정길이 철문을 쾅쾅 두드렸다. 한참을 두드려도 아무 응답이 없었다. 그러자 정길은 열쇠 꾸러미를 꺼내더니 경비업체에 있을 때 갖고 다니던 만능 키라며 쇠톱을 잘라 만든 기다란 열쇠 두 개를 철문에 꽂고 이리저리 흔들었다. 건물 입구에 있던 사람들도 올라와서 문을 여는 정길을 바라보았다.

어느 순간 철컥 하고 철문이 열렸다. 물밀듯이 사무실로 들어간 사람들은 아연실색할 수밖에 없었다. 그토록 깔끔하고 인테리어 잘되어 있던 회사는 썰렁하게 비어서 몇몇 가구와 집기들만 놓여 있었고 바닥에는 못 쓰는 서류 조각들만 뒹굴고 있었다. 사람들이 황당해하고 있는 사이에 성민은 구석에 있는 사장실로 들어가 보았다. 역시 아무도 없었다. 계약 체결 당시에 성민은 딱 한 번 사장과 악수를 나눈 적이 있었는데 그때 사장실 서고를 보면서 참 아담하다고 생각했다. 특히 책장에는 기독교 관련 서적들도 꽤 있어서 아마 사장이 크리스천일 거라는 반가운 추측도 했었다.

성민은 책장으로 천천히 다가가 유리문을 열고 책을 한 권 빼 보았다. 아니나 다를까. 그것은 빈 껍질이었다. 단지 그럴듯한 분위기만을 연출하기 위해 대부분 빈 껍질로 장식된 책장들. 그러기에

194

주로 껍질 있는 전집류가 많은 기독교 서적이 대부분이었던 것 같았다. 성민은 마음이 쿵 내려앉았다.

하지만 놀라움은 여기서 멈추지 않았다. 이후로 계속해서 새로운 사람들이 사무실로 몰려들었다. 이반물류의 농간에 사기당한 사람들이 그만큼 많다는 증거였다. 그날 저녁까지 오십여 명의 사람들이 사무실에 더 모였다. 처음에는 중구난방으로 시끄럽게 웅성대던 무리들도 나이가 좀 지긋한 사람이 침착하게 일을 의논하자는 말에 동의하고는 한자리에 모여 대책을 강구했다.

한참 대책 회의를 하는 도중에 이번에는 누군가가 와서 사무실의 집기들을 꺼내 가기 시작했다. 무슨 일인지 알아보니 사무실에 남은 집기들도 이미 근처 재활용 센터에 다 팔린 상태였다. 피해자들 속에서 한숨과 분노가 쏟아져 나왔다. 모여 있는 사람들은 이력도 다양했다. 장사를 하다가, 출판업을 하다가, 학원을 경영하다 실패해서 이 일을 선택했던 사람들도 있었다. 그리고 대부분은 인생의 실패 끝자락에서 지푸라기라도 잡는 심정으로 물류 일을 시작해 보려던 사람들이었다.

그래도 사람이 많이 모이니 뭔가 일이 신행되기는 했다. 피해자들은 자신들의 계약서에 이반물류 사장 박창백의 주민등록번호가 있다는 사실을 떠올렸다. 곧 경찰서에 인맥이 있는 누군가가 주민등록번호를 통해서 박창백의 주소를 알아냈다. 서울 답십리의 산 ×××번지였다. 당장 달려가자고 흥분한 피해자들이 사무실을 뛰어나가자 곧이어 웃지 못할 일이 이어졌다.

사기당한 피해자들은 모두 회사에서 강제로 뽑아 준 차 한 대씩을 가지고 있었다. 물론 전액을 36개월 할부로 떠맡은 차들이었다.

오십여 명의 사람들이 사장을 잡자고 달려 나가자 좁은 도로에 짐차 오십여 대가 줄지어 서는 꼴이 되었다. 그것도 이제 막 출고되어 번쩍거리는 새 차들이. 결국 성민이 나서서 사람들을 설득하여 차 몇 대만 움직이고 나머지 사람들은 경비를 갹출하자고 제안해 모두들 동의했다. 하지만 꽉 막힌 서울 거리를 헤매면서 간신히 박창백 사장의 주소로 달려간 사람들은 더 기가 막혔다.

서울에 아직 이런 곳이 있나 싶은 골짜기 달동네로 가 보니 차도 못 올라가는 산동네가 나왔고, 한참을 걸어 올라가서 겨우 찾은 주소지에는 집 대신 널따란 밭이 펼쳐져 있었다. 마침 허름한 복덕방이 있어 물어보니 옛날에는 그 밭에 집이 있긴 했지만 지금은 없어져서 주소만 남아 있다고 했다. 그러니까 놈들은 처음부터 피해자들의 황당한 추적을 미리 계산해 놓고 이 주소를 이용해 먹은 것이었다.

이 모든 것이 치밀한 계획 속에 진행된 의도적인 사기극임을 깨닫는 데에 더 이상의 시간이 필요하지 않았다. 맥 풀린 피해자들은 밤에 다시 이반물류 사무실로 돌아왔다. 책상과 집기들까지 다 사라진 사무실에는 아무것도 남은 것이 없어 피해자들은 거리에 나가 신문지나 골판지를 주워 와 깔고 있을 수밖에 없었다. 성민도 사무실 구석 바닥에 상자 몇 개를 깔고 은진을 팔베개 해 주고 잠을 청했다. 하지만 다른 피해자들은 여기저기 모여서 밤새 술을 마셨다. 잠이 들락 말락 하는 성민의 귀에 자주 이런 소리가 들려왔다.

"아이씨. 쪽팔려서 이거. 누구한테 사기당했다는 말도 못하고 정말 미쳐 버리겠네."

"사업 실패하고 마지막이라고 처가에서 빌려 온 돈인데……, 처자식 보기 부끄럽습니다. 집에다 이제 뭐라고 해야 할지……."

다음 날이 되자 더 기막힌 일이 벌어졌다. 거의 백여 명에 가까운 사람들이 더 모여든 것이었다. 다음 날도, 그다음 날도 계속해서 피해자들은 몰려왔다. 이반물류 사기로 인해 피해를 본 사람들의 수는 총 이백 오십여 명에 이르렀고 피해액은 20억을 훌쩍 넘어서고 있었다. 피해자들은 인근 경찰서로 가서 고소장을 접수시켰다. 사건 담당 형사는 혀를 차며 말했다.

"택배나 물류 쪽에 일이 없어 맨날 공치는 판에 이 조그만 회사가 무슨 일을 그렇게 많이 대 줄 수 있다고 덥석 믿고 계약들을 했습니까?"

하지만 형사는 피해자들의 서슬이 퍼렇게 변하자 곧 입을 다물었다. 시간이 지나자 사건은 엉뚱하게 해결되어 갔다. 일주일쯤 후에 박창백 사장이 손 차장과 함께 자수하고 나타난 것이었다. 그러나 피해자들은 한 푼의 돈도 되돌려 받지 못했다. 박창백과 손 차장은 그 돈을 자기들 빚 갚는데 다 썼다고 발뺌하면서 모든 책임을 지고 감옥에 가서 징역을 살겠다고 말했다.

그들은 이른바 바지사장과 바지차장, 즉 가짜였다. 모든 사기극의 주범은 김 과장, 즉 김혁이 틀림없었다. 대부분의 피해자들도 그것을 감지하고 있었다. 하지만 사장과 차장이 체포되자 다시 며칠 뒤에 김혁 과장도 당당하게 나타났다. 그는 자신도 피해자라고 강변했다. 일하는 동안 박창백 사장에게 월급 한 푼 제대로 받지 못했다고 너스레를 떨던 그는 자신도 박창백 사장을 고소하겠다고 말했다. 결국 이반물류 사기 사건은 박창백 사장과 공범 손 차장이 주도한 범행으로, 그들 각각 3년과 1년 7개월 형이 선고됨으로써 마무리되고 말았다. 물론 김혁 과장은 무혐의로 풀려났다. 아무리 조사해도 사기 친 돈은 나오지 않았기에 피해자들은 단 한 푼도 돌려받지 못했다.

사건이 이렇게 끝나고 만 데에는 또 다른 이유도 있었다. 아마 피해자들이 좀더 자주 모여서 활력 있게 재판을 진행했으면 결과가 다르게 나왔을지도 모른다. 하지만 그들 대부분은 모이는 것 자체가 어려웠다. 피해자들은 모두 당장에 끼니 걱정을 해야 하는 집안의 가장들이었다. 처음에는 분노하여 펄펄 뛰던 사람들 대부분이 3주도 채 지나지 않아 하나 둘씩 자기 고향으로 돌아가서 다시 올라오지 못했다. 당장에 먹고 사는 문제도 심각한데다가 대부분의 사람들이 이 일을 하려고 여기저기 빚까지 낸 상태였기 때문이다.

게다가 모두 전국 곳곳 머나먼 곳에서 올라온 사람들이었다. 이 반물류 근처인 경기도에 사는 사람도 없었다. 따라서 피해자들은 한 번 오르내릴 때마다 숙박비나 교통비 부담이 엄청났다. 그래서 결국 그들 스스로 피해 보상을 포기하는 지경에 이르고 말았다. 모두 김 과장의 애초 계획이 정확히 적중한 결과였다.

결국 성민도 강원도로 돌아왔다. 헤어질 때 윤정길은 천 원짜리 한 장을 은진의 손에 쥐어 주면서 눈물 글썽한 눈으로 성민에게 한 마디를 남기고 떠났다. 그때 들은 말이 성민의 마음에 깊이 남았다. 성민은 당시 일기에 윤정길의 마지막 말을 또박또박 기록해 두었다.

"행님. 내 지금까지 인간답게 열심히 살아 볼라 캤는데 아무래도 잘못 살았는가 싶슴더. 인자부터 독하게 마음 묵고 한번 못되게

198

살아 볼 낍니더. 사기도 치고 사람도 패고 필요하면 확 죽이 뿌고 그라문서 못되게 살랍니더. 행님 꼭 성공하이소. 은진아, 니도 잘 가래이."

김성민 목사도 상당히 깊은 절망에 빠져 죽음까지 생각했다. 이 시기 《성도일기》에는 그가 지은 자작시들이 한 이십여 편 적혀 있는데 대부분 강과 죽음을 주제로 한 것이었다. 괴로운 마음에 강변을 헤매면서 지은 듯했다.

강(4)

늦가을 새벽
그저 깬 줄 알았는데
비가 내린다.
뭐에 홀린 듯 윗옷 걸치고
어느새 강변을 걷고 있다.
얼굴을 때리며 따라오는 비
검은 강물 곁에
덜 자란 은행나무가
밤새 노란 피를 쏟고
죽어 있었다.

강(17)

첨벙첨벙

강으로 들어갔다.
맑은 강물이 내 발을
무저갱 아래로 잡아당긴다.
파리채 같은 견지낚시 하나
물 위에 펼치려다
그만 푸른 돌 밟고 미끈.
부푼 옷이 나를 띄우지만
이내 몸을 파고드는 물.
저항 한 번 못하고
물살에 떠내려가던 나는
곧 강물에 빠져 죽고 말았다.
나는 죽었기에
아무 말도 못한다.

김성민 목사의 《성도일기》는 1990년 2월 2일을 끝으로 멈춰 있었다. 그 이후로는 일기라기보다 이런저런 낙서와 일종의 시 혹은 콩트 습작들이 잔뜩 이어지고 있었다.

모든 정황을 미루어 보아 김성민 목사를 비롯한 250여 명을 사기 친 이반물류의 김 과장은(물론 당시에 김혁이라는 가명을 사용했지만) 내 아버지이자 현 마태그룹의 수장인 김만걸 회상이 틀림없었다. 그날 내게 자신의 젊은 날을 사링하던 아버지는 술이 일구해지자 마지막에 이런 말을 덧붙였다.

"지금 생각해 봐도 정말 완벽한 계획이었지. 어느 순간부터 통장에 눈먼 돈들이 마구 들어오기 시작하는데 그 황홀한 기분은 겪어 보지 않으면 아무도 모른다. 감옥에 들어간 바지사장하고 손 차장한테는 좀 큰돈을 쥐어 줘야 하긴 했지만 끝마무리도 깔끔하고 완벽했어. 참 그때 나랑 함께 일했던 손 차장이 바로 지금 우리 집 일꾼들을 총괄하는 손 기사야. 감옥에서 나오면 내가 한자리 주겠다고 약속을 했거든. 예나 지금이나 변함없이 충성스러운 사람이지. 여하튼 나는 그 사업으로 총 15억 원의 순익을 남겼다. 은행에 넣어 두면 추적당하니까 나만 아는 비밀 장소에 숨겨 뒀는데, 나중에 현찰로 15억을 들고 네 할아버지한테 찾아갔을 때 놀라는 모습이란, 하하. 너도 그걸 한번 봤어야 하는데. 대한민국에서 최고 깐깐한 김정만 회장에게 내 평생 처음으로 큰 칭찬을 들었지. 그날 이후로 아버지는 안심하고 내게 그룹 일을 맡기기 시작하셨어. 요즘도 들어 보니 지입 사기라는 것을 하는 사람들이 있다고 하던데 그 기막힌 시나리오가 젊은 시절 내 작품이라는 건 아무도 모르지. 하하하.”

용인 휴게소 부근에서 고속도로가 좀 막혔지만 양지 인터체인지를 지나자 다시 뚫렸다. 12인승 교회 승합차는 좀 덜덜댔지만 생각보다 잘 달렸다. 창문을 열자 시원한 바람이 다가왔다. 이천과 여주를 지나 강천 터널을 통과했다. 어제 내린 비로 푸른 산들마다 조금씩 단풍이 들기 시작했고 분위기로는 마치 어느새 상쾌한 강원도에 와 있는 듯했다.

조금 더 달리자 문막 톨게이트로 빠지는 길이 보였다. 능숙하게 운전하던 은진의 아버지는 인터체인지로 꺾어 들어갔다. 톨게이트를 지나 좌회전을 하자 문막 읍내가 나타났다. 자그마한 시골 읍내는 생각보다 복잡했다. 하지만 읍내를 끝까지 빠져나와 부론 방면으로 들어가자 차가 거의 없는 시골이 나타났고 주변 풍광은 매우 아름다웠다.

얼마나 더 달렸을까? 도로가 좌로 크게 꺾이는 곳에서 차는 도로를 벗어나 정면 쪽 낮은 언덕길을 타고 올라갔다. 경사가 심해서 차가 기우뚱하며 언덕 위에 잠시 멈추나 싶은 순간 갑자기 시야가 확 트였다. 넓은 강이 시원하게 나타난 것이었다.

차는 강둑을 좀더 달린 후 멈추었고 우리는 모두 내렸다. 장관이었다. 웅장한 강이 세 갈래로 갈라져 멋진 경치를 이루고 있었다. 강 건너 깎아지른 절벽에 소나무들이 매달려 있는 모습은 마치 한 폭의 수묵화 같았다. 한참 경치에 빠져 있는데 곁으로 다가온 은진이 말했다.

"여기는 흥원창이라는 곳이야. 강원도, 충청도, 경기도가 서로 접하고 있는 곳인데 저 다리만 건너면 바로 충북 제천이지. 왼쪽에서 충청도의 남한강이 흘러오고, 오른쪽에서 강원도의 섬강이 흘러와 합쳐지는 합수머리야. 여기서 모인 물은 다시 정면에 있는 한강 방향으로 흘러가지. 옛날 고려시대 때부터 큰 나루터였는데 그땐 큰 배들이 수십 척씩 떠 있었대. 강원도에서 임금님께 올리는 쌀이나 진상품들을 다 모아서 물길 따라 한양으로 보내는 길목이 여기였다니까."

그러더니 은진은 멀리 왼편에 보이는 마을을 가리키면서 말했다.

"저기는 부론 면내야. 지금은 이 지역이 영화 〈인썸니아〉에서 알래스카를 묘사할 때처럼 '잊힌 사람들과 잊히고 싶은 사람들이 모인' 쓸쓸한 곳이지만 옛날 흥원창이 한창 붐비던 때에는 강원도에서 사람이 제일 많이 모이던 곳이었지. 이 부론면 일대를 '왕비 마을'이라고도 부르는데 이 근처에서 조선시대 왕비들이 많이 나왔다고 붙여진 이름이야. 어릴 때 아버지랑 나도 이 근처에서 살았어. 그땐 여기 참 많이 왔었지. 물놀이도 하고 물고기도 잡고. 지금도 자주는 아니지만 가끔 우리 식구는 여기 와서 놀다 가곤 해.”

갑자기 은진은 말을 멈추더니 돌멩이를 하나 주워 들고 둑 아래 강물로 힘껏 던졌다. 가냘픈 몸이지만 팔 힘이 예사롭지 않아서 돌멩이는 한참을 날아가다 모래사장 너머 강물 속에 풍덩 빠졌다. 그 모습을 보고 우리도 돌멩이를 주워 강물로 던지기 시작했다. 은진이 넘긴 모래사장을 넘기기가 쉽지 않았다. 저마다 남보다 더 멀리 던져 보려고 온 힘을 다해 돌팔매질을 했다. 돌멩이가 강물에 떨어지며 물 파장을 만들 때마다 속이 후련해졌다.

나는 교회에서 1박 2일로 떠난 여행에 따라왔다. 며칠 전, 한국어 수업 후 예배당을 나서려는 내게 김성민 목사는 뜬금없이 낚시를 해 본 적이 있는지 물었다. 전에 아버지를 따라 뉴욕에 갔을 때 맨해튼 앞바다에서 요트를 타고 릴을 몇 번 던져 본 적이 있는데 별로 재미가 없었다. 이후로 낚싯대를 잡아 보지 않아서 나는 고개를 흔들었다. 그러자 김성민 목사는 한국에만 있는 전통 낚시를 가르쳐 주겠다며 이 여행에 나를 초대했다. 월요일 아침에 일찍 교회로 가 보니 은진네 식구와 민재 선배, 야쿱을 비롯하여 그날 근무가 없는 외국인 근로자 넷이 나를 기다리고 있었다. 그리고 우리는 차를 함께 타고 달려 여기에 온 것이었다.

한참 돌을 던지다가 우리는 짐을 나눠 들고 가파른 강둑을 내려갔다. 오른편에 흐르는 섬강은 남한강보다 물줄기가 좀 작은 대신 넓은 모래사장이 펼쳐져 있었다. 고운 모래사장에 짐을 내

204

려놓고 큰 텐트를 두 개 치자 김성민 목사는 우리에게 견지낚싯대와 썰망이라는 것을 하나씩 나눠 주었다. 그의 지시를 따라 우리는 썰망에 깻묵 가루를 채우고 구더기가 든 통과 파리채처럼 생긴 낚싯대를 들고 김성민 목사의 뒤를 따라 강물로 첨벙첨벙 들어갔다.

어제 내린 비로 물이 불은 듯 물살이 꽤 셌지만 태양이 뜨거웠기에 다리를 적시는 맑은 강물이 시원했다. 물이 거의 허벅지까지 오르자 김성민 목사는 더 이상 들어가지 말라고 주의를 주더니 각 사람 앞에 수장대를 하나씩 꽂아 주고 썰망을 걸어서 강물 흐름에 따라 띄우라고 했다. 바늘에 구더기를 끼우는 것은 좀 징그러웠지만 양식한 구더기라 깨끗하다는 말에 용기를 내서 끼우고 낚싯줄을 강물에 흘려보냈다.

자그마한 견지낚싯대의 위력은 대단했다. 바늘을 물에 담근 지 얼마 지나지 않아 갑자기 뭔가가 내 손목을 휙 낚아챈다 싶더니 견짓대에 묶인 줄이 팍팍 풀려 나가기 시작했다. 순간 믿을 수 없을 만큼 마음이 흥분되었다. 마구 휘어지는 견짓대를 붙잡고 어쩔 줄 몰라 하는 내게 어느새 은진이 다가왔다. 엄청 큰 놈이 문 것 같다며 은진은 즉석에서 요령을 가르쳐 주었다.

"절대로 막 잡아당기면 안 돼. 놈이 치고 나가면 낚싯대를 비스듬히 세운 상태로 줄이 계속 풀려 나가도록 해 줘. 줄이 탁탁 치면서 풀릴 때마다 놈이 충격을 받거든. 그러면 결국 기운이 빠지게 마련이야. 옳지 그래. 도망가는 힘이 좀 약해지면 몸 쪽으로 낚싯대를 확 잡아당기면서 견짓대를 돌려 줄을 감아 줘. 그러다 놈이 힘을 쓰면 또 줄을 풀어 주고. 자아 자 파이팅."

나는 은진이 시키는 대로 했다. 처음에는 정신없이 달아나기만 하던 놈이 시간이 지날수록 견짓대를 돌리는 대로 점점 끌려오고 있었다. 한 15분 정도 씨름했을까? 바늘에 걸린 놈은 서서히 물속에서 정체를 드러냈다. 뭔지 모르지만 굉장히 커 보이는 물고기였다. 놈도 나를 보았는지 내 앞에 오자 마지막 힘을 다해 바늘을 털려고 요동을 쳤다. 은진이 소리쳤다.

"견짓대를 머리 위로 추켜올려."

시키는 대로 하자 바늘에 걸린 물고기의 입이 물 밖으로 쑥 나왔다. 뻐끔거리며 공기를 삼키던 놈은 결국 힘이 다 빠진 듯했다. 순간 곁에서 뜰채를 들고 기다리던 은진이 물고기를 건져 올렸다. 우리는 잡은 물고기를 들고 강가로 나왔다.

물고기의 공식 이름은 '누치'라고 했다. 크고 동그란 눈에 우스꽝스럽게 툭 튀어 나온 입술, 그 옆에 자그마한 수염이 달린 황금색이 감도는 물고기. 줄자로 물고기의 길이를 재던 은진이 아깝다는 듯 혀를 차며 말했다.

"48센티야. 2센티만 더 컸으면 멍짜인데. 본래 누치는 크기에 따라서 다른 이름으로 불리거든. 50에서 60센티 사이면 멍짜라고 불러. 그런데 이건 40에서 50센티 사이이니까 누치라고 부르지. 아깝다."

아무래도 좋았다. 생전 처음 대어를 낚은 흥분이 한동안 가라앉지 않아 입에서 주책스런 환호성이 계속 나왔다. 파리채 같은 것 하나를 들고 강물에 서서 이런 어마어마한 기쁨을 느낄 수 있다니……. 그날 오전 내내 나는 전통 견지낚시의 재미에 빠져들었다. 이름도 처음 들어 본 물고기들이 계속 올라왔다. 돌고기,

꺽지, 마자, 피라미, 심지어 잉어도 은진의 견짓대에 잡혀 올라왔다. 하지만 은진은 30센티가 안되는 잉어는 새끼 잉어라고 놓아주었다. 맑게 흐르는 강물 속에 서 있으니 마음까지 청정해지는 것 같았다.

오후가 되자 또 다른 기쁨이 있었다. 한창 낚시에 집중하고 있는데 강변에서 야스민이 우리를 불렀다. 모두 강변에 올라가자 매콤 달콤한 냄새가 진동하고 있었다. 불 위에 올려놓은 큰 솥에서 나는 냄새였다. 잡은 물고기들을 즉석에서 매운탕으로 끓인 것이다. 우리는 은진의 어머니에게서 하얀 쌀밥을 한 그릇씩 배급받고는 매운탕을 떠먹기 시작했다. 예전 같으면 무, 파, 마늘이 듬뿍 든 뻘건 민물고기 매운탕에 손도 안 댔을 터지만 음식에 민감한 파키스탄 인들까지 맛있다고 먹는데 혼자 안 먹기가 분위기상 좀 그래서 한술 떠 보았다.

이슬람 계율에 의해 먹는 것이 많이 제한되어 있는 파키스탄 인들은 돼지고기를 비롯해 손도 대지 않는 음식들이 많다. 물론 교회에 출석하면서 그 계율을 무조건 신봉하지는 않았지만 어릴 적부터 안 먹던 것을 갑자기 먹기는 힘들어서 파키스탄 인들은 보통 심하게 음식을 가렸다. 하지만 비늘과 시느러미가 달린 물고기는 금지 항목에서 제외되어 있으므로 먹을 수 있다고 했다. 그들이 열심히 먹는 모습에 나도 용기를 내어 조금씩 매운탕을 떠먹어 보았다. 이럴 수가……. 민물고기라서 비릿할 줄 알았는데 전혀 그렇지 않았다. 아무리 시장이 반찬이라도 이것은 분명 굉장한 맛이었다.

모두 매운탕에 하얀 쌀밥을 몇 그릇씩 비우고 난 후 모래사장에 누워 편하게 휴식을 취했다. 하지만 나는 가만히 누워 있을 수가 없었다. 조금 전까지 손바닥에 전해지던 물고기의 퍼덕임을 잊을 수가 없었기 때문이다. 나는 홀로 강에 들어가 이제 꽤 손에 익은 견짓대 바늘을 다시 물에 흘려보냈다.

한동안 입질이 없어서 위치를 바꾸어 보았다. 아무래도 수심이 좀 깊은 곳에서 뭔가 큰 것이 나올 것 같았다. 나는 조금씩 강 가운데로 걸어 들어갔다. 어느새 물은 허리 이상 올라왔고 물살이 꽤 세다는 느낌도 들었다. 좀더 버텨 보다가 불안한 마음에 다시 얕은 곳으로 가려고 발걸음을 옮기려다 갑자기 발바닥이 돌을 밟고 미끄덩했다. 그 순간 나는 균형을 잃고 그대로 물속에 드러눕고 말았다.

옷 속으로 마구 스며드는 물살 때문에 몸을 일으키기 힘들었다. 게다가 견짓대와 썰망을 손에 들고 있어서 나는 점점 더 깊은 곳으로 빨려 들어갔다. 결국 물살에 떠밀려 섬강 끝 지점까지 가자 남한강과 만나는 합수머리에서 물이 빙빙 돌기 시작했다. 겨우 발이 닿은 강바닥은 점점 더 경사가 심해져서 열심히 바닥을 긁어 올라가려 했지만 몸은 깊은 곳으로 더 빨려 들어갔다.

두려움이 엄습했다. 손에 든 것들을 다 버리고 수영을 시도해 보았지만 이미 내 몸은 빙빙 도는 물살을 견디지 못했다. 그러다가 어느 순간, 일어서도 발이 더 이상 바닥에 닿지 않는다는 것을 깨달았다. 형언할 수 없는 공포가 밀려들었다.

"사람 살려. 사람 살려. 으읍."

거센 물살 속에서 나는 물 밑으로 가라앉기 시작했다. 물 아래로 눈까지 가라앉으려 할 때 나는 온 힘을 다해 몸을 한번 솟구쳤다. 멀리 모래사장 위로 희미하게 교회 사람들의 형체가 보였다. 그들을 향해 살려 달라고 소리를 지르려 했으나 내 입은 어느새 강물을 꿀꺽 삼키고 다시 물속으로 가라앉았다. 숨쉬려 할 때마다 입과 코로 마구 들어오는 물. 말로 표현하기 힘든 고통과 절망이었다. 마침내 호흡이 불가능한 상태가 되자 내 머리는 바쁘게 뭔가를 계산했다.

'내가 과연 살 수 있을까? 아니면 이대로 죽는 걸까?'

이 문제를 놓고 한참 회전하던 머리가 어느 순간 덜컥 이런 결론을 내놓았다.

'틀렸다. 이제 끝이다.'

그러자 신비하게도 그 짧은 시간에 갑자기 내 모든 과거가 영화 필름이 돌아가듯 지나가기 시작한 것이었다. 시간 개념은 이미 사라진 듯했다. 모든 장면들은 영화 〈매트릭스〉의 플로우-모션 영상처럼 느긋하고 생생했다.

먼저 어린 시절의 시시콜콜한 일들이 지나갔다. 중·고등학생 시절도 지나갔다. 그러다가 대학에 입학하고 난 뒤의 기억들이 나타났을 때 내 마음은 오그라들었다. 그럭저럭 순진했고 책과 음악을 좋아하던 내가 이른이 되고 지유를 얻은 후 저질러 온 일들이 끔찍한 느낌과 함께 지나갔다. 나도 모르게 빠져 든 육체의 쾌락에 정신을 잃고 살아왔던 시간들……

카사노바 같던 내가, 그동안 사귄 수많은 여자들이 죽 나타났다. 여자들 대부분이 나처럼 개차반인 날라리이긴 했다. 사실 서로 목적이 뻔한 날라리끼리는 별로 뒤탈이 없었다. 새로운 상대와 몸을 섞기 위한 짐승 같은 의도만 있을 뿐이었다. 하지만 개

중에는 어처구니없게도 진심으로 나를 좋아하여 상처를 입은 여자들도 있었다. 작년 초, "애비 없는 자식 낳아서 혼자 잘 키워 봐"라고 한 내 매정한 말에 낙태 수술을 받긴 했지만 결국 자살까지 시도한 소영의 우는 얼굴이 스쳐 지나갔다.

한참 동안 여자들의 얼굴이 지나간 뒤, 이번에는 갑자기 크라운 미팅 장면들이 나타났다. 어둑한 구석마다 마약에 취한 놈들이 누워 뒹굴고, 나는 폭력적이고 엽기적인 무대를 향해 미친놈처럼 광분하며 술잔을 들고 괴성을 질러댔다. 숨을 쉬지 못하는 육신의 고통이 어느새 터질 듯한 영혼의 고통으로 변해 가고 있었다.

다음에는 할아버지의 얼굴이 떠올랐다. 병실에서 죽기 직전, 할아버지는 침대 아래로 간호사에게 음흉한 손길을 뻗치고 있었다. 곧이어 아버지의 얼굴도 떠올랐다. 젊은 날, 250여 명이나 사기를 치고 그것을 능력이라고 자랑하던 모습. 모두 추했다. 하지만 나 또한 그 나물에 그 밥. 그들과 하나도 다를 바 없었다. 울컥 눈물이 솟았다. 그런데 내 눈물 몇 방울이 이 망망한 강물에 섞인들 무슨 표시라도 날까? 그 순간 나도 모르게 이런 외침이 튀어나왔다.

"예수님, 저를 용서해 주세요."

아득히 먼 곳에서 나를 부르는 소리가 들렸다. 하지만 대답을 할 수가 없었다. 분명히 물속은 아닌 것 같은데 가슴이 쇠사슬로 둘러싸인 듯 답답했다. 다시 내 이름을 부르는 소리가 들리는가 싶더니 이번에는 뭔가 뜨거운 호흡이 가슴속으로 밀려들어 왔다. 그 뜨거운 숨결은 몇 차례 더 내 몸속을 들락거리며 옥죄인

가슴을 때리더니 어느 순간 가슴이 펑 하고 시원하게 뚫렸다.

호흡이 가능해지자 바깥세상이 서서히 열리기 시작했다. 나는 눈을 힘겹게 치켜떴다. 내 눈앞에 펼쳐진 하늘이 파랗다. 하늘나라에 또 하늘이 있는 것일까? 아니면 지옥이라서 멀리 하늘이 올려다보이는 것일까? 하지만 곧이어 내가 따뜻한 강변 모래 위에 누워 있다는 사실을 깨달았다. 고개를 돌려 보니 내 얼굴을 유심히 관찰하는 누군가의 얼굴이 보였다. 김성민 목사였다. 내 눈이 그와 마주친 순간, 그가 손뼉을 치며 말했다.

"할렐루야, 주님 감사합니다."

김성민 목사 곁에 선 은진과 민재 선배의 모습도 보였다. 둘 다 눈에 눈물이 그렁했다. 야쿱과 외국인 근로자들도 기쁨을 감추지 못했다. 물속에서 정신을 잃고 가라앉는 나를 발견하고 김성민 목사와 은진이 몸에 끈을 묶고 물살을 헤쳐 나를 건져 왔다고 했다. 조금 전에 느낀 뜨거운 호흡은 김성민 목사가 내 입을 열고 인공호흡을 시도한 것이었다. 그야말로 죽음의 문턱 직전에서 다시 살아난 것이었다.

사람들의 부축을 받고 비틀거리며 텐트에 들어간 나는 마른 옷으로 갈아입자마자 몰려오는 피곤에 그만 그대로 누워 산들고 말았다. 얼마나 잤을까? 잠에서 깨어나 텐트에서 나오니 주변은 이미 어두웠다. 모두 모닥불 주위에 앉아 캠프파이어 겸 예배를 드리고 있었다. 모닥불 곁으로 걸어가자 모두 박수를 치며 나를 환영했다. 모닥불이 거의 꺼져 갈 무렵까지 이야기를 나누던 사람들은 마침내 하나 둘씩 텐트로 돌아가 잠이 들었다.

하지만 나는 이미 긴 낮잠을 잔 탓에 강가에 앉아 밤하늘을 바라보았다. 좀 떨어진 강가에서는 은진이 작은 낚시 의자에 앉아 기타를 퉁기며 노래하고 있었다. 내 인생에 저토록 많은 별을 본 적이 있었던가? 사진에서만 보던 북두칠성이 하늘에 국자 모양으로 선명히 빛나고 있었다. 그 사이로 유성이 몇 개 깜박깜박 빛나더니 꼬리를 남기고 사라졌다. 난생처음 유성을 본 나는 깜짝 놀라 은진에게 외쳤다.

"우와, 저거 봐 별똥별이다. 별똥별."

그러자 주변에서 갑자기 굵직한 음성이 들렸다.

"하하하, 이 사람. 기어이 서울 촌놈 티를 내는구먼."

고개를 돌려 보니 김성민 목사가 커피 두 잔을 들고 와서 한잔을 내밀고 있었다. 향긋한 커피 향기가 코에 훅 들어왔다. 잔을 받아 들면서 내가 말했다.

"목사님. 많이 놀라셨죠? 멋대로 깊은 물에 들어가서 죄송합니다. 구해 주셔서 고맙습니다."

김성민 목사는 웃으며 손사래를 치면서 내 곁에 앉았다. 우리는 한동안 은진의 고운 노래를 들으며 말없이 밤하늘을 바라보았다. 한참을 그렇게 앉아 있다가 마침내 김성민 목사가 입을 열었다.

"어릴 때, 우리 은진이가 고생을 참 많이 했지."

고개를 돌려 그의 얼굴을 보니 그 깊은 눈빛은 어느새 추억에 젖어 있었다.

"혼혈에다가 엄마까지 없다고 동네에서, 학교에서 애들이 많이 괴롭혔어. 하지만 저렇게 잘 자라 줘서 고마울 뿐이야."

나는 뭐라고 맞장구를 치기 곤란해서 그저 고개만 끄덕였다.

그러자 김성민 목사는 갑자기 뭔가를 내게 쑥 내밀었다.

"이건 아마도 자네가 헌금한 것 같은데 맞는가?"

흰 봉투였다. 잠시 망설이다가 고개를 끄덕였다. 김성민 목사는 계속 말을 이었다.

"이 헌금은 순수하게 하나님께 드린 건가? 아니면 뭔가 다른 의미가 담긴 건가?"

내가 머뭇거리자 김성민 목사는 그 돈을 내 앞에 놓으면서 말했다.

"집어 넣게. 내 생각에 이 헌금은 하나님께 바친 거라기보다는 자네 양심을 조금이라도 완화하기 위해 드린 것 같네. 그렇다면 도로 넣어 두게. 하나님께서는 순수한 마음으로 드리는 헌금만 받는 분이셔."

그의 말이 옳았다. 나는 김성민 목사의 《성도일기》를 읽은 이후로 왠지 모를 양심의 가책에 시달려 왔다. 비록 내 아버지가 저지른 일이었지만 김성민 목사의 인생에서 가장 비참하고 고통스러웠을 순간에 그의 피 같은 돈을 사기 친 아버지가 너무 부끄러웠다.

그렇다고 병원에 입원한 아버지를 찾아가 이 문제를 따질 수는 없었다. 행여 아버지가 사람을 써서 김성민 목사에게 또 다른 해코지를 할지도 모를 일이기 때문이었다. 대신에 나는 내 통장에 비상용으로 입금되어 있던 3천만 원을 찾아서 모두 교회에 헌금으로 드렸다. 그래야 마음이 편할 것 같았다. 물론 헌금 봉투에 내 이름을 쓰지 않았다. 하지만 가난한 사람들만 바글대는 교회에서 그런 큰돈을 바칠 만한 사람이 누구일지는 어쩌면 뻔한 일이었다.

문제는 다른 데 있었다. 내가 양심의 가책으로 그 돈을 드렸다는 사실을 김성민 목사가 짐작한다는 것이었다. 그것은 젊은 시절 우리 아버지와 김성민 목사 사이에 있었던 사건을 내가 알고 있음도 눈치 챘다는 의미다. 그렇다면 쟈므드가 훔쳐 간 《성도일기》를 내 마음대로 가져간 사실 또한 이미 알고 있음이 분명했다.

하긴 그것도 당연한 일이었다. 도둑맞은 다른 물건들은 다 찾았는데 《성도일기》만 돌아오지 않았다는 것도 우습기 때문이었다. 나는 김성민 목사에게 《성도일기》를 가져갔다는 사실부터 털어놓아야 할 상황이었다. 하지만 무슨 말부터 꺼내야 할지 망설여졌다. 그냥 실토하기에는 이상하고 궁금한 것들이 너무 많았기 때문이다. 아직 읽어 보지 않은 김청헌 할아버지의 《성도일기》가 도대체 왜 김성민 목사에게 있는지, 왜 김성민 목사의 일기장 제목도 동일한 '성도일기'인지, 그리고 김길민이라는 인물은 도대체 누구인지 등등.

복잡한 심경 속에 우물쭈물하는 나를 보면서 김성민 목사가 조금 정색을 하고 말을 이었다.

"자네, 다음이 궁금하지 않나?"

내가 놀란 토끼처럼 번쩍 고개를 들자 그가 말했다.

"다음 이야기가 궁금하지 않느냐고. 은진이 엄마가 어떻게 다시 한국에 돌아와서 지금 우리와 같이 살고 있는지 말이야."

나는 결국 울지도 웃지도 못할 표정을 지을 수밖에 없었다. 내 표정을 보면서 그가 웃었다.

"그런 표정 지을 것 없네. 자네가 내 일기장을 가지고 갔다는
건 이미 알고 있으니까."

김성민 목사는 남은 커피를 마저 쭉 마시더니 말을 이어 갔다.

"내가 가지고 있던 일기장이 이렇게 우연히 자네 손에 들어간
것을 보면 분명 하나님의 숨겨진 계획이 진행되고 있다는 증거
야. 어떻게 보면 참 신기한 일이지."

그러면서 그는 이야기를 천천히 시작했다.

이반물류를 통해 사기를 당하긴 했지만 성민에게는 한 가지 남
은 것이 있었다. 엉겁결에 할부로 떠안은 작은 승합 밴이었다. 돈
이 쪼들려서 처음에는 그 차를 팔려고 했다. 그러나 이미 단종된
차종이고 중고차라 남은 할부금 총액보다 더 싼 값을 받을 수밖에
없다는 사실을 알았다.

성민은 할 수 없이 차를 가지고 할 만한 일을 찾아다니다가 다행
히 꽃이나 생일 케이크 등을 배달하는 일에 뛰어들 수 있었다. 그
후 성민은 은진을 옆에 태우고 하루 종일 배달 일을 했다. 한 번 배
달에 크기가 작은 것은 3천 원, 장례식 3단 화단처럼 큰 것은 5천
원을 받으며 일했는데, 밤에 집에 돌아오면 꼬깃꼬깃한 천 원짜리
가 주머니에 수북했다.

하지만 일이 갈수록 뜸해지는 통에 수입이 줄자, 성민은 이번에
는 정보지 돌리는 일로 업종을 바꾸었다. 새벽 4시 30분에 정보지
회사로 가서 약 1,250부의 생활 정보 신문을 받아 가지고 거리마

다 십 미터 간격으로 놓인 통 420개에 정보지를 나눠 꽂는 일이었다. 때로 비가 오는 날이면 정보지마다 비닐을 씌워야 했고 손이 모자라서 우산을 들 수 없었기 때문에 비를 흠뻑 맞아야만 했다.

그러다가 은진이 초등학교에 입학했다. 성민은 배달 중간에 잠깐씩 집에 들러 은진을 학교에 보내고 다시 일을 마저 했다. 하지만 그렇게 해서 받는 월급 60만 원으로 당장 매달 20만 원씩 나가는 차 할부와 그 밖의 빚들을 갚아 나가고 생활비까지 충당하기에는 턱없이 부족했다.

그래서 성민은 오후 1시쯤 집에 돌아오면 옷을 갈아입고 입시 학원 영어 강사로 출근했다. 그러다 보니 은진을 돌볼 수 있는 시간이 거의 없었다. 사실 혼혈로 태어난 은진이 혼자 헤쳐 가야 할 세상이라는 정글은 험악했다. 피부색이 다르다고 놀리는 아이들 때문이었다. 아니 애들뿐만이 아니었다. 아이들과 좀 친해질라 치면 어른들이 더 매정하게 은진과 자기 자식을 떼어 놓곤 했다. 그 모든 것에도 불구하고 다행히 은진은 꿋꿋하고 똑똑하게 자라 주었다. 공부, 운동, 예능 등 다방면에 재주가 뛰어났고 성격도 좋아서 어떤 일에도 주눅 들지 않고 씩씩하고 명랑했다. 성민에게는 그것이 가장 고마운 일이었다.

그러던 어느 날이었다. 학원 일을 마치고 밤늦게 집에 돌아온 성민은 집 앞에서 자기를 기다리는 누군가를 만났다. 반갑게 뛰어온 사람은 철원이었다. 전도사 시절, 교회 장로에게 공장 직원들의 고충을 전했다가 쫓겨난 이후 부천의 공장 생활과 푸른교회를 세우는 과정에 늘 성민과 함께한 철원이 기어이 찾아온 것이었다.

아무에게도 가는 곳을 알리지 않고 떠났는데 어떻게 사는 곳을 알았는지 모를 일이었다. 그러나 철원은, 성민이 목회 현장을 떠나 온 이후 유일하게 그를 찾아와 준 반가운 사람이었다. 몸 돌릴 틈도 제대로 없는 작은 방이었지만 한구석에 은진을 눕히고, 돼지비계를 숭숭 넣고 끓인 김치찌개에 막걸리 잔을 마주하고 앉자 비로소 철원이 한스러운 목소리로 입을 열었다.

"목사님, 아니 형님. 어찌 그리 매정하게 떠나 버리셨습니까?"

그렇게 열린 철원의 입에서는 성민이 떠난 이후의 푸른교회 소식들이 흘러나왔다. 성민이 사임하고 떠나자 부자 교인들은 곧바로 새 목사를 초빙해 왔고, 새 목사는 오자마자 교회 이름이 푸른교회가 뭐냐면서 거창한 이름으로 바꾸었다고 했다. 그 이후로 교회 안의 가난한 사람들은 대부분 교회를 떠났는데, 그러자 신기하게도 교회가 크게 부흥하기 시작했단다. 그리고 교회는 마침내 신도시에 부지를 사서 큰 교회당을 건축해 이사를 갔단다. 거기까지 말을 한 뒤 사발에 담긴 막걸리를 죽 들이켠 철원은 찌개 속에서 김이 모락모락 오르는 돼지비계 한 조각을 건져 내 씹으면서 다시 말을 이었다.

"그래도 저만은 끝까지 남아 푸른교회를 지키려고 했는데 아무래도 분위기에 적응이 잘 안 되더군요. 결국 교회가 신도시로 이사할 때 나오고 말았습니다. 하지만 마지막까지 교회에 남아 있기를 잘했던 것 같아요. 형님께 드릴 기막힌 선물을 가져왔으니까요."

철원은 주머니에서 쪽지 하나를 꺼내 내밀었다. 어딘가의 전화번호였다. 철원은 벌건 얼굴로 의기양양하게 그것이 야스민 사모의 연락처라고 했다. 성민이 교회를 떠난 후, 다시는 연락하지 않겠다던 야스민에게서 전화가 왔는데 요행히 그것을 철원이 받았다는 것이다. 철원이 건넨 전화번호는 ‘44’로 시작되었다. 파키스탄의 국제 전화번호는 ‘92’로 시작된다.

‘44라니……. 그렇다면 야스민은 지금 파키스탄이 아닌 다른 곳에 있단 말인가.’

그날 밤, 철원과 은진이 잠든 사이 성민은 떨리는 마음으로 전화 다이얼을 돌렸다. 신호가 한참 울리고 나서야 누군가 전화를 받았다. 중동 쪽 사람들이 잘 사용하는 ‘르’ 발음이 많이 들어간 영어로 전화를 받은 여인은 야스민의 친구라 했다. 야스민이 돌아오려면 아직 몇 시간 더 있어야 한다는 그녀에게 성민은 거기가 어디인지 물었다. 그곳은 영국이었다.

전화기 앞에서 노심초사 두 시간을 더 기다린 성민은 마침내 야스민의 목소리를 들을 수 있었다. 성민의 목소리를 듣자마자 야스민은 울음을 터뜨렸다. 한동안 울먹이던 그녀의 목소리가 진정되자 성민은 그녀에게 왜 영국에 있는 것인지 물었다. 그녀는 성민에게 자초지종을 말하기 시작했다.

파키스탄에 돌아간 야스민은 여전히 사촌 오빠와 결혼해야 할 운명이었다. 하지만 그녀가 한국에서 손목을 잃었고 더군다나 결혼하여 아기까지 낳았다는 사실이 알려지자 집안 식구들의 분노는 대단했다. 이교도와 결혼하고 아기까지 낳은 그녀를 용서할 수 없다며 사촌 오빠를 비롯한 남자 형제들 모두 펄펄 뛰었다. 집안 위신을 실추시킨 그녀를 죽여야 한다고까지 했다. 이른바 명예살인이었다.

다행히 어릴 때부터 야스민을 아끼던 친할머니 덕분에 죽음의 위기는 넘길 수 있었다. 하지만 무서운 징벌의 매를 맞고 야스민은 한동안 집에서 근신해야만 했다. 그 후 어느 정도 활동할 수 있는 자유를 얻었을 때 그녀는 또다시 위험한 선택을 하고 말았다. 어느 날 시장에서 돌아오던 그녀는 옛 마을 친구를 하나 만났다. 어린 시절부터 용감하고 당찼던 그 친구는 영국으로 유학을 나갔다가 기독교를 받아들이고 돌아온 뒤, 비밀리에 지하교회를 이끌면서 여성 인권 운동을 주도하는 여성운동가가 되어 있었다.

한국에서 이미 목사 아내로 활동한 야스민은 이 지하교회 모임에 참석하기 시작했다. 소리도 제대로 내지 못하고 지하실에서 몰래 드리는 예배였지만 잊고 있던 예수의 말씀은 그녀에게 큰 위로를 주었다. 한국에서 모욕과 무시를 당하긴 했지만 야스민에게 가장 행복했던 시절은 사랑하는 남편 성민, 아들 은진과 함께 교회에서 생활했을 때였다. 그 시간은 그리워 돌아가고픈 고향 같은 것이었다.

하지만 그녀의 신앙생활은 오래가지 못했다. 누군가의 제보로 비밀 기독교 집회에 대한 소문이 난 것이었다. 어느 날 갑자기 지하교회로 들이닥친 자칭 이슬람 종교 수호단에게 야스민은 체포되고 말았다. 집회의 리더였던 친구는 그 자리에 없었다. 체포된 야스민은 가혹한 고문을 받았지만, 다음 날 일단 가족의 손에 넘겨졌다. 그녀 가문의 실추된 명예를 회복할 마지막 기회를 주기 위해서였다. 야스민의 가족은 집안의 명예를 위하여 그녀를 죽여야 한다는 결론을 내리고, 처형하기 전날 밤에 그녀를 다락에 묶어서 감금해 놓았다.

그날 이른 새벽, 야스민의 할머니는 꽁꽁 묶인 그녀의 몸과 발을 풀어 주며 뒷문으로 도망가게 해 주었다. 자신이 평생 모아 온 지

폐 뭉치를 야스민의 주머니에 찔러 넣어 주면서. 그렇게 야스민은 집을 탈출하였고, 다행히 체포되지 않은 친구를 비밀리에 만나서 급히 영국행 밀항선에 몸을 실었다.

물론 야스민은 이미 한국인과 결혼해 2년 이상 한국에 주소지를 가지고 살았기 때문에 한국 국적을 취득하고 있었다. 하지만 한국을 떠나올 때 여권이나 증명이 될 만한 자료를 아무것도 갖추지 못한 채 파키스탄으로 돌아갔기에 정식 경로를 통해서는 외국에 나갈 형편이 못 되었다. 따라서 영국에서도 불법 입국한 상태였고 행동이 자유롭지 못했다. 그런 상황에서 야스민은 성민에게로 다시 돌아갈 결심을 하고 푸른교회로 전화를 한 것이었다.

야스민은 은진이 너무 보고 싶다고 하면서 자기를 한국으로 데려가 달라고 말했다. 반드시 그러겠다고 약속한 성민은 일단 영국에 사는 신학 대학 동문들을 찾기 시작했다. 다행히 그녀가 있는 맨체스터 부근에서 유학 중인 후배 한 명의 연락처를 구할 수 있었다. 후배에게 전화를 걸어 사정을 이야기하고는 야스민의 여권과 국적 증명서를 보낼 테니 꼭 좀 전해 달라고 했다. 고맙게도 후배는 성민이 부탁한 이상으로 힘써 주었다. 한국 대사관과 한인교회들까지 뛰어다니면서 야스민의 귀국을 적극 도와준 것이었다.

마침내 6개월 뒤, 야스민은 한국으로 무사히 돌아올 수 있었다. 세 식구가 다시 한자리에 모였을 때 그들의 기쁨은 말로 표현할 수 없을 만큼 컸다. 특히 교회에서 당한 고통이 너무 컸던 야스민은 성민이 교회를 사임한 것을 오히려 기뻐했다.

야스민이 돌아온 이후로 성민은 더 열심히 돈을 벌어야만 했다. 사기당한 돈 이외에도 야스민의 입국을 위해 또 많은 돈을 빚졌기 때문이다. 하지만 다시 뭉친 세 식구가 느끼는 행복에 비하면 가난은 문제도 아니었다. 성민은 열심히 뛰었고 마침내 꽤 넓은 시골 건물을 임대하여 정식으로 자그마한 학원까지 열게 되었다. 그리고 2년의 세월이 더 흘러 어느덧 1996년, 강원도로 떠나온 지 거의 8년째 되는 어느 날이었다. 그날도 여느 때처럼 학원에서 업무를 보는데 학생들이 교무실로 달려와서 성민에게 말했다.

"원장님, 어떤 외국인들이 찾아왔어요."

곧이어 한눈에도 파키스탄 인들로 보이는 사람 두 명이 교무실로 들어왔다. 소파에 앉히고 냉장고에서 음료수 캔을 꺼내 하나씩 권하자 그들은 비로소 자기들의 이야기를 시작했다.

1990년대에 한국에는 외국인 노동자들이 엄청나게 들어왔다. 하지만 돈을 벌겠다는 코리안 드림을 품고 밀입국한 외국인들 상당수는 기대와 달리 쓰라린 경험들을 해야만 했다. 성민을 찾아온 두 사람도 마찬가지였다. 경기도 안산의 어느 공장에서 일하던 그들은 입사할 때 한 약속보다 훨씬 더 많은 노동 시간에 제때 지급되지 않는 월급 때문에 사장에게 정식으로 항의를 하였다. 그러자 사장은 그들을 불법 체류자로 이민국에 신고해 버렸다. 결국 자기들을 잡으러 온 이민국 형사들을 보고 죽을힘을 다해 도망 친 그들은 어찌어찌 부천에서 노동운동에 관여하고 있던 철원을 만나게 되었다. 그리고 철원의 소개로 좀더 안전한 강원도로 찾아온 것이다.

사실 대부분의 외국인 근로자들은 수배를 받으면서도 고국에 돌아갈 생각을 거의 하지 않는다. 가족을 고국에 두고 한국까지 올 작정을 했을 때에는 반드시 돈을 벌어 가겠다는 독한 결심이 있었기 때문이었다. 성민이 철원과 통화를 해 보니 보통 한두 달 지나면 조용해지니 그때까지만 그들을 부탁한다고 했다.

성민은 학원용 창고로 사용하던 옥상의 옥탑방을 그들에게 내주었다. 이후로 성민의 학원 옥상은 서울 지역에서 수배당한 외국인 근로자들의 도피처가 되었다. 서울에서 고속버스로 한 시간 조금 넘는 가까운 거리인데다가 한적한 시골이기에 도피처로는 안성맞춤이었다. 더군다나 주말이면 도피 중인 친구들을 만나러 오는 파키스탄 인들까지 합치면 상당수의 외국인 근로자들이 성민의 학원에 들락거렸다.

이렇게 되자 성민은 본의 아니게 다시 성경 가르치는 일을 시작하였다. 그들과 함께 식사를 하면서 자연스럽게 성경을 배워 볼 의향이 있는지 물었고, 의외로 그들이 환영해서 학원이 쉬는 토요일과 일요일에 한 시간씩 예배 겸 성경공부를 시작하게 되었다. 예상외로 이 성경공부는 파키스탄 근로자들에게 아주 효과적이었다. 성민의 말을 파키스탄 말로 능숙하게 통역할 수 있는 야스민이 있었기 때문이다.

그렇게 약 3년 동안 꽤 많은 파키스탄 인들이 성민의 학원을 거쳐 가며 기독교로 개종하고 세례를 받았다. 물론 쉬운 과정이 아니었다. 외국인들은 성경을 배우는 일은 즐거워했으나 세례를 받고 개종하는 일은 무척 망설였다. 날 때부터 이슬람 교인인 그들로서는 죽음까지도 각오해야 할 결단이었기 때문이다. 하지만 성민과 야스민의 친절한 보살핌과 알아들을 수 있는 성경공부는 점차 그들을 감동시켰고 마침내 하나 둘씩 세례를 받기 시작했다.

엄밀하게 따지자면 이것은 놀라운 사건이었다. 당시나 지금이나 전문적인 기독교 선교사가 명예살인까지 자행되는 파키스탄에서 현지인들에게 직접 복음을 전한다는 것은 거의 불가능한 일이다. 하지만 그 불가능이 한국의 강원도 땅에 있는 성민의 학원에서 가능으로 바뀌고 있었다. 3년 동안 거의 삼십여 명의 파키스탄 인들이 개종을 하였으니 말이다.

이렇게 되자 서서히 성민에게 어떤 요청이 들어오기 시작했다. 김성민 목사에게 세례를 받고 다시 부천으로 돌아간 외국인 근로자들이 성민에게 부천으로 와서 교회를 열어 줄 것을 요청한 것이었다. 세례는 받았지만 마땅히 다닐 교회가 없었기 때문이다. 한동안 망설이던 성민도 철원에게 전화를 하여 한번 적당한 건물을 알아보라고 했다.

얼마 뒤 철원에게서 신기한 소식이 왔다. 11년 전, 성민이 떠났던 푸른교회 자리가 지금 비어 있다는 소식이었다. 게다가 건물 주인도 김성민 목사가 온다면 싼 값에 건물을 임대해 주겠다고 말했단다. 예전에 푸른교회에서는 예배가 없는 날이면 의자들을 양쪽 구석으로 죽 밀어 놓은 후 접이식 탁구대를 펼쳐 놓고 탁구를 치곤 했다. 그런데 아마도 한때 탁구 선수였던 건물 주인에겐 예배당에 초청받아 몇 번 같이 운동을 했던 기억이 좋은 인상으로 남았던 모양이었다.

1999년 10월, 말세가 온다고 외치는 이단들 때문에 온 나라가 시끄럽던 때에 성민은 강원도의 모든 일을 정리하고 야스민과 고등학생인 은진을 힘써 설득해 다시 부천으로 돌아왔다. 처음 떠나올 때와 마찬가지로 한 치의 망설임도 없이.

강가에서 기타를 치던 은진도 어느새 다가와 자기 아버지의 이야기에 귀를 기울이고 있었다. 김성민 목사는 곁에 앉은 아들의 기타를 한번 드르릉 훑더니 이렇게 말했다.

"어느 날 우연히 경제 잡지에 난 자네 아버지의 사진을 보다가 마태그룹 김만걸 회장이 예전의 김혁 과장이라는 사실을 알았네. 내가 어찌 그 얼굴을 잊어버리겠나. 하지만 너무 미안해하지는 말게. 젊은 시절 자네 아버지에게 사기당한 것이 내겐 정말 큰 유익이 되었네. 그 세월 동안 배운 것이 너무나 많았거든. 무엇보다 푸른교회가 다시 세워져서 지금 우리 식구와 교회 식구들 모두 다 행복하니 얼마나 감사한 일인가."

김성민 목사가 말을 마치자 가만히 듣고 있던 은진이 입을 열었다.

"하지만 아버지. 저는 아직도 풀리지 않는 의문이 하나 있어요."

김성민 목사가 은진을 보며 말했다.

"뭔데?"

"제가 민훈이 차에 치었을 때 아버지가 하신 말씀이 잘 이해가 안 가요. 아버진 민훈이네 할아버지 할머니가 연달아 돌아가시고 그 집안 식구 모두가 입원한 것이 어쩌면 고린도전서 11장 사건과 연관 있을 거라고 하셨잖아요. 하지만 고린도전서 11장에 나오는 사건은 아버지가 사기당한 일과 거리가 멀지 않나요? 그 사건은 분명 교회 안에서 성도들 간에 일어난 일인데 아버지와 민훈이 아버지와의 일은 교회에서 맺어진 것이 아니잖아요? 아마 민훈이도 이 부분이 참 궁금할 거라고 생각해요."

은진의 말이 옳았다. 우연히 은진을 차로 친 이후, 나는 내 조상들의 숨겨진 사연들을 알았고 더 나아가 쟈므드의 짐 속에서 김성민 목사와 우리 아버지 사이에 젊은 날에 악연이 있었다는 사실도 알았다. 하지만 그것은 고린도전서 11장의 상황과는 거리가 먼 것이었다.

은진네 집안과 내가 이처럼 만나게 된 상황은 신기했다. 그러나 내 아버지는 단순히 모르는 사람에게 사기를 쳤을 뿐 고린도전서 11장에 나오는 것처럼 친분이 있는 교우로서 은진의 아버지를 괴롭힌 것은 아니었다. 따라서 우리 집안에 일어난 불운들이 성경과 직접적인 관련이 있다고 말하기에는 뭔가 부족했다.

게다가 더 중요한 수수께끼가 남아 있었다. 내 조상 김청헌 할아버지의 《성도일기》가 어떻게 김성민 목사의 손에 있는가 하는 문제였다. 며칠 전, 은진에게 슬쩍 물었을 때 은진은 뚝도 별장에서 어떤 책도 가져온 적이 없다고 분명히 말했다. 나는 기어이 김성민 목사에게 물었다.

"도대체 왜 김청헌 할아버지의 《성도일기》가 목사님께 있는 거죠? 무슨 사연이 더 숨겨 있는지 제게 말씀해 주세요."

김성민 목사는 침을 한번 꿀꺽 삼키더니 말했다.

"자네 쟈므드의 짐에서 가져간 일기들을 아직 다 읽어 보진 않은 모양이지?"

"네. 한문이로 된 것들은 읽기 어려워서 목사님 일기만 먼저 봤습니다. 하지만 솔직히 말씀드려서 집에 돌아가면 읽어 보려고 한문 잘하는 사람 한 명을 물색해 놓은 상태입니다. 참, 또 한 가지 궁금한 게 있어요. 도대체 김길민이라는 사람은 누굽니까? 일기 내용대로라면 분명히 내 조상이신 것 같은데 혹시 목사님은 그분을 아세요?"

김성민 목사의 얼굴에 잠시 갈등하는 빛이 스치고 지나가는 듯했다. 하늘을 한번 우러러 보고는 다시 나를 보며 단호한 목소리로 내게 말했다.

"자네 나랑 약속 한 가지 해 줄 수 있나?"

그의 연륜 깊은 흰 귀밑머리를 보면서 나는 고개를 끄덕였다.

"이 자리에서 모든 것을 다 설명 할 수는 없네. 하지만 언젠가 시간이 되면 자초지종을 알게 될 날이 올 거야. 그러니 자네가 가져간 《성도일기》들은 더 이상 읽지 말고 일단 내게 돌려주게. 그건 지금 자네에게 필요 없는 것이고 내가 가지고 있어야 하는 것이 맞네."

나는 그의 말에 더욱 궁금증이 솟아올랐다. 곁에 앉은 은진도 나보다 더 아는 것이 없는 듯 얼굴에 궁금한 빛이 가득했다. 하지만 김성민 목사는 엄한 얼굴로 또 한 번 단호하게 말했다.

"다시 말하지만 거기 써진 내용들은 자네가 읽지 않아도 될 내용들일세. 그러니 내일 서울로 올라가면 곧바로 돌려주게. 알겠지?"

그의 표정을 보면서 나는 결국 고개를 끄덕일 수밖에 없었다. 어쨌든 그의 물건을 내가 말없이 가져온 것은 틀림없는 사실이었으니까.

다음 날 아침 일찍 텐트를 걷고 흥원창을 출발했다. 부천에 도착하자 김성민 목사는 다른 사람들을 돌려보낸 후 야스민과 은진, 그리고 민재 형—어느 틈에 나도 은진처럼 그를 형이라 부르고 있었다—과 함께 웃으면서 교회 근처에 세워 놓았던 내 차에 올라탔다.

"허허. 미안하네. 아무래도 자네만 돌려보내면 분명히 머리 싸매고 책을 해독해 보려 할 것 같아서 말이야. 지금 자네 맘에 얼마나 호기심이 샘솟고 있을지 충분히 짐작할 수 있네. 하지만 언젠가는 알게 될 테니 너무 궁금해하지 말게나. 내가 노파심이 좀 심해서 그러는데 나하고 같이 자네 집에 좀 가세. 자네도 우리 교회 식구인데 심방도 할 겸 말이야. 덕분에 우리 식구도 고급 승용차로 서울 구경 한번 해 보는 것도 괜찮겠지. 하지만 집에 가면 일기장은 곧바로 내게 돌려주게나."

웃으며 말하는 김성민 목사를 보면서 어쩌면 일기장의 내용이 진짜 별것 아닐지도 모른다는 생각이 들었다. 그렇다면 왜 이리도 내용을 못 읽게 하는 것일까? 궁금한 마음은 끝도 없었지만 꾹 누르며 차를 출발했다. 서울로 가는 도중 나는 집으로 전화해서 주방 아줌마에게 손님을 모시고 가니 점심 식사를 준비해 달라고 부탁했다.

대문이 열리고 정원을 지나 앞마당에 차가 멈춰 섰다. 우리들이 내리자 집안일을 보던 사람들은 떨떠름한 표정을 지었다. 당연한 일이었다. 이런 허름한 사람들이 손님으로 온 적은 한 번도 없었기 때문이다. 낚시하던 복장 그대로인 김성민 목사는 그렇다 치고 혼혈아인 은진과 파키스탄 여인, 그리고 수염이 덥수룩한 민재 형까지 모두 우리 집에 안 어울리는 존재들로 보일 것이 뻔했다.

하지만 나는 그들을 정중히 인도하여 거실 소파에 앉히고 마실 것을 대접하게 하고 내 방으로 올라갔다. 막 옷을 갈아입는데 누군가 문을 두드렸다. 집안일을 총괄하는 손 기사였다. 문밖에서 선 채로 아래층을 흘깃 보면서 그는 낮은 목소리로 말했다.

"도련님, 저 사람들 누굽니까? 아무나 집안에 들인 걸 회장님이 아시면 난리가 납니다. 저 까만 놈은 도련님 차에 치었던 놈 같은데 저놈이 계속 도련님을 협박하는 겁니까?"

손 기사의 말에 나는 그를 노려보았다. 그가 아버지와 함께 김성민 목사를 비롯한 250여 명을 사기 쳤다는 사실이 새삼 생각났기 때문이다. 나는 손 기사에게 차갑게 말했다.

"내가 다니는 교회 목사님 가족이세요. 정중하게 모시도록 해요."

"예? 목사요? 아니 도련님 언제부터 교회를 다니셨습니까?"

"내가 손 기사 아저씨한테 그런 것까지 보고해야 하나요? 내려가서 주방 아주머니께 식사 준비나 잘해 달라고 말하세요."

손 기사를 내려 보낸 나는 책상 서랍을 열고 쟈므드 방에서 가져왔던 《성도일기》들을 꺼냈다. 실제로 이것을 해독하려고 한문을 전공하는 후배 한 명을 물색해 놓은 터였다. 어제 낚시 여행만 가지 않았어도 지금쯤 어느 정도 내용을 파악했을지도 모른다. 하지만 이미 돌려주기로 김성민 목사와 약속했으니 더 이상 내용을 알 수 없는 일이었다.

거실로 내려와서 그 책들을 내밀자 김성민 목사는 환하게 웃으면서 말했다.

"약속을 지켜 줘서 정말 고맙네."

김성민 목사는 책들을 자기 가방에 넣었다. 고개를 얼핏 들어 보니 창밖 정원에서 손 기사가 미심쩍은 눈으로 우리를 계속 관찰하고 있었다. 나는 개의치 않고 그들을 식당으로 인도했다. 이미 식탁에는 푸짐한 음식들이 준비되어 있었다. 민재 형이 환호를 지르며 말했다.

"오, 원더풀! 오랜만에 고급 음식 좀 먹어 보겠는 걸."

민재 형의 호들갑과 김성민 목사 가족이 식탁 의자에 앉는 모습을 주방 아주머니들도 못마땅하게 흘깃거렸다. 하지만 나는 아랑곳하지 않고 식탁에 앉아서 이렇게 말했다.

"목사님, 식사 기도를 해 주세요."

식사 후에 김성민 목사와 야스민은 집에 돌아가겠다고 일어섰다. 손 기사에게 그들을 태워 주라고 부탁하려 했으나 그들은 굳이 전철로 가겠다고 했다. 잠시 기다리라고 한 뒤 집 앞으로 택시를 불러 두 분을 부천까지 모셔 달라고 부탁했다. 두 사람이 떠난 후 나는 민재 형과 은진을 데리고 내 방으로 올라갔다. 은진과 민재 형은 방 곁에 붙은 스튜디오를 보고 깜짝 놀라는 눈치였다. 민재 형이 말했다.

"아, 민훈이 너도 음악 좋아하나 보지? 아따 재벌이 좋긴 좋구나. 이서 엄청 비싼 스피컨데. 우와 이 장비들 정말 끝내 주네. 방에 기막힌 스튜디오가 딸려 있구먼."

나는 벽에 붙어 있는 악기 장을 열었다. 고등학교 들어갈 무렵부터 트럼펫 소리에 반해서 열심히 모아 온 트럼펫들이 가득했다. 주로 빈센트 바하 회사 제품들로 B플랫, C조, E플랫, 행진용으로 쓰는 G트럼펫, 그리고 코넷, 플루겔 혼까지 종류별로 죽 걸어 놓았다. 물론 또 다른 악기들도 있었다. 특히 학교에서 은진의 기타를 부순 뒤에 대신 로그기타의 PTL OM을 사 주었는데 메이플 나뭇결이 그대로 살아 있는 무늬가 마음에 들어서 내 것으로도 하나 더 사 놓았다. 로그기타를 선택한 것은 우연이었다. 은진에게 무슨 기타를 사 줄까 고민하다가 인터넷에서 록 가수인 윤도현이 로그기타를 치며 노래하는 동영상을 보았기 때문이다. 국산 악기치고 소리가 까랑까랑한 것이 듣기 좋아 골랐다. 그런데 알고 보니 '로그'(LOG)라는 말이 'Lips of God'의 줄임말로, 주로 기독교 음악 반주용 기타를 만드는 회사였다. 물론 은진도 PTL OM을 무척 마음에 들어 했다.

나는 기타를 꺼내 은진에게 주고 스피커에 잭을 연결했다. 은진은 천천히 기타를 조율하기 시작했다. 나도 트럼펫을 꺼내 들고 오랜만에 마우스피스에 입술을 대 보았다. 좀 뿌여면서도 고운 소리가 흘러나오자 기분이 편안해졌다. 사실 한때 음대를 갈까 생각했을 만큼 음악과 트럼펫을 좋아했다. 꽤 오랫동안 전문 연주자에게 개인 교습을 받고 소질이 상당하다는 칭찬도 들었다. 하지만 아버지는 전문 연주자가 되고 싶다는 내 말에 펄쩍 뛰었고 단지 취미로만 음악 하는 것을 허락했다. 그래도 내 트럼펫 실력은 이미 아마추어를 넘어서 있었다.

입술을 적응시키면서 소리를 내 보다가 그대로 한 곡을 연주했다. 평소에 좋아하는 루이 암스트롱의 '왓 어 원더풀 월드'(What a Wonderful World)였다. 내 연주가 시작되자 금세 조를 찾아낸 은진의 기타가 합류했다. 역시 은진의 기타 솜씨는 대단해서 내 트럼펫 소리와 어우러진 하모니를 스피커로 뿜어냈다. 그런데 잠시 후 우리의 이중주에 정확하고 능숙한 드럼 소리가 튀지 않게 스며들었다. 감은 눈을 살짝 떠 보니 스튜디오 구석에 놓인 드럼에 민재 형이 앉아 스틱을 두드리고 있었다. 놀랍게도 민재 형의 드럼 실력 또한 보통이 아니었다.

한 곡이 끝나자 나는 기묘한 흥분을 느끼면서 캐비닛에 넣어 두었던 악보 모음집을 꺼내 각자의 보면대 위에 올려 주었다. 마이크 스위치와 녹음 스위치도 올렸다. 악보를 뒤적이던 은진이 에릭 클랩튼의 '홀리 마더'(Holy Mother)를 찾더니 자신이 어릴 때부터 좋아하던 노래라며 곧이어 슬로우 템포의 기타 전주를 시작했다. 이윽고 캠퍼스를 사로잡은 은진의 멋진 목소리가 마이크를 타고 흘러나왔다. 본래 이 노래는 성모 마리아에게 자신의 괴로움을 토로하는 애절한 가사를 담고 있다. 그런데 잘 들어 보니 은진은 '거룩한 어머니'(Holy Mother)라는 대목을 전부 '거룩한 아버지'(Holy Father)로 바꿔 부르고 있었다.

……

거룩한 아버지 나의 기도를 들으소서.

어쨌든 나는 당신이 거기 계심을 아옵니다.

부디 제게 마음의 평화를 내려 주소서

이 고통을 거두어 가 주소서

……

거룩한 아버지 내 눈물을 들으소서.

나는 당신의 이름을 수천 번이나 원망했습니다.

나는 내 영혼을 관통하는 괴로움을 느낍니다.

내게 필요한 모든 것은 오직 붙잡고 의지할 손입니다.
......

　다음 곡으로 빌리 홀리데이의 '아임 어 풀 투 원츄'(I'm a Fool to Want You)가 이어졌다. 은진의 노래도 기가 막혔지만 눈을 감고 스며드는 듯한 엇박자로 들릴 듯 말 듯 드럼을 연주하는 민재 형의 턱수염도 정말 보기 좋았다. 그날 우리는 늦도록 같이 음악을 연주하는 기쁨에 푹 빠졌다. 몇 해 전부터 여자들이나 울리고 크라운 미팅 같은 곳만 쫓아다니느라 한동안 잊고 살았던 음악을 좋은 친구들 덕에 다시 찾은 느낌이었다.
　얼마나 시간이 지났을까? 악보 모음집에 있는 곡들을 거의 다 연주하고 났을 때였다. 갑자기 민재 형이 묘한 드럼 장단을 치기 시작했다. 쿵따닥 쿵따라닥닥, 쿵따닥 쿵따라닥닥. 민요 리듬이었다. 은진은 고개를 돌려 민재 형을 보더니 씩 하고 웃었다. 그리고 캠퍼스에서 공연 마지막 때마다 부르는 노래를 불렀다. 민요 리듬에 맞추기가 힘들어서 나는 트럼펫을 내려놓고 귀에 익은 은진의 마지막 곡을 들었다. 드럼을 치는 민재 형이 가끔씩 얼쑤 얼쑤 하고 추임새를 넣었다. 어느새 나도 발로 장단을 맞추고 있었다.

　　　어화세상 벗님네야 이내말씀 들어보소
　　　집안에는 어른있고 나라에는 임금있네
　　　내몸에는 영혼있고 하늘에는 천주있네
　　　부모에게 효도하고 임금에는 충성하네

232

삼강오륜 지켜가자 천주공경 으뜸일세

이내몸은 죽어서도 영혼남아 무궁하리

인륜도덕 천주공경 영혼불멸 모르며는

살아서는 목석이요 죽어서는 지옥이라

천주있다 알고서도 불사공경 하지마소

알고서도 아니하면 죄만점점 쌓인다네

죄짓고서 두려운자 천주없다 시비마소

아비없는 자식봤나 양지없는 음지있나

임금용안 못뵈었다 나라백성 아니런가

천당지옥 가보았나 세상사람 시비마소

있는천당 모른선비 천당없다 어이아노

시비마소 천주공경 믿어보고 깨달으면

영원무궁 영광일세 영원무궁 영광일세

　저녁까지 다 먹은 후에야 은진과 민재 형은 집으로 돌아갔다. 자기들끼리 간다고 우겨서 나는 대문까지만 배웅하고 방으로 올라왔다. 조금 전까지 실내를 채웠던 음악들이 귀에 쟁쟁했나. 마지막에 은지이 부른 노래는 최초로 기독교를 빋아들인 녕례방 선조들의 지도자 이벽이 지은 '천주공경가'라고 했다. 잠시 잊고 있던 상념들이 떠올랐다. 조선시대 한반도 최초의 교회에 참석했던 내 선조인 김승하 할아버지와 그 후 자기 목숨까지 내놓고 신앙을 지켰던 김재진, 김시제 할아버지, 박해를 피해 어린 나이부터 산골에서 힘들게 생활했던 김진호 할아버지와 김청헌 할아버시. 서울로 올라온 김청헌 할아버지는 결국 평양 부흥운동에 참여한 뒤 개신교로 개종하고 하우고개의 나환자들을 위해 모든 것을 바쳤다.

여기까지 생각이 이어지자 다시 의문이 솟았다. 이처럼 확고히 이어 오던 우리 집안의 신앙은 도대체 언제, 무엇 때문에 단절된 것인가? 나환자촌이 불탄 후 한양 집에 돌아간 김청헌 할아버지의 다음 이야기는 어떻게 진행되었을까? 무엇보다, 죽은 최수연 할머니 곁에서 청헌과 함께 울었다는 김길민이라는 아들은 대체 누구인가?

할아버지가 살아 계시면 물어볼 수도 있을 텐데 하는 생각도 들었다. 일기를 보면 김길민은 분명 우리 할아버지 김정만 회장과 형제지간이 된다. 둘은 친형제간일까 아니면 배다른 형제간일까? 양쪽 다 가능성이 있는 일이었다. 하지만 지금 우리 집안에는 김길민이라는 사람의 흔적이 전혀 존재하지 않는다. 도대체 그는 어디로 사라져 버린 것일까?

모든 사연이 김성민 목사에게 돌려준 《성도일기》에 담겨 있을 것만 같았다. 이럴 줄 알았으면 미리 복사본이라도 남겨 두는 것인데……. 하지만 소용이 없었다. 결국 모든 열쇠를 가진 것은 김성민 목사뿐인데 때가 되면 말해 준다고 했으니 기다릴 수밖에. 이런저런 생각에 점점 머리가 아파 오려고 해서 나는 스튜디오 레코더의 테이프를 꺼내 와 방안 스테레오에 넣고 틀었다. 낮에 함께 연주할 때 녹음한 테이프였다. 은진의 목소리가 스피커에서 은은히 들려오자 낮 동안의 즐거웠던 연주가 다시 떠올랐다. 나는 침대에 누운 채 음악을 들으면서 그대로 잠이 들었다.

이틀 후, 한국어 수업이 있어서 교회로 갔다. 내가 맡은 근로 자들은 어느 정도 한국어 읽기가 가능한 단계라 본격적인 독해 수업을 하는 중이었다. 요즘 내가 읽고 있는 현대인을 위한 쉬운 성경책을 교과서로 했다. 신약의 처음인 마태복음부터 읽어 나 가고 있는데 한국어에 대한 질문보다 성경 내용 자체에 대한 질 문이 더 많았다. 따라서 나는 한국어 겸 성경공부 선생까지 해야 했다.

오늘 수업 중에 외국인 근로자들은 '부활'이라는 개념에 상당 한 호기심을 드러냈다. '베리 스트레인지'(very strange)를 연발하 는 그들에게 나는 그동안 곁다리로 배워 온 짧은 성경 지식을 총 동원하여 최대한 설명을 시도해 보았다. 하지만 아무래도 부족 하다 싶어 나중에 목사님께 더 자세히 가르쳐 달라 하자고 얼버 무리고는 대신 저녁을 한턱 쏘겠다고 말했다. 우리는 근처 단골 분식집으로 몰려갔다. 외국인 제자들은 라면을 아주 좋아했다. 리펫은 자기가 한국에서 먹어 본 음식 중 라면이 제일 맛있다고 너스레를 떨었다. 떡볶이는 맛은 있지만 너무 매워 부담스럽다 고 했다.

그들과 헤어진 후 나는 차를 세워 둔 교회 쪽으로 걸어갔다. 멀리 교회 종탑 십자가에 불이 들어온 것을 보면서 목사님을 만 나 김청헌 할아버지에 대하여 물어볼까 잠시 망설였다. 하지만 어차피 때가 되면 이야기해 준다고 했으니 호들갑 떨지 말자고 생각하면서 그냥 돌아가기로 했다. 차를 몰고 교회 앞을 지나치 는데 계단 입구에 두 사람이 서성대는 모습이 보였다. 얼핏 둘 다 낯이 익은 것 같아 유심히 바라보았다. 그들은 금세 교회 계단 쪽으로 사라졌다. 기분이 꺼림칙했지만 그냥 차를 몰고 도로로 나섰다. 서울로 향해 가는데 아무래도 누가 교회로 올라갔는지 궁금하여 전화를 해 보려고 휴대폰을 찾았다. 그러나 전화기가 보이지 않았다. 수업을 하면서 예배당 교탁 위에 놓고 온 것이었다.

잠시 망설이다가 기왕에 이렇게 된 거 차를 돌려 교회로 다시 돌아갔다. 4층 예배당에 불이 켜져 있었다. 막 교회 계단으로 들어가려는데 거리 저편에서 누군가가 나를 불렀다. 돌아보니 전철역 쪽에서 은진이 뛰어오고 있었다. 아마 학교에서 돌아오는 중인 듯 가방을 단정하게 비껴 매고 멀리서 뛰어오는 모습이 착한 모범생처럼 귀여웠다. 나는 잠시 은진을 기다렸다가 함께 계단을 오르기 시작했다.

예배당 문을 열자 왠지 심상치 않은 기운이 느껴지나 싶더니 곧이어 강대상 뒤쪽에 있는 김성민 목사의 사택에서 시끄러운 소리가 났다. 은진이 먼저 사택으로 급히 달려갔다. 문을 여는 순간, 문 안쪽에서 갑자기 느닷없는 발길질이 튀어나왔다. 발에 걷어차인 은진은 뒤로 날아가 예배당 장의자에 몸을 부딪치며 쓰러졌다.

곧이어 방 안에서 두 명의 사내가 뛰어나왔다. 둘 다 검정 마스크를 썼지만 느낌상 조금 전 교회 앞에서 서성이던 자들이 틀림없었다. 나는 두려움에 주춤 멈춰 섰다. 뭔가를 훔친 듯 움켜쥐고 뛰어나가는 그들 뒤로 김성민 목사가 따라 나오더니 몸을 날려 한 명의 발을 콱 붙들었다. 발을 붙잡힌 사람은 강대상 앞에서 폭 고꾸라졌다. 그는 붙잡힌 발을 빼려고 애쓰다가 여의치 않자 품에서 칼을 꺼내 목사의 팔을 쿡 찔렀다. 김성민 목사는 신음 소리를 내며 손을 놓았다.

뒤따라 나온 야스민 사모는 김성민 목사의 팔에 흐르는 피를 보고 큰 소리로 비명을 질렀다. 그러자 이번에는 덩치 큰 놈이 야스민의 머리를 붙잡고 힘껏 밀었다. 야스민도 저만치 밀려나 은진이 넘어진 근처에 쓰러지고 말았다. 두려움에 머뭇거리던 나는 엉겁결에 곁에 놓인 빗자루를 집어 들고 마구 휘두르며 그들에게 달려들었다. 조금 움찔하던 그들은 내 공격을 가볍게 피하면서 내 발을 툭 걸어 넘어뜨렸다. 그리고 교회 문 쪽으로 뛰어가기 시작했다.

하지만 그들이 가는 길목에는 어느 틈에 은진이 가로막고 서 있었다. 그런데 은진은 이상한 몸동작을 취하고 있었다. 양손을 벌리고 어깨를 으쓱거리면서 양발을 앞으로 내밀었다 넣었다를 반복하며 굼실거렸다. 은진의 이상한 자세에 다소 흠칫하던 덩치 작은 마스크가 금세 칼을 휘두르며 달려들었다. 순간 능청대던 은진의 몸이 고무공처럼 가볍게 공중으로 붕 솟구치나 싶더니 입에서 희한한 기합이 튀어나왔다.

"익크 에크."

순식간에 은진의 발은 큰 각도로 바깥쪽을 향해 비껴 나가면서 상대의 턱을 정확히 걷어찼다. 아침마다 흰 도복을 입은 학생들이 캠퍼스 잔디에서 연마하는 택견의 째차기 동작이었다. 은진의 발에 얻어맞은 작은 마스크는 한쪽 구석에 쿵 하고 처박혔다. 그가 품고 있던 것들도 땅에 털썩 떨어졌다. 놀랍게도 그것은 얼마 전 내가 집에서 김성민 목사에게 돌려준 《성도일기》였다.

예사롭지 않은 은진의 발차기를 보더니 이번에는 덩치 큰 마스크가 은진에게 덤벼들었다. 싸움에 능숙해 보이는 덩치 큰 마스크와 은진의 대결은 막상막하였다. 나는 은진을 도우려고 다시 빗자루를 휘두르며 달려갔다. 순간 은진의 발에 채여 쓰러졌던 작은 마스크가 비틀거리며 일어나더니 떨어진 책들을 챙겨 달아나기 시작했다.

상대의 주먹을 피하면서 밭장다리로 덩치 큰 놈의 다리를 걸어 넘어뜨린 은진은 기회를 놓치지 않고 그의 위에 올라타면서 내게 도망가는 사람을 잡으라고 소리쳤다. 놈은 마스크가 벗겨진 얼굴을 옷깃에 파묻고 도망가고 있었다. 하지만 그가 손 기사라는 것을 한눈에 알아볼 수 있었다. 내가 뒤쫓기 시작하자 그는 필사적으로 달아나기 시작했다. 손 기사의 이름을 불렀지만 그는 들은 척도 안 하고 무서운 속도로 계단을 내려갔다. 나도 뒤쫓아 계단을 뛰어내려 갔다.

하지만 어느 순간 갑자기 하늘이 노래지는 듯한 충격이 몸 여기저기를 강타한다 싶더니 그만 계단 맨 아래에 콱 처박히고 말았다. 발을 헛디뎌 계단을 구른 것이었다. 잠시 정신을 잃었다 깨어난 나는 쑤시는 몸을 겨우 일으켰다. 손 기사는 이미 사라지고 없었다. 나는 할 수 없이 계단을 올라가 예배당으로 돌아왔다.

덩치 큰 마스크는 어느새 팔이 뒤로 꺾인 채 그의 위에 올라탄 은진에게 제압당하고 있었다. 야스민 사모는 김성민 목사의 팔에 난 상처에 손수건을 묶고 있었다. 나는 은진에게 팔이 비틀려 꼼짝 못하고 있는 사람에게 다가가 과감하게 마스크를 벗겨 보았다. 설마 했지만 예상대로 크라운의 총무였다. 놀란 나는 그에게 물었다.

"아니, 이게 도대체 무슨 일입니까? 왜 이런 짓을 하는 겁니까?"

겸연쩍은 표정을 짓던 크라운의 총무는 눈을 내리깔며 말했다.

"손 기사님 부탁으로 회장님을 도운 것뿐입니다."

"회장님이라면 우리 아버지 말인가요?"

그가 고개를 끄덕였다. 정황이 조금씩 손에 잡히기 시작했다. 김성민 목사네 가족이 우리 집에서 책들을 받아 간 날, 손 기사는 분명히 그 사실을 아버지께 보고했을 것이다. 그러자 아버지가 그 책들을 빼앗아 오라고 지시했음이 틀림없다. 손 기사는 혼자 이 일을 하기가 부담스러워 적합한 인물을 찾다가 크라운 운영뿐 아니라 평소 재벌들의 잡다한 사건 뒤처리까지 봐 주고 있는 총무를 끌어들였을 것이다.

하지만…… 가장 큰 문제는, 도대체 무슨 이유로 아버지는 그 책들을 훔쳐 오도록 시킨 것일까? 아버지도 그 책들에 대해 뭔가를 알고 있단 말인가? 잠시 후 경찰이 와서 크라운 총무를 체포해 갔다. 팔을 다친 김성민 목사는 식구들과 함께 119 구급차를 타고 병원에 갔다. 나는 즉시 차를 몰고 삼성동 병원으로 달렸다. 노크도 없이 아버지의 병실 문을 벌컥 열자 거기에 벌써 손 기사가 와 있었다. 한쪽 얼굴이 퉁퉁 부은 채 뭔가 아버지의 지시를 열심히 듣던 손 기사는 내가 나타나자 당혹한 표정을 감추지 못했다. 훔쳐 온 《성도일기》 세 권은 아버지의 침상 위에 놓여 있었다. 나는 아버지에게 다짜고짜 따졌다.

"아버지. 도대체 뭐 하시는 겁니까? 왜 우리 목사님을 못 잡아먹어서 안달입니까?"

아버지는 나를 가만히 노려보았다. 할아버지가 강골의 관우 스타일이라면 아버지는 간교한 조조 스타일이었다. 젊은 날의 사기 사건에서 보듯이 아버지가 한번 계략을 짜면 그 머리를 따라올 자가 없었다. 그런 아버지의 날카로운 눈빛에 나에 대한 실망감이 흐르고 있었다.

"이놈아. 네가 지금 무슨 짓을 저지르고 돌아다니는지 알기나 해?"

나는 고개를 가로저으면서 단호하게 말했다.

"아니요 모릅니다. 뭔가 수상한 것투성이지만 도무지 감이 잡히지 않아서 저도 궁금해 죽겠어요. 하지만 한 가지만은 분명히 압니다. 아버지는 아무런 잘못도 없는……, 아니 오히려 과거에 아버지 때문에 사기당하고 고통당한 사람을 또다시 사람을 시켜 칼로 찔렀어요. 도대체 이게 무슨 짓입니까?"

내가 큰 소리로 떠들자 아버지는 당황한 눈치였다. 아버지는 책들을 챙겨 손 기사에게 주고 뭔가 눈짓으로 신호를 주더니 그만 나가 보라고 했다. 손 기사가 나가고 문 닫히는 소리가 나자 아버지는 나를 의자에 앉히고 물었다.

"김성민 목산가 하는 그 사람이 내게 사기당한 적이 있다고?"

나는 차가운 표정으로 대답했다.

"아버지가 그렇게 자랑하던 이반물류 사건 때요."

아버지는 크게 한번 한숨을 쉬더니 혼잣말처럼 중얼거렸다.

"정말 이 잡초 같은 뿌리는 뽑아도 뽑아도 끝이 없구먼."

그러다가 잠시 후 결연한 표정으로 말했다.

"민훈아. 지금 모든 걸 다 말해 주고 싶지만 아직은 좀 이르다. 하지만 한 가지는 꼭 명심해라. 이건 우리 집안 전체의 사활이 걸린 중요한 문제다. 이제 곧 모든 것이 깨끗하게 처리될 테니 그때까지만 조용히 있어 다오. 일이 마무리되면 자세한 이야기를 해 주마."

아버지의 말에 내가 다시 물었다.

"중요한 문제란 건 손 기사가 훔친 《성도일기》들과 관련 있는 건가요?"

아버지는 고개를 끄덕이더니 말했다.

"15억을 벌어서 네 할아버지께 들고 간 그날 밤, 나도 처음으로 전해 들은 이야기가 있다. 아무래도 이제 모든 사연을 네게도 전해야 할 때가 온 것 같구나. 하지만 조금만 더 기다려라. 모든 것이 깨끗이 정리될 테니까. 그리고 꼭 명심해라. 이건 결국 모두 너를 위한 일이라는 사실을."

나는 더 이상 궁금증을 견딜 수가 없었다. 게다가 모든 것을 깨끗이 정리하겠다는 아버지의 말 속에 뭔지 모를 무서운 음모가 숨어 있을 것 같은 느낌도 들었다. 나는 자리에서 벌떡 일어나며 큰 소리로 외쳤다.

"안 돼요. 지금 당장 다 말해 주셔야 해요."

아버지는 손을 내저으며 힘없이 고개를 흔들었다. 좀더 강하게 아버지를 다그치려는 순간, 누군가 내 바지 자락을 붙들었다. 돌아보니 휠체어에 앉은 어머니가 들어와서 나를 보고 있었다. 아직까지 말도, 거동도 잘 못하는 어머니를 보는 순간 나는 힘이 빠져서 의자에 다시 털썩 주저앉았다. 그때 안색이 노랗던 아버지는 갑자기 얼굴빛이 하얗게 변하면서 힘없이 침대로 쓰러졌다. 나는 급히 침대 머리맡 위의 비상벨을 눌렀다. 곧 의사가 달려와 응급처치를 하였고 아버지는 겨우 안정을 찾아 잠이 들었다.

집에 돌아온 나는 손 기사부터 찾았다. 하지만 그는 보이지 않았다. 주방 아줌마는 손 기사가 회장님께 휴가를 얻었다며 갑자기 차를 몰고 나갔다고 했다. 이 밤중에 무슨 휴가를 떠났다는 것인가? 조금 전에 교회에서 책을 도둑질한 사건 때문에 한동안 몸을 숨기려는 것이 틀림없었다. 나는 경찰에 손 기사를 신고해야 할지 말지를 놓고 고민했다.

하지만 신고할 수가 없었다. 크라운의 총무는 본래 전과도 있고 감옥에서 좀 살다 나오면 나름대로 보상을 충분히 받을 터이니 아버지의 이름을 말할 리가 없었다. 그러나 손 기사가 공범이라는 것이 드러나면 문제는 달라질 것이었다. 사건의 주모자로 아버지의 이름이 거론될 수밖에 없었다. 아무리 내 아버지가 음흉하다지만 그래도 아버지는 아버지다. 미움과 배신은 다른 것이었다. 아들의 신고로 병원에 누운 아버지가 절도 사건에 연루되는 것을 감당할 만큼 나는 냉정하지도 정의롭지도 못했다.

결국 내가 선택할 수 있는 유일한 선(善)은 그저 칼에 찔린 김성민 목사를 걱정해 주는 것뿐이었다. 교회에 다시 가 보려고 차고로 내려갔다. 근래 자주 타던 검은 세단의 문을 열려는데 오랫동안 세워 둔 내 애마 페라리의 모습이 눈에 띄었다. 왠지 오랜만에 페라리를 타고 달리면 기분이 나아질 것 같았다. 교회에서 좀 떨어진 곳에 세워 두면 될 것이라는 생각에 나는 한동안 타지 않던 스포츠카에 올라탔다.

과연 오랜만에 듣는 페라리의 시동음이 내 가슴을 짜릿하게 만들었다. 액셀을 밟으면서 전율이 흐르도록 고음으로 상승해 가는 엔진 소리를 느끼며 교회를 향해 달렸다. 오류동을 지나 부천으로 들어설 무렵이 되어서야 은진에게 전화를 했다. 다행히 김성민 목사는 상처가 깊지 않아서 꿰매기만 하고 이미 교회로 돌아왔다고 했다. 지금 교회로 가는 길이라고 하자 은진은 김성민 목사를 바꿔 주었다. 김성민 목사는 전화기에 대고 이렇게 말했다.

"나 때문이라면 괜찮으니 굳이 오지 말게. 집사람이 많이 놀라서 지금은 가족끼리 좀 있어야겠네. 자네한테 자세한 이야기를 해 줘야 할 때가 된 것 같은데……, 이틀 후에 자네 한국어 수업 있지? 그때 만나서 얘기를 하세."

나는 알겠다고 하고 전화를 끊었다. 차를 돌려 다시 서울로 가는데 가슴이 부글거리고 답답해 왔다. 도대체 뭐가 뭔지 알 수 없는 노릇이었다. 아버지와 김성민 목사, 그리고 《성도일기》. 도대체 무슨 연관성이 숨어 있는 것일까? 분명히 뭔가 심각하게 읽혀 있음에 틀림없는데 도무지 감이 잡히지 않았다. 마치 출구를 알지 못할 미로 속에서 헤매고 있는 느낌이었다. 그러자 마음 깊은 곳에서 울화가 치밀었다.

나는 액셀을 더 깊숙이 밟았다. 캄캄한 밤거리는 텅 비어 있었다. 야수 같은 굉음을 내며 페라리가 번개처럼 거리를 내달렸다. 지하철역 입구에 모여 있던 소녀들이 내 차를 보고 환호를 질렀다. "오빠 태워 줘"라는 외침이 귓전을 때리고 사라졌다. 그 순간, 어떤 음성 하나가 마음속에 들어왔다. 그 소리는 해묵은 충동을 일깨우며 이럴 땐 육신에 뭔가 자극을 줘야 한다고 말하기 시작했다. 한때는 너무도 친숙했지만 한동안 잊고 있던 유혹의 목소리.

갑자기 온몸이 잊고 있던 어떤 기대로 두근거리기 시작했다. 잠시 망설이던 나는 강민에게 전화를 돌렸다. 강민은 보성 녹차 밭에서 CF를 찍고 방금 올라왔다며 엄살을 부렸지만 곧 나오겠다고 했다. 나는 예전에 즐겨 가던 바에서 강민을 만났다. 웨이터가 내 명패가 붙어 있는 소형 냉장고에서 전에 마시다 보관해 둔 30년산 발렌타인과 시가 상자를 꺼내왔다. 오랜만에 마셔서인지 위스키 한잔이 들어가자 금세 머리가 띵해졌다. 강민은 시가에 불을 붙이면서 입을 열었다.

"야, 소식 들었냐? 총무가 구속돼서 어제 있어야 할 크라운 모임 쫑났다고 하더라. 회원들 모두 앞으로 무슨 낙으로 사냐며 난리들이란다. 근데 그 총무 한주먹 하는 줄 알았더니 실망이야. 어디서 좀도둑질하다가 그 집 아들한테 얻어터지고 구속됐다는 구먼. 그 사람 그렇게 돈이 부족했나? 우리가 매달 납부하는 돈만 해도 만만치 않을 텐데."

강민의 말을 들으면서 나는 다시 위스키를 잔에 채웠다. 그의 도둑질은 내 아버지의 지시였다. 도대체 아버지는 왜 자신의 명예가 실추될 위험까지 무릅쓰고 그 책들을 훔쳐 오라고 시켰을까? 다시 머리가 복잡해지려는 순간 강민이 내 어깨를 툭 치며 어딘가를 손짓했다. 건너편 테이블에서 위도 아래도 지나치게

짧게 입은 아가씨 두 명이 우리에게 손짓을 하고 있었다. 강민도 웃으며 손을 흔들어 주었다. 그러자 그 여인들은 우리 자리로 다가와 강민에게 사인해 달라고 졸랐다.

지배인이 와서 아가씨들을 제지했다. 유명인들이 주로 오는 이 바에서는 아무리 유명한 사람이 있어도 사인을 부탁하지 말아야 한다는 불문율이 있었다. 강민 같은 애들도 편하게 술을 마실 수 있도록 하기 위해서다. 하지만 강민은 지배인에게 괜찮다고 하면서 그녀들을 우리 자리에 앉혔다. 곧이어 강민은 내 옆에 앉은 아가씨에게 나를 자기가 가장 존경하는 분이라고 소개했다. 그녀는 내 팔에 찰싹 매달려 애교를 부렸다. 한동안 잊고 있던 여자의 향기가 코를 자극하자 갑자기 등골에 상큼한 전율이 흘렀다. 순식간에 나는 옛날의 김민훈으로 돌아가 버렸다. 그녀들과 어울려 정신없이 술을 마시고 무대에서 신나게 춤을 추었다. 조상 때부터 목숨 걸고 애지중지하던 성경말씀 따위는 머리에서 사라진 지 이미 오래였다.

“당신은 사랑받기 위해 태어난 사람, 당신의 삶 속에서 그 사랑받고 있지요.”

전화벨 소리에 눈을 퍼뜩 떴다. 얼마 전, 은진이 선물해 준 컬러링 소리였다. 하지만 폴더를 여는 순간 전화가 뚝 끊겼다. 숙취가 덜 가신 머리는 심하게 욱신거렸다. 물을 한잔 마시고 싶어 두리번거리는 순간, 갑자기 뒤에서 누군가의 팔이 휘감아 왔다. 깜짝 놀라 돌아보았다.

“아이참 오빠도. 뭘 그리 놀라. 근데 오빠 컬러링 소리 너무 구리다. 그 노래 유행 지난 지가 언젠데.”

어제 바에서 만난 여자였다. 살펴보니 그녀도 나도 알몸이었다. 얼마 전 같으면 자연스러울 이 상황이 낯설게 느껴지면서 마음속 어디선가 쿵 하는 소리가 들리는 것 같았다. 그러자 지난 주일 예배 때 김성민 목사가 강단에서 읽은 베드로후서 2장 22절의 성경 말씀이 떠올랐다.

“개가 그 토하였던 것에 돌아가고 돼지가 씻었다가 더러운 구덩이에 도로 누웠다”

내 마음속에 알지 못할 후회가 밀려왔다.

‘김민훈, 바보 같은 놈.’

의아하게 바라보는 여자를 내버려 둔 채 나는 황급히 옷을 입으면서 전화 발신자를 확인했다. 역시 은진이었다. 호텔 문을 나서면서 은진에게 전화를 걸었다. 내 목소리를 듣자 은진이 다급하게 말했다.

“민훈아, 문제가 생겼어. 빨리 교회로 좀 와 줘라.”

차를 급히 몰고 부천으로 달려갔다. 교회로 들어가는 좁은 도로에서 요란한 사이렌 소리가 울리고 있었다. 멀리 차를 세우고 교회로 뛰었다. 4층 교회 창문에서 시커먼 연기가 치솟았고 동네 사람들이 나와서 불구경을 하고 있었다. 소방관들은 대형 소방차에 설치된 높은 사다리를 세워 그 위로 올라가 호스로 물을 뿌리고 있었다. 순간 아버지의 얼굴이 떠오르면서 어제 병실에서 한 말이 기억났다.

‘이건 우리 집안 전체의 사활이 걸린 중요한 문제다. 이제 곧 모든 것이 깨끗하게 처리될 테니 그때까지만 조용히 있어 다오.

일이 마무리되면 자세한 이야기를 해 주마.'

마음이 급해져서 나는 사람들을 헤치고 교회 계단으로 올라가려고 했다. 하지만 입구에 서 있던 소방대원들이 나를 막았다. 꼭 올라가야 한다고 외치면서 그들을 밀치려는 순간에 누군가가 뒤에서 내 어깨를 잡았다. 돌아보니 은진이었다. 그 뒤로 팔에 붕대를 감은 김성민 목사, 야스민 사모도 서 있었다. 모두 운동복에 운동화 차림이었다.

"민훈아 괜찮아. 나도, 아버지, 어머니도 모두 무사하셔. 새벽기도 마치고 식구 모두 아침 운동 나간 사이에 불이 난 거야. 예배당엔 아무도 없어."

나는 안도의 한숨을 잠시 쉬었지만 곧 다급하게 말했다.

"하지만 교회 물건들 다 타잖아. 너희 집도 말이야."

그러자 김성민 목사가 엷게 웃으면서 말했다.

"저 안에 있었으면 우리 식구 모두 죽었을 거야. 하지만 어제 가족회의를 하면서 새벽기도 마치면 온 가족이 아침 산책을 하기로 결의했거든. 평생 안 하던 새벽 운동 한답시고 식구 모두 나간 사이에 불이 난 걸 보면, 아마 이 불에는 하나님의 이떤 뜻이 숨겨져 있는 것 같다. 우리야 뭐 어차피 아무것도 없이 밑바닥에서 시작하는 게 체질이니까 괜찮아. 다 타도 교회 공간은 남아 있겠지. 그럼 또 한 번 새로 시작해 보지 뭐."

불은 다행히 다른 층으로 번지지 않고 무사히 꺼졌다. 올라가보니 불이 났던 예배당 모습은 처참했다. 강대상과 십자가, 그 아래 있던 성경책도 다 불타 버렸다. 허탈한 심정으로 시커멓게 타다 만 장의자들을 바라보고 있는데 소방 대장이 뭔가를 주워 들고 목사님을 찾았다. 화염병으로 사용된 듯한 병의 조각들이었다. 아무래도 누군가 일부러 불을 지른 것 같다고 대장이 말했다.

그때까지 조용히 서 있던 은진의 어머니 야스민은 갑자기 팔을 걷어붙이고 타 버린 잔해들을 한쪽으로 치워 나갔다. 곧 우리도 거들었다. 그러자 구경하러 올라와서 혀를 차던 동네 사람들까지도 우리를 주섬주섬 돕기 시작했다. 푸른교회와 김성민 목사의 평판이 워낙 좋았기 때문이다. 소방차에서 뿌린 물과 타다 만 검댕들이 뒤섞인 교회당 내부는 엉망이었다. 민재 형을 비롯한 성도들과 외국인 근로자들도 뒤늦게 소식을 듣고 달려왔다. 모두 열심히 교회를 치우고 쓸고 닦았다.

그날 저녁, 청소가 거의 끝나자 사람들은 지쳐서 예배당 여기저기에 주섬주섬 앉아 쉬고 있었다. 그때 교회 문이 열리더니 오후 늦게 외출했던 김성민 목사와 야스민 사모가 들어왔다. 환하게 웃는 두 사람의 손에는 장을 보고 온 듯 커다란 비닐봉지가 몇 개 들려 있었다.

김성민 목사가 한 봉지 안에서 바비큐 통과 숯불을 꺼냈다. 다른 봉지에는 쇠고기 등심, 돼지고기 삼겹살, 상추와 마늘이 가득했다. 김성민 목사는 큰 소리로 성도들에게 말했다.

"여러분 기왕에 모두 모였는데 우리 오랜만에 잔치나 합시다. 이럴 때일수록 잘 먹고 힘을 내야지요."

우리는 불탄 예배당에서 즉석으로 바비큐 파티를 열었다. 아직도 남아 있는 화재 현장의 역한 냄새 대신에 삼겹살 굽는 구수한 냄새가 예배당에 가득 찼다. 고기를 손수 굽던 김성민 목사는 고기 집게를 갑자기 민재 형에게 맡기더니 불길이 번지지 않은 베란다로 나가서 뭔가를 들고 왔다. 성찬식용으로 담가 놓은 포도주였다.

김성민 목사는 포도주 통 뚜껑을 열더니 종이컵으로 포도주를 한잔씩 떠서 각 사람에게 나눠 주었다. 모두 잔을 받자 김성민 목사는 자기 잔을 높이 들더니 말했다.

"이것은 우리를 위해 흘리신 예수님의 피입니다. 이 피로 하나 된 우리 교회를 주님께서 영원히 축복하실 것입니다. 우리 교회에 성령의 불길처럼 불이 활활 타올랐으니, 곧 축복의 시작을 알리는 봉화라고 믿습니다. 자 여러분 모두 건배합시다. 건배!"

절망에서 의연히 일어서는 모습은 언제나 아름답다. 활짝 웃으며 잔을 든 김성민 목사의 얼굴을 보면서 성도들은 물론 청소를 돕던 마을 사람들의 얼굴에도 웃음이 번져 갔다. 곧이어 민재 형이 큰 소리로 "아멘" 하며 잔을 번쩍 치켜들자 모두 큰 웃음을 터뜨리며 잔을 들었다. 김성민 목사는 포도주 통을 한가운데 놓고 이제는 각자 알아서 마시라 했다.

그날 밤 온 교회 식구들은 불탄 예배당에 모여 앉아 기쁘게 웃고 떠들며 먹고 마셨다. 파키스탄 인들은 삼겹살은 먹지 않았지만 쇠고기 등심 구이에 연신 젓가락을 가져갔다. 어느 정도 배가 불렀을 즈음, 은진은 교회 구석에 놓인 철제 캐비닛을 열었다. 그 속에는 다행히 불에 상하지 않은 통기타와 탬버린 같은 작은 악기들, 그리고 찬송가책들이 타지 않고 남아 있었다. 찬송가를 나눠 준 은진이 기타를 치며 선창하자, 느린 곡인데도 민재 형이 능숙하게 탬버린으로 장단을 맞추었다. 곧이어 둘러앉아 있던 교회 식구들이 하나 둘씩 찬송가를 함께 부르기 시작했다.

"내 영혼이 은총 입어 중한 죄짐 벗고 보니 슬픔 많은 이 세상도 천국으로 화하도다……. 주의 얼굴 뵙기 전에 멀리 뵈던 하늘나라 내 맘속에 이뤄지니 날로 날로 가깝도다……."

이젠 내게도 제법 익숙해진 그 노래를 따라 부르고 있는데 갑자기 어젯밤 음침한 바에서 끈적거리는 음악 속에 흐느적거리던 내 모습이 떠올랐다. 이어서 필름이 끊겨 기억나지 않던 어젯밤의 장면까지 떠오르기 시작했다. 낯선 여자와 호텔 엘리베이터를 오르며 음흉한 기대로 미소 짓는 내 모습. 가슴이 답답하고 한숨이 나왔다. 나도 모르게 흥원창에서 물에 빠져 죽기 직전에 부른 그분의 이름이 한숨과 함께 흘러나왔다.

"휴우……, 예수님. 전 왜 이럴까요. 정말 구제 불능입니다."

그러자 마음 깊은 곳에 이런 음성이 들리는 것 같았다.

"민훈아, 그래서 내가 널 위해 십자가에서 죽은 거 아니냐."

그 음성과 함께 어두운 마음에 작은 등불이 하나 밝혀지고 있었다. 나는 고개를 들고 온 성도가 열심히 합창하는 모습을 둘러보았다.

"할렐루야, 찬양하세. 내 모든 죄 사함 받고 주 예수와 동행하니 그 어디나 하늘나라."

나는 가슴이 갑자기 흔들리는 물통처럼 울컥했다. 어처구니없게도 눈물이 나려 했다. 눈을 힘써 끔벅이며 고기 굽는 연기 때문인 것처럼 가장했다. 하지만 내 주변에서 노래하고 있는 성도들의 모습이 자꾸만 내 가슴을 흔들었다. 빼앗겨도, 손해 보아도, 가진 것이 없어도 오직 하나의 진리에 만족하고 즐거워하는 이 무리들. 어느 틈에 나도 이들을 닮아 가고 있는 것일까. 나는 좀더 큰 소리로 은진이 연주하는 기타에 맞추어 찬양을 불렀다.

"높은 산이 거친 들이 초막이나 궁궐이나 내 주 예수 모신 곳이 그 어디나 하늘나라. 할렐루야 찬양하세. 내 모든 죄 사함 받고 주 예수와 동행하니 그 어디나 하늘나라."

그날 밤, 나는 김성민 목사를 비롯한 은진네 식구를 우리 집으로 모시려고 했다. 교회 사택은 이불이고 뭐고 다 타 버린 상태였기 때문이다. 거절하는 김성민 목사 식구를 민재 형과 함께 강권해서 교회 승합차에 태웠다. 내 스포츠카에는 그들이 다 탈 수도 없었지만 사실은 은진을 친 차이기도 했고 늘 자랑스럽던 납작한 스포츠카를 목사님 부부에게는 보여 주는 것이 부끄러웠기 때문이다. 운전대에 앉은 민재 형이 시동을 거는 순간, 은진은 뚝도 별장으로 가는 것이 어떠한지 내 의향을 물었다. 우리 집에는 보는 눈이 많아서 부담스럽다고 했다. 듣고 보니 그것도 괜찮은 생각이었다. 내가 그러자고 하자 민재 형은 능숙하게 승합차를 몰고 별장으로 달려갔다.

한참 후 멀리 뚝도 별장이 보이기 시작했다. 그런데 별장 마당에 수상한 불길이 타오르고 있었다. 누군가 깡통에다 뭔가를 태우고 있었다. 철문 앞에 차를 세우고 열쇠로 대문을 열지 마당에 서 있던 그림자는 나를 보고 뒷마당으로 화들짝 달아났다. 나는 일단 교회 차가 들어올 수 있도록 문을 활짝 열고 불타는 깡통 쪽으로 걸어갔다.

깡통 속에는 여러 권의 책이 타고 있었다. 그것들은 그동안 발견한 책들, 즉 김진호의 《획념조부화부친》과 김청헌의 《성각기록지 마태전》, 김성민 목사의 것을 제외한 총 네 권의 《성도일기》등 기타 별장에 있던 몇몇 책들이었다. 직감적으로 아버지가 손 기사에게 이 책들을 태워 버리라고 명령했다는 생각이 들었다. 아마도 그는 내 방 서랍 속에 넣어 두었던 책들까지 모두 뒤져서 가져온 것 같았다.

나는 황급히 깡통을 발로 차서 뒤집었다. 불타던 책들이 우르르 쏟아졌다. 발로 불을 급히 끄고 타다 남은 책들을 구했다. 모두 차에서 내려 별장 안으로 들어가자 그때까지 침묵을 지키던 김성민 목사는 잘 방이 어디인지 물었다. 내가 대답하기도 전에 별장 구조를 잘 아는 민재 형이 3층이라고 대답했다. 목사님은 다른 이들에게 먼저 자라고 말한 뒤 나더러는 남아 있으라 했다. 민재 형이 야스민 사모를 모시고 은진과 함께 계단을 올라갔다. 이윽고 둘만 남게 되자, 심각한 표정으로 불에 탄 책들을 뒤적이던 김성민 목사가 입을 열었다.

"사태를 보니까, 자네 아버지 마음이 좀 급하신 것 같구먼."

나는 그에게 물었다.

"목사님. 그게 무슨 의미입니까? 제 아버지와 목사님은 대체 무슨 사이십니까? 왜 우리 조상의 일기가 목사님한테 있는 것이고, 왜 제 아버지는 이 책들을 없애려고 하는 겁니까? 제발 말씀해 주세요."

김성민 목사는 희미한 미소를 띠며 대답했다.

"이 사람도. 한 번에 하나씩 물어야지 급하기는……."

그는 탁자에 놓인 타다 만 《성도일기》들을 손으로 천천히 쓰다듬었다. 나와 은진이 별장에서 찾아낸 책들은 거의 불타서 식별이 어려운 상태였지만 김성민 목사가 가지고 있던 김청헌 할아

버지와 김길민의 《성도일기》는 조금 나중에 불에 들어간 듯 형체
가 거의 남아 있었다.

"자네 이 책의 내용들이 궁금하지?

내가 고개를 끄덕이자 김성민 목사는 말했다.

"하지만 이제부터 내가 하는 이야기를 들으면 후회하게 될 걸
세. 그래도 들어야겠는가?"

나는 단호하게 "물론"이라고 대답했다. 그러자 김성민 목사는
호흡을 한번 크게 가다듬었다.

"하는 수 없지. 모든 것이 다 드러나는 게 하나님 뜻이라면 이
제부터 사연을 말해 주지. 지금부터 마음 단단히 먹고 내 말을
들어야 하네. 자네는 아마 김청헌이라는 사람이 나환자촌에서
서울 집에 돌아온 것까지는 알고 있을 걸세. 거기까지가 여기서
은진이랑 민재와 함께 발견한 이야기였을 테니까 말이야. 그렇
지?"

내가 고개를 끄덕이자 김성민 목사는 그다음 사연을 말하기
시작했다.

　　　　　　철썩! 고개가 획 돌아간 청헌은 결국 마당에 풀썩 쓰러졌다.

　"이 영감이 돌았나. 아주 명을 재촉하는구먼. 칙쇼(짐승 같은 놈)."

　며칠 전부터 도리구찌 모자를 눌러쓴 일본 형사가 청헌을 찾아와 다짜고짜 아들 길민의 행방을 대라고 윽박지르기 시작했다. 며칠째 모른다고 버텼는데 오늘은 끝내 형사가 청헌의 뺨을 후려갈겼다. 그때가 1936년 6월, 청헌의 나이 이미 예순이었다. 형사는 마당에 침을 탁 뱉으며 쓰러진 청헌에게 이 말을 남기고 떠났다.

　"영감. 계속 이런 식으로 나오면 취조실로 끌고 갈 수밖에 없어. 죽기 싫으면 잘 생각해 보라고."

　15년 전, 아내와 마을 식구들을 일본 헌병대의 총탄에 잃고 한양 집에 돌아온 청헌은 한동안 깊은 실의에 빠졌다. 당장 뭔가를 새로 시작하기에는 슬픔과 허탈이 너무 컸다. 김성민 목사가 가지고 있던 김청헌의 《성도일기》 앞부분은 그의 한탄 섞인 기도들로 가득했다. 청헌의 귀향 소식을 듣고 서양인 선교사들과 교우들이 몇 번 그를 찾아왔지만, 청헌은 그때마다 시간이 필요하다는 말과 함께 그들을 돌려보냈다.

하지만 아들 길민이 열한 살이 되자 청헌은 선교사를 찾아가 그동안 손수 시키던 한문 교육 대신에 서양식 교육을 부탁했다. 다행히 길민은 똑똑하게 자라서 청헌의 인생에 새로운 활력을 불어넣었다. 아들을 반듯하게 키우겠다는 수연과의 약속을 떠올리면서 청헌은 실의에서 빠져나와 마지막 남은 재산인 청진동 집을 팔고 과감하게 옷감 장사를 시작했다. 물론 교회에도 다시 출석하기 시작했다.

일제치하였지만 포목점이 호황을 누려 청헌은 꽤 많은 재산을 모았다. 그렇게 세월은 7년이 더 흘러 1930년 봄, 총명하게 자라 열여덟 살이 된 김길민은 연희전문학교에 입학했다. 대학생이 된 길민의 마음속에는 남다른 애국심이 숨겨져 있었다. 고등보통학교 시절, 한 조선인 선생에게 민족의식을 배우면서 자라나기 시작한 애국심이었다. 하지만 연희전문학교에 다니는 동안은 별다른 애국심을 드러내지 않았다. 그러다 학교를 졸업하고 난 며칠 뒤, 밤중에 길민은 잠자리에 든 아버지의 방문을 두드렸다. 청헌 앞에 단정히 무릎을 꿇은 길민은 나지막하지만 힘 있는 목소리로 이렇게 말했다.

"아버님. 소자를 지금껏 잘 길러 주시고 깊은 공부까지 시켜 주

서서 감사합니다. 이제 집안을 위해 일하면서 아버님을 편히 모시는 것이 자식의 마땅한 도리인 줄 잘 압니다. 하지만 시절이 수상한 이때에 나라를 빼앗긴 젊은이로서 저와 제 집의 안녕만을 위해 사는 것은 비겁한 일이요, 예수님의 뜻이 아니라고 생각합니다. 그래서 고민 끝에 용기를 내어 아버님께 말씀 올립니다. 저는 이제부터 우리 조선 독립을 위해 이 한 몸 바쳐 보려고 합니다. 부디 제 결심을 허락해 주십시오.”

이부자리에 들어가려던 차에 아들의 말을 들은 청헌은 아들의 얼굴을 가만히 바라보았다. 꿈에도 보고픈 수연의 샛별 같은 눈이 아들 길민의 얼굴 위에서 빛나고 있고 눈빛 속에는 결연함이 가득했다. 그러자 약 25년 전, 나환자들을 위해 마을을 만들겠다고 재산을 정리하던 청헌 자신의 젊은 시절이 떠올랐다.

청헌은 덮으려던 이불을 걷고 아들에게 가까이 오라 했다. 길민이 다가오자 청헌은 아들을 힘껏 안았다. 수연이 죽은 자리에서 서로 부둥켜안고 울던 아이가 이렇게 커서 조국을 걱정하고 있다는 생각이 들자 대견함과 안타까움이 울컥 솟았다. 청헌이 팔을 풀며 말했다.

“그래 길민아, 어디로 갈 것이냐?”

“강원도 홍천의 보리울 학교로 가려고 합니다. 거기서 남궁 억 선생님의 가르침 아래 조국을 위한 일을 시작해 보려고 합니다.”

민족 지도자 한서 남궁 억 선생의 소문은 청헌도 익히 들어 알던 차였다. 고개를 끄덕이던 청헌은 아들의 등을 몇 번 두드리고 일어나 병풍 뒤의 다락문을 열고 상자를 하나 꺼냈다. 상자 속에는 그동안 모아 둔 돈뭉치가 가득했다. 청헌은 그 돈을 아들에게 건네주고 다시 상자 속을 살펴 십자가가 새겨진 옥반지 하나를 꺼내었다.

"그래 가거라. 하늘이 널 쓰겠다고 하셨으면 그 음성에 순종하는 것이 야소님을 믿는 성도의 도리다. 네가 가겠다는 길에 무슨 일이 있을지는 하나님께서만 아시겠지. 나는 너의 결단이 자랑스럽다."

그러더니 청헌은 자기 손가락에 낀 십자가가 새겨진 옥반지를 빼서 길민의 손에 끼워 주었다. 이어서 상자에서 꺼낸 동일한 옥반지를 자기 새끼손가락에 꼈다.

"네게 준 반지는 네 어미와 혼인하던 날 하나씩 나눠 꼈던 것이다. 이젠 네가 그 반지를 끼어라. 네 어미의 반지는 며느리에게 물려주겠다고 네 어미 장례식 때 약속을 했다. 그러니 혹여 바쁜 중에라도 인생에 짝이라고 생각되는 여인이 나타나거든 지체 없이 데려오너라. 그럼 이 반지도 네게 주어 네 아내에게 손수 끼우도록 하마."

다음 날, 아침 일찍 길민은 청헌의 품을 떠났다. 이후로 아주 가끔 길민은 야밤을 타서 집에 다녀갔다. 그러다가 1933년 남궁 억 선생의 주도 하에 무궁화 사건[33]이 일어났다는 보도가 여러 신문에 실렸다. 남궁 억 선생은 체포되었고 길민은 일제의 수배를 받고 어디론가 사라져 연락이 두절되었다. 그 이후에 일본 형사가 청헌을 찾아와 길민의 행방을 묻기 시작했고, 청헌이 모른다고 하자 결국 그의 뺨을 후려친 것이었다.

사라지는 형사의 뒷모습을 보면서 청헌은 생각했다.

'허허, 순사 놈이 저토록 독이 오른 걸 보면 우리 아들이 독립운

동을 제대로 하긴 하나 보다.'

다음 날 아침, 동대문 포목상에 출근한 청헌은 직원들과 예배를 드린 뒤 차를 한잔 마시고 있었다. 그때 윤 서방이 조용히 다가왔다. 윤 서방은 아버지 김진호 때부터 청헌네 집에서 일한 충직한 하인이었다. 청헌이 나환자촌으로 떠난 와중에도 끝까지 남아서 집을 지키다가 돌아온 청헌을 다시 반갑게 맞이해 준 것도 그와 그의 가족이었다. 청진동 집을 판 이후에도 청헌을 떠나지 않고 포목점 총무를 맡아 충실하게 청헌을 보필하던 윤 서방은 청헌에게 다가와 편지 한 통을 살며시 건넸다. 누가 가져왔는지 묻자 조금 전한 젊은이가 가게에 들어와 주인어른께 꼭 전해 드리라 부탁하고 곧 사라졌다고 했다.

돌연한 직감에 청헌은 가게 안쪽 방에 홀로 들어가 편지를 펼쳐 보았다. 예상대로 아들 길민이 보낸 편지였다. 청헌의 건강을 걱정하고 길민 자신의 안전을 전하는 편지였다. 그동안 길민은 간도에 있다가 작년 1935년에 병으로 출소한 남궁 억 선생을 만나러 다시 귀국했고 이후로 선생을 대신하여 젊은이들로 구성된 비밀 구국단을 이끌고 있다고 했다. 하지만 현재 구국단의 운영 자금 부족으로 활동이 어려워 전국의 뜻있는 조선인들로부터 비밀리에 독립 자금을 모금하는 중인데 아버지도 동참해 달라는 부탁이 이어졌다.

아버님을 봉양해야 할 제가 도리어 손을 벌리는 것이 큰 죄인 줄 아오나 일생 의롭게 살아오신 아버님이 저를 누구보다 잘 이해해 주실 거라 믿습니다. 내일 오전경에 이 편지를 전한 동지가 다시 가게에 들를 것입니다. 그때 그의 손에 얼마라도 좋으

니 자금을 전달해 주십시오. 조선 독립의 날이 속히 와서 아버
님을 모시고 싶은 마음 간절합니다. 하지만 그때까지 하나님께
서 아버지를 지키고 보호하시기만을 간절히 빌고 있습니다.

불효자 길민 올림.

맨 아래에는 읽은 후 편지를 없애 달라는 추신이 적혀 있었다.
그날 이후 청헌의 가게에는 매달 길민이 보낸 사람이 비밀리에 찾
아왔다. 청헌이 가게 수입의 일정 부분을 한 달간 모았다가 독립운
동 자금으로 그의 손에 보내기 시작한 것이었다. 뿐만 아니라 청헌
은 이 일을 은밀히 확장해 나갔다. 장사하는 사람들 중 의식 있고
여유 있는 가게 주인들과 교회 안에 부유하고 뜻있는 교우들을 설
득하여 독립 자금 모금에 동참하도록 이끈 것이다. 꽤 많은 조선인
들이 청헌의 뜻에 동조하였다. 결국 청헌의 가게는 독립운동 자금
을 조달하는 비밀 중간 기지가 되었다. 청헌은 수금을 빙자하여 각
가게와 집을 다니며 모금을 했고, 그렇게 모인 자금은 길민이 보낸
비밀 배달원을 통해 구국단으로 전달되었다.

이 위험한 일은 기적처럼 2년 넘게 잘 진행되었지만 그것이 한
계였다. 전부터 그를 감시하던 일본 형사는 끝내 청헌의 모금운동
을 알아채고 말았다. 어느 날 아침, 피투성이가 된 길민의 배달 담
당 청년을 질질 끌고 나타난 일본 형사는 가게로 들어오자마자 청
헌의 배를 걷어찼다. 전에 뺨을 때린 그 형사였다. 모든 것이 탄로
난 것이었다. 청헌은 두 손이 꽁꽁 묶인 채 종로 경찰서로 끌려가
혹독한 고문을 받아야만 했다. 이미 예순을 훌쩍 넘긴 노인인데도
일본 형사의 매질은 가혹하고 인정사정없었다. 그러나 그는 몇 번

이나 까무러치면서도 아들에 대해서는 끝내 입을 열지 않았다. 고통이 너무 심할 때면 속히 목숨을 거두어 달라고 하나님께 간곡히 기도만 했다.

지옥 같은 며칠이 지난 후, 그날 아침도 청헌은 취조실 의자에 앉아 검은 장갑을 끼는 형사들을 보면서 곧 시작될 고문을 참으려는 각오로 이를 악물었다. 그때 누군가가 취조실로 들어왔다. 청헌을 고문하려던 형사들은 그에게 허겁지겁 경례를 붙였다. 그러자 그는 모두 나가 있으라고 말한 뒤 홀로 남게 되자 조용히 입을 열었다.

"청헌님."

낯익은 목소리였다. 고개를 들자, 옛 친구 주령이 일본 형사 복장으로 서 있었다. 주령은 청헌의 묶인 손발을 풀어 주면서 따뜻한 차를 따라 건네었다.

"주령, 이게 어찌된 일인가?"

청헌의 몰골을 보면서 안타까운 표정을 짓던 주령은 지난 이야기를 시작했다. 청헌이 나환자들을 위해 떠난 후, 주령은 우연한 기회에 순사 교습소로 들어갔다고 했다. 이후로 여러 지방에서 근무하며 꽤 혁혁한 공로를 세워 승진을 거듭하다가 마침내 그저께 종로 경찰서 고등계 형사 주임으로 발령받았다는 것이다. 정식 근무는 어제였지만 오늘에야 업무 보고를 받으면서 청헌이 체포되었다는 소식을 듣고 부랴부랴 달려왔다고 말했다. 주령은 청헌에게 이제 아무 염려 말라고 했다.

과연 주령의 말은 허언이 아니었다. 형사들은 이후로 청헌에게 더 이상 고문을 가하지 않았고 일주일 정도 지나자 마침내 석방까

260

지 될 수 있었다. 그 후 주령과 청헌의 우정은 다시 시작되었다. 그것은 사실 좀 난감한 현실이었다. 비록 지방에서 있은 일이라 서울 지역에서 잘 알려져 있지 않았지만, 조선인 김주령이 일본 경찰의 고등계 주임으로 승진하기까지 얼마나 지독한 매국 행위가 있었겠는가. 그런 매국노 김주령과 독립운동 자금책인 김청헌이 친하게 지낸다는 것 자체가 아이러니였다.

청헌도 그런 사실을 잘 알고 있었다. 하지만 청헌은 지옥 같은 취조실에서 자신을 기꺼이 꺼내 준 옛 친구 주령의 선처가 진심으로 고마웠다. 특히 그 옛날 하우고개에서 함께 만났던 나환자 처녀와의 사이에서 낳은 아들이 길민이라는 말을 하자 주령은 크게 감동하면서 온 힘을 다해 길민의 수배를 풀어 보겠다는 약속까지 하였다. 청헌은 그런 주령에게 더 고마운 마음이 생겼다.

그 사건 이후 길민에게서 모든 연락이 끊긴 상태였지만 그것만 빼면 모든 것이 안정을 찾아 갔다. 일본 형사로 지내면서 신앙의 길을 떠나 있던 주령도 청헌의 권유로 개신교회에 출석하기 시작했다. 주령은 오랜만에 드리는 예배가 무척 감격스러운 것 같았다. 교회를 다시 나간 지 얼마 지나지 않은 어느 주일 아침 예배 때, 주령은 과거 장대현교회에서 한 것처럼 그동안의 삶을 뜨겁게 회개하는 모습도 보여 주었다.

그 회개 이후로 나타난 주령의 변화는 신기할 정도였다. 주령은 여전히 경찰서에 근무하긴 했지만 도대체 어떻게 고등계 주임형사까지 올라갔을까 싶을 만큼 조선인 동포들을 최대한 관대히 대해 주었다. 처음에는 껄끄러운 눈으로 주령을 보던 동포 중에도 점점 그를 좋게 말하는 사람들이 생겨나기 시작했다.

또 세월은 1년이 흘러갔다. 오랜만에 청헌은 전차를 타고 복사골(부천)로 갔다. 장인어른, 즉 수연의 아버지를 뵈러 간 것이었다. 장인은 딸이 총에 맞아 죽은 후에도 여전히 하우고개 아랫동네에 살고 있었다. 그는 나이가 많아 한의원은 더 이상 운영하지 못했지만 아직 정정했다. 마련해 온 음식을 나누면서 밤새 장인께 술을 따라 올리며 이야기꽃을 피우다 잠든 청헌은 이튿날 아침 일찍 처갓집을 나섰다. 하우고개로 가는 청헌의 손에는 낫이 한 자루 들려 있었다. 처가에 올 때마다 찾아가는, 수연과 마을 사람들의 묘지로 향하는 길이었다.

한때 나환자촌이었고, 환자들의 상당수가 일본 헌병대의 총탄에 죽어 원한이 깊은 곳이라는 소문 때문에 하우고개 부근에는 늘 인적이 드물었다. 약간이라도 어두워질라치면 사람들은 벌써 하우고개를 피해 건너편 여우고개로 다니곤 했다. 언덕 정상에 도달한 청헌은 산길을 헤치며 숲 속으로 걸어 들어갔다. 얼굴에 달라붙는 거미줄을 떼어 내며 한참을 걷자 청헌의 옛 마을 터가 드디어 나타났다. 불타 버린 마을은 흔적이 거의 없었고 흐릿한 집터들 위에는 어른 키만 한 수풀이 우거져 있었다. 가쁜 숨을 고르며 멈춰 선 청헌은 옛 마을 터를 보며 잠시 회상에 빠졌다가 곧 묘지들 쪽으로 발길을 옮겼다. 마을 끝 언덕배기 즈음에 마련된 수연의 묘가 멀찌감치 보이기 시작했다.

그때였다. 묘지 사이에서 누군가 뛰어나오더니 언덕으로 급히 올라가는 모습이 눈에 띄었다. 그런데 그 걸음걸이가 독특하고 낯익었다. 밖으로 크게 휜 안짱다리. 그는 분명 수연의 동굴에서부터 함께 지냈던 철손 아비가 틀림없었다. 묘로 급히 달려간 청헌은 큰 소리로 철손 아비를 부르며 언덕을 올랐다. 온 산이 메아리치도록 부르는데도 그는 끝내 언덕 건너편 숲 속으로 사라지고 말았다. 하는 수 없이 다시 묘지로 돌아온 청헌은 낫을 들고 무덤에 난 풀들을 다듬었다. 수연의 묘부터 시작해서 마을 사람들의 묘를 하나씩 일일이 다듬고 있는데 갑자기 언덕 위에서 누군가의 목소리가 들렸다.

"나으리."

고개를 들어 보니, 과연 얼굴을 천으로 가린 철손 아비가 언덕을 걸어 내려오고 있었다. 다 떨어진 옷에 꾀죄죄하기 이를 데 없는 형상이었다. 청헌은 급히 달려가 그의 손을 덥석 잡았다. 듬성듬성한 철손 아비의 머리칼은 어느새 허옇게 세어 그간의 세월을 느끼게 해 주었다. 철손 아비는 펑펑 울기 시작했다. 청헌은 어깨를 들썩이는 철손 아비의 손을 이끌어 수연의 무덤 앞에 앉혔다. 한참을 흐느끼다 겨우 진정한 철손 아비는 옆에 앉은 청헌에게 지나간 사연을 말했다.

17년 전, 헌병대의 사나운 총탄을 피해 죽지 않고 겨우 산으로 도망갔던 나환자들은 며칠 동안 이 잡듯 산을 뒤진 헌병대에게 대부분 다시 체포되고 말았다. 그렇게 체포던 삼십여 명의 나환자들은 헌병대의 트럭에 실려 전라남도 고흥군 앞바다의 소록도 자혜병원으로 끌려갔다. 다행히 그들이 소록도에 도착했을 무렵, 병원을 맡고 있던 일본인 원장은 괜찮은 사람이었다. 1921년부터 소록도 2대 원장으로 일하던 하나이 원장은 나환자들의 요구를 적극 수용해 주고 진심으로 환자들을 위해 일했다. 그 공적이 탁월했기에 1929년 하나이 원장이 순직하자, 이어서 부임한 3대 원장 야자와

준이치로는 환자들의 적극적인 지지로 그의 공덕비까지 세웠다.

하지만 그다음이 문제였다. 1933년 4대 원장으로 부임한 수호는 환자들에게 포악한 횡포를 저질렀다. 3차에 걸친 병원 확장 계획을 세운 원장은 환자들을 노예처럼 부리면서 악랄하게 노동력을 착취했다. 극심한 고통 속에 자살하는 환자들과 바다를 건너 도망치다 물에 빠져 죽는 환자들이 속출할 정도였다. 결국 철손 아비는 동료들과 조를 짜서 밤마다 몰래 뗏목을 제작했고, 뗏목이 완성되자 총 열여덟 명의 환자들이 비밀리에 바다를 건넜다. 다행히 해안까지는 1킬로미터 정도여서 그들은 무사히 탈출할 수 있었다. 육지에 도착한 후, 남쪽 지방 출신 여섯 명은 따로 자기들 갈 곳으로 갔고 청헌의 마을 출신 열두 명은 뭔가에 홀린 듯 그 옛날의 하우 고개를 찾아 걷기 시작했다.

병든 이후 처음으로 따뜻한 사랑을 경험했던 곳. 그리운 산속 옛 마을로 가면 왠지 구수한 밥 냄새가 예전처럼 자신들을 기다리고 있을 것만 같았기 때문이다. 하지만 죽을 고생을 하고 도착한 그들을 맞이한 것은 폐허가 된 마을의 잔해와 죽은 이들의 묘지뿐이었다. 그것을 보는 순간 억장이 무너져 내렸단다. 하지만 딱히 돌아갈 곳도 없었기에 그들은 거기를 떠날 수도 없었다. 결국 철손 아비를 비롯한 열두 명은 다시 예전의 동굴에서 벌써 2개월째 지내고 있는 중이라 했다.

청헌은 철손 아비와 함께 동굴로 찾아갔다. 컴컴한 굴에서 나온 그리운 옛 마을 사람들을 보자 청헌은 그들을 부둥켜안고 한참을 울었다. 눈물이 잦아들 무렵, 청헌은 이들을 위해 다시 뭔가를 시작해야겠다고 결심했다. 하지만 과거처럼 무작정 나환자촌을 건립

264

했다가는 또다시 일본 헌병들에게 추방당할 것이 뻔했다. 좀더 조 직적이고 확실한 계획이 필요했다. 청헌은 그들에게 조금만 더 동 굴에서 기다리라 당부하고 산을 내려왔다. 서울 집으로 돌아온 청 헌은 고민에 고민을 거듭하다가 주령을 찾아가서 문제를 터놓고 상의했다.

며칠 뒤, 청헌의 가게에 놓인 자석식 전화기가 요란하게 울렸다. 무슨 방도가 있는지 알아보겠다던 주령의 전화였다. 그는 청헌에 게 혹시 일본인 우찌무라를 아는지 물었다. 오래전 청헌을 도와줬 던 우찌무라의 이름을 듣는 순간, 청헌의 마음에 한 가닥 희망이 타올랐다. 잘 안다고 하자 주령은 기뻐하면서 의외로 일이 쉽게 풀 릴 것 같다고 말했다.

청헌의 부탁으로 과거 하우고개의 나환자촌 사건을 살펴보던 주 령은 이 사건에 개입했던 우찌무라 형사의 이름을 보고 깜짝 놀랐 다. 아무래도 총독부 고위 간부로 재직하고 있는 우찌무라 고문과 동일 인물인 것 같아서였다. 확인해 보니 정말 그랬다. 긴 세월 동 안, 우찌무라도 승진을 거듭하여 마침내 조선 총독부 이인자인 정 무총감을 보필하는 열다섯 명의 고문 중에 하나로 재직하고 있었 던 것이다.

주령은 우찌무라를 찾아가서 자초지종을 말했고 우찌무라는 당 장 청헌을 만나고 싶다면서 그의 일이라면 무엇이든 최선을 다해 돕겠다고 했단다. 마침내 주령의 주선 하에 다시 만난 청헌과 우찌 무라는 꽤나 감격스러운 재회를 가졌고 그때부터 청헌의 고민은 눈 녹듯 해결되기 시작했다. 총독부 고위 간부의 힘은 과연 막강했 기 때문이다.

우찌무라는 총독부에서 관할하는 지방 구역들 중 고양군이 적합할 것이라 생각하고 군수를 직접 만나 고양 군내에 임시로 나환자들을 수용할 만한 땅이 있는지 물었다. 소록도가 조선의 모든 나환자들을 수용하기 힘들기 때문에 서울과 경기 주변의 나환자들을 수용할 곳이 필요하다는 이유를 달면서 말이다.

그러자 고양 군수는 뚝도[34]를 추천했다. 한강과 중랑천이 만나는 살곶이 벌을 중심으로 형성된 뚝도는, 비가 많이 오면 섬이 되고 건조하면 다시 육지와 연결되곤 했다. 남쪽 지역은 여름에 서울 사람들의 휴양지로 사용되었지만 그 외 대부분 지역은 밭이었다. 그러다 보니 봄이면 밭에 뿌린 거름 냄새가 진동해서 사람들이 코를 막고 피하는 곳이기도 했다. 고양 군수는 우찌무라의 부탁을 받고 뚝도에 있는 군 소유의 밭을 청헌이 구입한다면 나환자촌을 세우도록 허락해 주겠다고 약속했다.

1941년, 청헌은 드디어 뚝도의 한 모퉁이에 나환자촌을 새로이 건립할 수 있었다. 처음에는 청헌의 모든 재산이 투입되었다. 하지만 주령과 우찌무라의 입김으로 고양 군수도 제법 많은 지원을 해 주었다. 무엇보다 과거 청헌이 마을을 건립했던 하우고개의 산과 땅이 나라에 팔리도록 우찌무라가 주선해 주었기에 뚝도에 세워진 나환자촌은 제법 탄탄한 재정을 바탕으로 시작할 수 있었다.

감사하게도 모든 것이 순조로웠다. 청헌은 무엇보다 주령에게 진심으로 고마웠다. 하지만 주령은 성도로서 당연히 할 일을 한 것뿐이고 과거에 자신도 청헌에게 많은 친절을 입었다며 청헌의 치사를 사양했다. 게다가 자기도 청헌 덕분에 우찌무라 고문을 알게 된 것이 큰 행운이라는 말도 했다.

이렇게 건립된 뚝도의 나환자촌은 비록 외부에는 거의 알려지지 않았지만 점점 더 규모가 커져 갔다. 순사들과 헌병들은 서울·경기 부근에서 찾아낸 나환자들을 소록도까지 보내지 않고 가까운 뚝도로 보냈다. 청헌은 더 재정을 들여 주변 땅들을 사들이면서 마을 범위를 확장해 나가 마침내 경성 시민들의 여름철 휴양지 부근을 제외한 대부분의 땅을 소유하게 되었다.

그것은 한편 주령과 우찌무라의 지속적인 도움 덕분이었다. 특히 주령의 협조는 참으로 적극적이었다. 일요일이면 자신의 가족을 데려와 나환자촌 내에 있는 교회에서 함께 예배를 드렸다. 그뿐 아니라 틈날 때마다 필요한 음식과 물품을 모아 차에 가득 싣고 나환자촌에 나타났다. 청헌이 보기에 감탄스러울 정도로 주령은 나환자들에게 친절했고, 예배 후 조금도 거리낌 없이 흉악한 몰골의 나환자들과 함께 먹고 마시기까지 했다. 반면 주령의 처와 아들은 나환자들과 함께 있는 것을 좀 괴로워하는 것 같았다.

이 무렵 주령은 더 계급이 높아져 경기 도경 경부까지 진급한 상태였다. 총독부 간부인 우찌무라의 적극적인 추천 덕분이었다. 새로 부임한 직장을 따라 경기도 용인으로 이사 간 후에도 나환자들을 위한 주령의 봉사는 계속되었다. 그 공로를 인정받아서 마침내 주령은 청헌의 뒤를 이어 나환자촌 교회의 두 번째 장로로 세워졌다.

그날 이후로 예배의 성찬식 때마다 청헌과 나란히 서서 성찬식 빵과 포도주를 환자들에게 나눠 주는 주령의 모습은 참으로 감사하고 감격스러운 것이었다. 그러던 어느 날, 예배 후 공동식사를 하는데 갑자기 주령이 청헌에게 종이 한 장을 불쑥 내밀었다. 받아

보니 함경남도 함흥의 한 마을 주소가 적혀 있었다. 청헌이 의아한 눈으로 이게 뭔지 묻자 주령은 껄껄 웃으면서 그것이 길민의 주소라고 했다. 깜짝 놀라는 청헌에게 주령은 더더욱 기쁜 소식을 전했다. 그동안 자신이 애써 온 대로 마침내 길민의 수배가 풀렸다는 것이다.

감격한 청헌은 주령의 손을 잡고 머리를 조아리며 거듭 감사를 표했다. 주령은 주변의 의아한 눈들을 멋쩍어 하면서 청헌에게 편지를 속히 써 보라고 했다. 그날 밤, 청헌은 아들에게 긴 편지를 썼다. 수배가 풀렸다는 사실, 다시 시작하게 된 나환자촌의 사역 등 그간의 모든 사연을 세밀하게 적은 청헌은, 끝으로 길민에게 귀향하여 아비를 도와달라고 부탁했다. 독립을 위해 직접 뛰는 것도 중요하지만 이 땅에 버려진 자들을 섬기는 일도 그에 못지않게 중요한 일이라는 말을 덧붙이면서.

편지를 보낸 뒤, 청헌은 하루 일이 끝날 때마다 아들을 그리며 강가 백사장에 앉아 있었다. 나이 들어 점점 쇠약해 가던 청헌은 자신의 임무를 이어 갈 사람이 필요했다. 그는 아들 길민이 가장 적격자라고 믿고 있었다. 나환자를 어머니로 두고 나환자촌에서 나고 자란 길민은 틀림없이 새로 건립된 나환자촌을 훌륭히 이끌어 갈 것이었다. 하지만 편지를 보낸 이후로 몇 달 동안은 아무런 소식이 없었다. 그렇게 기다림의 열망이 점점 절망으로 변해 가던 어느 초저녁, 그날도 어김없이 강가에 나와 있던 청헌은 멀리 백사장 끝에 나타난 자그마한 그림자 하나를 보았다. 그것은 꿈에도 그리던 아들 길민이 아비에게로 돌아오는 모습이었다. 그때가 1942년 11월 12일이었다.

268

김성민 목사는 김청헌의 《성도일기》 끝 부분은 아들을 만난 기쁨과 야소님께 감사하는 내용들로 종결되고 있다고 말했다. 다만 맨 마지막 장에 두 가지 사건에 대한 간단한 메모가 더 적혀 있다면서 김청헌의 《성도일기》 마지막을 펼쳐 보여 주었다. 거기에는 '1943년 2월 7일 길민에게서 정순심 처녀 이야기를 듣다'와 '1943년 4월 9일 길민이 순심과 결혼하다'라는 문장이 있었다.

구체적인 내용들은 더 이상 없었고, 그 두 문장을 마지막으로 김청헌의 일기는 끝을 맺고 있었다. 김성민 목사의 이야기를 들으면서 내 머리는 더 혼란스러워졌다. 그렇다면 김길민이라는 사람도 나의 조상이라는 말인가? 하지만 내가 학교 다닐 때 조사했던 족보에는 내 조상 중에 그런 이름이 없었다. 그가 내 할아버지 김정만 회장과 동일 인물일 리도, 나이로 보아 형제일 리도 없었다. 오히려 그는 내 할아버지의 부친뻘이었다. 그렇다면 할아버지의 부친은 김청헌이 아니라 김길민이라는 말인가? 나이만 보면 어느 정도 가능한 이야기다.

김길민이 집을 떠난 것은 1932년이었다. 할아버지가 1934년 생인 것을 감안하면 그가 집을 떠나 독립운동을 할 당시에 할아버지를 낳았을 가능성은 있다. 그렇다면 할아버지는 왜 지금까지 그 사실을 감추어 왔을까? 독립운동가가 집안에 있다면 할아버지 성격에 자랑스러워했을 것이 분명한데 말이다. 도대체 무슨 사연이 더 숨겨져 있는 것인가? 의문스러운 눈으로 김성민 목사를 보며 뭔가 질문하려고 하자 그가 먼저 입을 열었다.

"아마 자네는 아직 뭐가 뭔지 감이 잘 안 올 걸세. 하지만 내 이야기를 좀더 들어 보게."

그러면서 김성민 목사는 김길민의 《성도일기》를 집어 들었다. 김길민의 일기장은 고서 형태가 아니라 일제 강점기에 현대식 공장에서 만든 것처럼 보였다. 빛이 바랬지만 겉장 오른쪽 하단에 꽃이 꽂힌 검은 화병도 하나 인쇄되어 있었고, 겉장을 넘기자 잉크로 흘러 쓴 펜글씨가 빼곡하게 적혀 있었다.

일기 초반부는 일종의 장부 형태로 1936-38년까지 전국에서 보내온 독립자금들의 목록과 자신이 이끌던 청년 구국단의 활동 내역들이 기록되어 있었다. 간간이 자신의 감정적인 독백들도 섞여 있긴 했지만 초반부는 일기라고 하기에는 너무 사무적인 내용들뿐이었다. 하지만 어느 정도 책장을 넘기자 드디어 김길민의 이야기가 적혀 있었다.

1942년 11월 12일, 경성으로 돌아와 아버지를 만난 이후 길민은 나환자촌에 머무르며 아버지를 돕기 시작했다. 이미 아홉 살까지 나환자촌에서 살았던 길민은 환자들을 돌보는 것이 별로 어색하지 않았다. 길민은 아버지의 업무를 능숙하게 배우며 나환자 마을과 교회 일을 적극적으로 도왔다. 이런 아들을 보면서 청헌은 틈날 때마다 모든 것이 김주령 장로의 덕택이라며 길민에게 주령을 아버지처럼 모셔야 한다고 말했다. 김주령 장로가 베푼 고마운 일들은

270

익히 들었기에 길민 또한 감사한 마음이 있었었다. 그러나 독립운동가로서의 끓는 피 때문인지 길민은 일본 경찰 간부로 있는 주령이 전적으로 미덥지는 않았다.

하지만 주령은 청헌의 뒤를 이어 마을의 실무를 담당하는 길민을 변함없이 힘을 다해 도와주었다. 주령의 집이 있는 경기도 용인에서 뚝도까지 꽤나 먼 길이었기에 그의 처와 아들은 잘 나타나지 않았지만 주령만은 충성스럽게 교회에 출석하며 나환자들을 섬겼다.

석 달쯤 지난 1943년 2월 7일, 길민은 청헌에게 한 가지 사실을 고백했다. 함흥에 결혼을 약조한 처녀가 있다는 것이었다. 청헌은 깜짝 놀라 그 처녀가 누구인지 물었다. 정순심이라는 만주 출신의 조선 여자라 했다. 1920년, 독립군이 일본군을 대파한 어랑촌 전투에서 아버지를 잃고 이듬해 어머니까지 병으로 잃은 후 오빠와 함께 힘든 삶을 살던 그녀는 조선으로 내려와 길민의 구국단에 가입했다. 하지만 몇 년 전에 그녀의 오빠도 친일파 제거 작전에 자원했다가 그만 일본 순사의 총에 목숨을 잃고 말았다. 그 사건을 계기로 길민은 그녀를 위로하다 정이 들어 혼인을 약속한 사이가 되었다고 했다.

그때 길민의 나이는 이미 서른이 넘었다. 청헌은 길민에게 속히 그녀와 혼례를 올리라고 권했다. 아버지의 허락을 받은 길민은 이틀 후 함흥에 다녀오겠다고 말한 뒤 길을 나섰다. 그리고 길민은 엿새 후 함흥의 이모 댁에 있던 순심을 데리고 왔다. 청헌은 첫눈에 그녀가 마음에 들었다. 순심은 정숙함과 당차고 강한 면모를 겸비한 아가씨였다. 그녀는 나환자촌 분위기에 금세 동화되어 훌륭한 일꾼으로 변해 갔다.

1943년 4월 9일, 나환자촌 곳곳에 심겨진 백목련들이 만개하고 개나리와 진달래가 푸짐하게 핀 화창한 봄날에 길민과 순심은 결혼식을 올렸다. 보는 이마다 청헌의 얼굴에 드러난 감격을 읽을 수 있었다. 청헌은 약속대로 수연이 끼던 반지를 아들에게 주었고 길민은 그 십자가 옥반지를 순심의 손가락에 끼워 주었다. 우찌무라는 이미 본국으로 돌아가 조선에 없는 상태였지만 주령은 고맙게도 열 살 된 자기 아들을 데리고 결혼식에 참석했다.

갓 결혼한 두 사람의 모습은 그림처럼 고왔다. 초여름 늦은 오후, 나지막한 앵두나무 곁에서 도란거리며 바구니 가득 빨간 앵두를 따는 둘의 모습은 젊은이들에게는 꿈이었고 늙은이들에게는 추억이었다. 하지만 너무 큰 기쁨은 비극의 예고편이라 했던가. 이후로 길민의 일기에는 서서히 비극적인 사연들이 나타났다. 길민이 혼인하고서 채 1년이 지나지 않은 1944년 2월 9일. 그 밤에 청헌은 갑자기 아들과 며느리를 불러 앉히고는 둘의 머리에 손을 얹고 축복 기도를 드리기 시작했다. 갑작스러운 아버지의 행동에 당황하는 두 사람에게 기도를 마친 청헌은 두툼한 보따리를 꺼내 건네며 말했다.

"내가 이 땅에 살아온 지 만으로 어언 66년이 넘었다. 나름대로 하나님의 말씀을 좇아 산다고 살아왔는데 벌써 신약과 구약의 권수를 채웠으니 아무래도 내 갈 길을 거의 다 달려온 것 같구나. 이 보따리 속에는 우리 집안의 역사가 든 책들과 그동안 내가 성경을 연구하고 묵상한 내용을 적은 책들이 들어 있다. 내 아버지 김진호 어른이 박해를 피해 산으로 들어가신 이후부터 꾸준히 쓰셨던 일

272

기를 나도 이어서 평생을 써 왔다. 길민이 네가 돌아온 이후 일기 쓰기를 멈추었는데 이제 장성한 너희 두 사람을 보노라니 내 걸어온 삶을 마무리할 때가 되었다는 생각이 드는구나. 이제 너희는 이 귀한 책들을 뚝도의 땅 문서들과 함께 물려받아라. 내 이미 모든 마을의 재산과 땅을 길민이 네 앞으로 고쳐 놓았다. 부탁하는데 두 사람은 힘써 사랑하면서 우리 주 야소님 안에서 의롭고 아름다운 우리 가문의 이야기들을 더 열심히 만들어 가거라.”

청헌은 자신이 떠날 날을 미리 알고 있었던 것일까? 바로 그날 밤, 마을에 이유 모를 화재가 일어났다. 강에서 올라온 안개가 자욱하여 코앞도 식별키 어렵던 이른 새벽, 청헌이 따로 기거하던 목조 사택에서 불길이 치솟았다. 기름 불이어서 좀체 잡히지 않았다. 눈물을 펑펑 흘리며 양동이로 물을 퍼 끼얹는 길민과 마을 사람들의 통곡 속에 청헌은 끝내 집안에서 화장되고 말았다.

불이 꺼진 후 형체를 알아보기 힘든 청헌의 시신 앞에서 통곡하는 길민에게 마을 사람 중 하나가 전날 저녁 낯선 사람 몇이 마을 근처까지 왔다가 돌아가는 것을 보았다고 말했다. 일반인들이 좀체 나타나지 않는 나환자촌이기에 그 말을 들은 길민은 누군가의 방화일지 모른다는 생각에 경찰의 도움을 요청하고 김주령에게도 이런 사실을 전했다. 김주령 장로는 분노한 목소리로 사건을 끝까지 파헤쳐 보겠다고 말했다.

하지만 청헌의 시신을 발인하여 하우고개에 있는 길민의 어머니 최수연의 묘까지 가서 합장하고 돌아온 후, 얼마 지나지 않아서 경찰들은 촛불로 인한 단순 화재라고 금세 결론 내리고 말았다. 속이 시원치 못한 길민이 좀더 철저한 수사를 요구하기 위해 김주령을 찾아갔지만, 얼마 뒤 주령도 청헌의 죽음은 방화가 아닌 사고가 분명한 것 같다고 전해 왔다.

천붕(天崩)의 아픔이 채 가시기도 전인 1945년 1월, 길민에게 또 다른 날벼락이 떨어졌다. 갑자기 고양 군수가 나환자촌을 철거하라는 명령을 내렸다. 1908년 조선 최초로 뚝도에 세워진 정수장이 서울시 급수의 32퍼센트나 차지하게 된 상황에서 주변에 더 이상 나환자촌 같은 불결 시설을 용납할 수 없다는 것이었다. 길민은 아버지의 마지막 피땀이 어린 마을을 지키기 위해 분주히 뛰어다녔다. 하지만 아무 소용이 없었다. 그렇게 도움이 되어 주던 김주령도 자기 힘으로는 어쩔 수 없는 일이라고 손을 들었다. 설마 하던 몇 주가 지나자 갑자기 몰려온 헌병대 트럭들은 마을의 모든 나환자들을 강제로 싣고 소록도로 떠나고 말았다. 길민과 순심은 그저 멍하니 넋을 잃고 멀어지는 트럭 꽁무니를 바라볼 수밖에 없었다.

비극은 여기서 그치지 않았다. 1940년 독일, 이탈리아와 삼국동맹을 맺었던 일본은 이를 저지하던 미국에 대하여 진주만 공격을 감행하였다. 이렇게 발발한 태평양전쟁 때문에 일본은 1943년부터 조선 학도병을 징집하더니 1944년에는 징집의 영역을 더 넓혀 마구잡이식으로 조선인 강제 징집을 감행하기 시작했다. 그리고 그 마수의 손길은 길민에게까지 뻗쳐 왔다. 마을 환자들이 모두 소록도로 끌려가 버린 후, 앞날의 계획을 고민하던 길민과 순심에게 어느 날 느닷없이 찾아온 일본군 오장은 불쑥 징집영장을 내밀었다. 이미 나이 삼십을 훌쩍 넘긴 길민은 자신이 징집되리라고는 예상치 못했었다. 하지만 아무리 호소해도 소용이 없었다. 급히 오장에게 돈뭉치를 쥐어 주었기에 겨우 3일간의 말미를 얻을 수 있었을 뿐이다.

일본 군인이 돌아가자마자 길민은 김주령에게 전화를 돌렸다. 그러나 마침 일본으로 장기 출장을 떠났기에 한동안 연락이 불가능하다는 회답만 받았다. 고민을 거듭하던 길민과 순심은 마침내 경성을 떠나 도주하기로 결심했다.

(여기까지가 길민이 쓴 일기의 끝이었다. "하나님 도와주소서"라는 말로 길민의 일기는 끝나고 있었다. 하지만 다음 장에도 일기는 계속 이어졌다. 한문이 별로 섞이지 않은 아낙네의 필기체였다. 아마도 길민의 아내 순심이 《성도일기》를 이어 쓴 것 같았다.)

입대 하루 전날, 대충 짐을 챙겨 경성역에 도착한 두 사람은 멀리 만주로 떠날 계획이었다. 경성역에는 일주일에 세 번씩 만주의 장춘까지 직행하는 특급 열차가 있었다. 두 사람은 표를 끊고 열차에 올라탔다. 삐익 하는 기적 소리와 함께 기차가 출발하려는 듯 꿈틀거렸다. 둘은 서로 눈을 바라보며 안도의 가슴을 쓸어내렸다. 하지만 그것도 잠시, 출발하는가 싶던 기차가 갑자기 멈춰 섰다. 곧이어 뾰족한 칼이 달린 장총을 든 일본 군인들이 객실로 올라왔다. 그들은 길민의 얼굴 형상이 그려진 전단을 들고 다니면서 승객들을 검색하기 시작했다.

순심의 옆 자리에 앉아 고개 숙이고 있던 길민은 기어이 발각되고 말았다. 우악스러운 일본군의 손길이 자신을 덮치자 길민은 급히 순심에게 열차에서 내리지 말고 함흥 이모 댁에서 자기를 기다리라고 나직이 말했다. 반드시 함흥으로 찾아가겠다고 약속하면서. 길민이 내리자 열차는 곧 출발하였다. 순심은 정신없이 차창 밖으로 손을 흔들었고 양손을 붙들린 길민은 고개를 계속 끄덕였다. 그때였다. 순심은 일본군들과 좀 떨어진 곳에 낯익은 사람 하나가 서 있는 것을 보았다. 척 보기에도 김주령이었다. 일본으로 출장 갔다고 한 김주령이 왜 거기 있으며 길민의 체포에 왜 아무 말 없이 침묵하고만 있는 것일까? 순심은 의아했지만 주령이 모든 사건을 보았으니 도움을 반드시 줄 것이라는 희망을 가졌다.

함흥에 도착한 순심은 아무리 기다려도 길민에게서 소식이 없자 김주령에게 전화를 걸었다. 조심스럽게 길민의 이야기를 꺼내자 김주령은 다소 호들갑스럽게 안타까워하면서 지난번 일본 출장 때문에 도움을 못 줘 미안하다는 말을 순심에게 연거푸 했다. 그 순간 순심은 알지 못할 두려움이 솟아나 경성역에서 김주령을 보았다는 말을 목구멍에서 꿀꺽 삼켰다.

그리고 한 달 후, 애태우던 순심은 다시 경성으로 돌아갔다. 텅 빈 뚝도 마을로 돌아와 옛집에 짐을 푼 순심은 김주령뿐만 아니라 팔방으로 길민의 소식을 수소문해 보았다. 얼마 뒤, 김주령은 확실치는 않지만 길민이 태평양 먼 섬에서 진행되는 치열한 전쟁터로 끌려간 것 같다는 비통한 소식을 전해 주었다. 순심은 뚝도의 텅 빈 예배당에서 날마다 길민의 무사 귀환을 빌며 간곡한 기도를 올렸다.

그때 순심은 이미 임신 3개월이었다. 점점 불러오는 배를 바라보며 열심히 기도했지만 길민은 끝내 돌아오지 않았다. 그리고 몇 달 후, 1945년 8월 15일에 마침내 한반도는 광복을 맞이하였다. 서울이 온통 광복의 기쁨으로 들떠 있던 그 무렵에도 순심은 아무 소식 없는 길민을 기다리며 홀로 예배당에서 눈물만 지어야 했다. 하지만 출산 날이 더 임박해 오자 순심은 더 이상 혼자 뚝도에 남아 있을 수 없었다. 그녀는 다시 기차에 몸을 싣고 함흥의 이모 댁으로 돌아갔다.

마침내 1945년 12월 24일에 순심은 건강한 사내아이를 낳았다. 순심은 아이에게 성민이라는 이름을 지어 주었다. 자식이 없었던 이모와 이모부는 마치 자기들 손자를 본 듯이 기뻐했다. 순심은 원래 몸을 푸는 대로 속히 경성에 내려가 길민의 소식을 알아보려는 마음이 굴뚝 같았다. 그러나 그렇다고 함흥을 무작정 떠날 수도 없었다. 꼭 찾아오겠다 했던 길민의 약속이 귀에 쟁쟁했기 때문이다.

그러나 날이 갈수록 희망이 더 사라져 갔다. 성민이 태어나고 나흘 뒤인 1945년 12월 28일, 모스크바 삼상회의에서 남북한 신탁통치가 결의되더니, 그 다음 해 5월 23일부터는 아예 이남과 이북 사이에 그어진 삼팔선으로 허가 없이는 민간인이 왕래할 수 없게 되었다. 이북에는 온통 붉은색 바람이 일고 있었다. 김일성이라는 이름이 곳곳에 퍼지고 사람들은 공산주의라는 파도에 휩싸여 갈팡질팡했다.

처음에는 친일파들을 죽여야 한다며 돌아다니던 공산당들이 곧이어 자본가와 지주들을 비롯하여 공산주의에 동조하지 않는 백성들을 적대시했고 다시 예수 믿는 사람들과 교회도 탄압하기 시작했다. 어느새 북한의 교회들은 하나 둘 문을 닫기 시작했다.

이 무렵 순심의 일기는 1950년 성민이 여섯 살에 접어들기까지의 육아 일기와 아들의 얼굴도 못 보고 외딴 이국땅에서 전사했을지도 모를 길민에 대한 그리움으로 가득했다. 그러다 1950년 6월

25일, 전쟁이 기어이 일어나고 말았다는 소문을 듣고 염려하는 내
용이 나왔다. 그리고 1950년 10월 1일, 서울을 수복한 국군이 삼팔
선을 넘어 다시 올라오고 있다는 소문에 대한 기록을 마지막으로
일기는 완전히 끝이 났다.

나는 충격이 너무 커서 아무 말도 할 수 없었다. 지금까지는 김길민이 김정만 회장의 아버지일 가능성을 생각했었다. 하지만 김길민의 아들이 김성민 목사라니. 그렇다면 우리 집안과 김성민 목사네 집안이 서로 형제간이라는 말인가?

하지만 그렇게 되려면 김청헌 할아버지는 최수연 할머니의 죽음 이후로 다시 장가를 들고, 그 사이에 태어난 아들이 다시 내 할아버지 김정만 회장을 낳았어야 한다는 말인데 그런 이야기는 전혀 없지 않은가? 나는 김성민 목사에게 김길민과 정순심 사이에서 난 아들이 정말 목사님인지 다그쳐 물었다. 김성민 목사는 입을 열지 않고 고개만 끄덕였다. 한동안 서늘한 침묵이 흘렀다. 내 머릿속은 둥둥 떠다니는 물음표들로 터질 것만 같았다.

잠시 후, 김성민 목사가 침묵을 깨고 다시 무슨 말을 시작하려

했다. 바로 그때였다. 바깥마당에서 시끌벅적한 소리가 나는가
싶더니 곧이어 별장 문이 요란한 소리를 내면서 벌컥 열렸다. 나
와 김성민 목사는 깜짝 놀라 문 쪽을 바라보았다.

　얼핏 봐도 조폭 같은 깍두기 머리 예닐곱 명이, 검은색 노타이
정장 차림으로 손에 번쩍이는 알루미늄 방망이를 하나씩 들고
우르르 들어왔다. 차가운 공포감이 온 거실에 퍼졌다. 그런데 곧
이어 그들 뒤로 휠체어 하나가 천천히 들어왔다. 손 기사가 밀고
있는 휠체어에는 놀랍게도 팔에 링거 주사를 꽂은 채 날카로운
눈을 번뜩이는 아버지가 앉아 있었다. 내가 놀라 당황하고 있는
사이에 깍두기 머리 두 놈이 어느새 김성민 목사에게 달려와 다
리를 걸어 넘어뜨리고는 발로 등을 꽉 밟았다. 나는 주먹을 휘두
르며 그중 한 놈에게 덤벼들었다. 하지만 가볍게 내 공격을 피한
깍두기는 내 팔까지 뒤로 꺾고 말았다. 팔이 꺾인 채로 나는 아
버지를 향해 외쳤다.
　"아버지, 이게 무슨 짓입니까? 도대체 왜 이러시는 거예요?"
　아버지는 말없이 깍두기에게 손짓을 했다. 그는 내 팔을 꺾은
채 아버지에게로 끌고 갔다. 내가 다가가자 아버지는 쉰 목소리
로 힘들게 말했다.
　"민훈아, 저놈이 무슨 말을 했든지 절대 믿어서는 안 된다. 다
거짓말이야."
　나는 울부짖듯이 말했다.
　"그럼 저기 있는 책들은 뭡니까? 저 일기 속에 있는 내용들도
모두 거짓이란 말입니까?"

280

내가 탁자 위의 타다만 책들을 가리키자 아버지는 곁에 있던 다른 깍두기에게 그것을 가져오라고 지시했다. 책을 가져오자 아버지는 손 기사에게 책들을 넘겨주었다. 손 기사는 책들을 구석에 내려놓은 뒤 준비해 온 시너 통을 열어 흠뻑 뿌렸다. 곧이어 라이터를 켜자 조금 전 불길 속에서 겨우 건진 책들이 금세 훨훨 타올라 마침내 완전히 재로 변하고 말았다.

책이 다 타자 아버지의 얼굴에 만족한 미소가 번졌다. 그때였다. 갑자기 계단에서 누군가 번개처럼 달려와 김성민 목사의 등을 누르고 있던 조폭을 날아서 발로 찼다. 아래층의 소란을 듣고 내려온 은진이었다. 민재 형도 커다란 막대기를 하나 주워 휘두르며 김성민 목사를 가운데 두고 은진과 함께 전투태세를 갖추었다. 김성민 목사가 둘을 만류했지만 은진과 민재 형은 결연한 태도로 그들과 맞섰다.

나는 아버지에게 제발 그만하라고 외쳤다. 아버지는 들은 척도 하지 않고 손 기사에게 고개짓을 했다. 손 기사는 내 팔을 꺾은 조폭과 함께 나를 끌고 가서 거실 구석방에 집어넣은 뒤 무거운 장롱과 의자들로 문을 가로막았다. 나는 문을 힘껏 발로 차며 열려고 했다. 그러나 문 사이로 겨우 자그마한 틈이 생겼을 뿐 더 이상 꼼짝도 안 했다.

문틈으로 보니 한판 혈투가 벌어지고 있었다. 민재 형과 은진이 조폭들과 싸우기 시작한 것이었다. 나는 온 힘을 다해 문을 밀면서 멈추라고 소리를 질렀다. 하지만 아무도 내 외침에 귀를 기울이지 않았다. 꽤 많은 조폭들이 은진의 택견과 민재 형의 몽둥이에 맞고 나가떨어졌지만 둘이서 일곱 명의 전문 싸움꾼들을 감당하기는 역부족이었다. 결국 얼마 지나지 않아서 민재 형과 은진의 가족은 모두 끈으로 손발이 묶인 채 아버지 김만걸 회장 앞에 무릎을 꿇고 말았다. 계단 위에 숨어 있던 야스민 사모까지 머리채가 잡힌 채 끌려 내려와 손발이 묶였다. 그 와중에 야스민의 흰 장갑 낀 의수가 땅바닥에 떨어졌다. 그러자 김성민 목사가 들끓는 감정을 애써 누르는 목소리로 말했다.

"김만걸 회장, 이제껏 누려 온 것들을 잃어버릴 게 그리도 염려되는가? 보아 하니 건강도 좋지 않은 것 같은데 뭘 더 움켜잡으려고 이러는지⋯⋯, 이제 그만 하늘의 순리를 따르게."

그 말이 채 끝나기도 전에 곁에 선 깍두기가 솥뚜껑만 한 손으로 김성민 목사의 뒤통수를 거세게 내리쳤다. 민재 형이 큰 소리로 외쳤다.

"야, 이 짐승 같은 놈들아. 너희는 아버지도 안 계시냐!"

하지만 민재 형도 곧 거센 발길질을 당하고 바닥을 뒹굴었다. 그러자 아버지가 입을 열었다.

"이봐 목사 양반. 당신 말이 맞아. 이 모든 게 어떻게 이루어진 것인데 우리가 그리 쉽게 포기하겠나? 성공을 유지하려면 가만히 머물러 있으면 안 돼. 끝없이 달려야지. 자전거는 페달을 계속 밟아 주어야만 균형이 유지되는 법이거든."

김성민 목사가 말했다.

"그렇게 열심히 페달을 밟아서 도대체 어디로 가려는 건가? 그 마지막 도달 지점을 당신은 아는가? 차라리 페달을 멈추고 자전거에서 내려 주변을 한번 둘러보게. 그러면 달려가서 얻을 것 같은 불투명한 미래가 아니라 실제로 얻을 수 있는 현실의 소박한 행복이 자네를 기다리고 있을 걸세. 위태하게 흔들리는 자전거 위에서 노심초사하느니 그게 훨씬 더 의미 있지 않는가?”

“시끄러워. 현실의 소박한 행복이라고? 헛소리하고 있구먼. 꼴에 목사라고 해탈한 척 하지만 당신이 내 입장이라도 못 그럴걸?”

그러자 김성민 목사가 말했다.

“참으로 어리석은 사람이구먼. 내가 욕심이 있었다면 벌써 당신을 매장시켰지 여직 가만히 있었겠나? 내게도 몇 번의 기회가 있었다네. 하지만 왜 지금까지 침묵을 지키고 있는지 생각해 보지 못했는가?”

아버지는 갑자기 귀찮다는 듯 고개를 절레절레 흔들며 말했다.

“시끄러워. 어차피 뒤탈이 날 만한 것들은 싹 제거해 버려야 해. 반역의 기미가 있으면 구족을 멸해야 왕조는 지속되는 것이야.”

그러면서 이번에는 민재 형을 가리키며 말했다.

“너는 누군지 잘 모르겠지만 그냥 이 사람들과 어울린 것이 재수 없었다고 생각해라. 내일이면 모두 쥐도 새도 모르게 이 땅에서 사라질 거니까.”

그 순간, 나는 안간힘을 다해 좁은 문틈을 기어이 빠져 나와 큰 소리로 외쳤다.

“안 돼!”

내 손에는 이미 손 기사가 가져왔던 시너 통과 라이터가 들려 있었다.

“절대로 안 돼. 이 사람들이 죽으면 나도 죽을 거야.”

아버지의 얼굴이 새파래졌다. 조폭들이 내게 달려들려는 순간 나는 시너 통 뚜껑을 열고 라이터를 치켜들었다. 아버지가 손을 급하게 들어 그들을 제지했다.

“이 어리석은 놈아. 도대체 이게 웬 망발이냐. 이게 모두 너를 위한 것이라고 내가 말하지 않았냐?”

나는 비장한 목소리로 말했다.

“목사님 가족을 죽이는 것이 어떻게 나를 위한 것입니까? 말해 보세요. 도대체 왜 이런 엄청난 죄를 저지르려고 하는지 말입니다.”

그러자 김성민 목사가 먼저 입을 열었다.

“김 회장. 이젠 민훈이도 모든 사연을 알아야 하지 않겠나? 우리를 죽이든 살리든 결국 민훈이도 모든 것을 알아야 할 테고 결국 최종 선택은 민훈이 몫이지 않는가?”

아버지는 짜증이 가득한 얼굴로 고개를 절레절레 흔들었다.

“이 망할 놈. 도대체 왜 이 일에 끼어들어 가지고……, 에이 빌어먹을. 다 필요 없어. 일단 네 놈들부터 없애고 그때 이야기해도 늦지 않아. 애들아.”

조폭들이 “예” 하고 고개를 숙였다.

“처리해.”

아버지의 말에 조폭들은 민재 형을 비롯한 김성민 목사 가족을 밖으로 끌어내려고 했다. 나는 다시 온 힘을 다해 외쳤다.

“다들 멈춰!”

모든 시선이 나를 향하자 나는 시너 통을 들고 머리 위에 들이

붓기 시작했다. 휘발성 강한 액체는 머리카락 끝에서 아지랑이 같은 연기를 내뿜었고 섬뜩한 냉기가 목덜미를 타고 내렸다. 나는 다시 라이터를 들고 말했다.

"아버지. 다시 말하지만 그 사람들에게 조금이라도 허튼 일을 하면 저도 죽습니다."

은진과 민재 형이 안 된다고 소리 질렀다. 그때 김성민 목사가 입을 열었다.

"민훈아. 그 통 내려놓아라. 내가 남겨진 이야기를 마저 해 주마."

아버지의 얼굴에 난감한 표정이 역력했다. 나는 다시 라이터를 치켜들고 소리를 질렀다.

"손 기사 아저씨, 저 깡패들 다 데리고 나가요."

손 기사와 조폭들은 우물쭈물하며 아버지의 눈치를 살폈다. 나는 한 번 더 큰 소리로 외쳤다.

"손 기사, 평생 아버지 밑에만 있겠다고 생각했어? 마태그룹의 다음 실세는 바로 나인 거 몰라? 빨리 모두 데리고 나가."

손 기사는 움찔하더니 급히 아버지 쪽을 바라보았다. 머리를 숙이고 있던 아버지는 천천히 고개를 들고 한숨을 푹 쉬더니 마침내 손 기사에게 모두 데리고 나가서 대기하라고 했다. 손 기사는 시키는 대로 했다. 놈들이 다 나가자 나는 급히 묶인 사람들의 손발을 풀어 주기 시작했다. 휠체어 위에서 아버지는 조용히 침묵을 지키고 있었다.

손발이 풀리자 민재 형이 분노한 얼굴로 주먹을 휘두르며 아버지에게 달려가려 했지만 김성민 목사가 황급히 말렸다. 김성민 목사는 땅바닥에 떨어진 의수를 주워 야스민 사모에게 건네고 그녀의 어깨를 감싸더니 우리에게 엄한 목소리로 소파에 가서 앉으라고 했다. 결국 모두 거실 소파에 앉고 흥분이 좀 가라앉자, 목사님은 그때까지 침묵을 지키던 아버지의 휠체어까지 소파 가까이 밀고 온 다음 천천히 입을 열기 시작했다.

1951년 10월, 길민의 부인 순심은 서울을 점령한 국군이 북진해서 드디어 평양까지 탈환했다는 소식을 들었다. 그리고 곧 함흥까지 국군이 들어왔다. 이제 전쟁은 금방 끝날 것만 같았다. 하지만 한 달 뒤인 11월, 갑자기 중공군이 쳐 내려온다는 소문이 들려왔다. 압록강까지 밀고 올라간 국군들이 개미 떼 같은 중공군들에게 밀려 다시 쫓겨 내려오고 있다는 것이었다.

조마조마한 일상 속에 한 달이 지난 1951년 12월 20일에 중공군이 바로 코앞까지 다가왔다는 소문이 들렸다. 그제야 순심은 이모네 식구와 서둘러 피난을 떠났다. 만 여섯 살이 채 안 된 성민을 들쳐 업은 순심과 이모네 부부는 칼바람을 맞으며 피난민 행렬에 붙어 한없이 걷고 또 걸었다. 이틀 가까이 걸어서 도착한 곳은 함경남도 흥남시의 한 부두였다. 커다란 배들이 수십 척 떠 있고 셀 수 없이 많은 피난민들이 서로 배에 올라타려고 아우성을 치며 아비규환을 이루고 있었다. 심지어 어떤 화물선은 정원이 59명인데 자그마치 1만 4천 명이 올라탔다고 했다.

피난 행렬 끝자락에 도착한 순심네는 도저히 그 어마어마한 무리를 뚫고 배에 올라탈 엄두가 나지 않았다. 게다가 모두 지독하게 허기지고 지쳐 있었고 어린 성민은 심한 고뿔로 온종일 기침을 하는 중이었다. 결국 그날 배 타는 것을 포기한 이모부는 식구들을 이끌고 흥남 시내로 들어갔다.

유령 도시처럼 텅 빈 거리에는 빈집들만 즐비했다. 순심과 이모네 부부는 거리와 문이 맞닿은 집 하나를 발견하고 거기로 들어갔다. 그 집에는 다행히 이런저런 가재도구들이 남아 있었다. 이모는 아궁이에 불을 지펴 솥을 걸고는 이고 온 쌀자루의 쌀을 퍼서 눈 녹인 물로 밥을 지었다. 뒷마당에 묻힌 장독 안에 김치도 몇 포기 남아 있었다. 밥 짓는 냄새가 구수하게 나고 방바닥도 따뜻해 오기 시작했다. 굶주렸던 식구들은 허겁지겁 밥을 먹었다. 배가 부르자 순심은 쓸 만한 것이 더 없는지 다락문을 열어 보았다. 다락 안에는 무슨 까닭인지 인민군용 솜옷들이 가득 들어 있었다. 이모와 순심은 그 옷들을 대충 자르고 이어 박아서 보온용 겉옷과 발싸개를 만들어 식구들에게 입히고 신겼다. 허기가 가시고 몸도 따뜻해지자 온 식구는 곧이어 깊은 잠에 빠져 들었다.

다음 날도 딱히 별다른 방도가 없었다. 밖은 영하 20도가 넘고 성민의 기침 소리는 여전히 심각하여 군불을 땐 방 안에 있는 것이 제일 낫겠다 싶었다. 멀리 폭격 소리가 이따금 들려오긴 했지만 순심네는 하루 더 그 집에 머물렀다. 그다음 날, 1951년 12월 24일 이른 새벽이었다. 자고 있는 순심의 귀에 어린 성민이 뭐라고 중얼대는 소리가 들렸다. 눈을 퍼뜩 떠 보니 성민이 발치 끝의 문을 바라보며 겁에 질린 표정을 하고 있었다. 반사적으로 몸을 일으킨 순심이 귀를 기울이니 밖에서 사람들의 소리가 두런두런 들렸다. 겁이 난 순심은 성민을 품에 안고 숨을 죽였다. 곧이어 미닫이 방문이 배꼼 열리더니 총구가 하나 쑥 들어왔다.

순심이 화들짝 놀라 낮게 비명을 지르는 순간, 미군 두 명과 국군 하나가 갑자기 문을 열어 제치고 군홧발로 들어왔다. 그들의 서슬에 온 식구가 순간적으로 방구석에 몰려갔다. 이모부와 순심은 뭐라고 해명을 하려고 했지만 알아듣지 못할 말로 쑥덕거리던 미군들은 가차 없이 총으로 식구들을 위협했다. 열어젖힌 방문으로 차가운 바람이 들어오자 성민이 악을 쓰고 울기 시작했다. 순심은 힘을 다해서 성민의 입을 틀어막았다. 장교처럼 보이는 한국 군인이 물었다.

"여기서 지금 뭐하는 거야. 니들 빨갱이지?"

이모가 급히 손사래를 치며 말했다.

"아이고, 그 무슨 폐릅한 말씀임매? 우린 다 피난민이지비."

"거짓말 마. 지금 어느 땐데 피난민들이 느긋하게 누워 잠자고 있어? 게다가 어라, 이 인민군 복장들 하고는……."

곁에서 총을 겨누던 미군이 한국군 장교에게 영어로 뭐라고 말했다. 한국 장교가 고개를 끄덕이자 곧이어 철컥하고 노리쇠가 후퇴 전진하는 소리가 들렸다. 한국군 장교는 순심의 품에서 성민을 빼앗으려고 했다. 순심은 성민을 빼앗기지 않으려고 그의 손을 급히 붙잡았다. 잠시 승강이를 벌이다 갑자기 한국군 장교가 미군들에게 급히 손짓하며 총을 내리라 했다. 그리고 순심의 손목을 홱 꺾어 자기 눈에 갖다 댔다. 코앞을 스치던 순심의 손에서 얼핏 반지에 새겨진 십자가 형상을 본 것이었다. 그는 순심의 꺾은 손을 막 밝아 오는 동창에 대더니 십자가가 새겨진 반지를 확인하고는 손을 풀어 주었다.

"아줌마, 혹시 예수 믿소?"

순심은 크게 고개를 끄덕이며 말했다.

"물론입니다. 저기 계신 우리 이모부님은 함흥 중앙교회 장로님
이십니다. 돌아가신 제 시아버지도 서울에서 장로님이셨구요."

이모부가 윗주머니에 넣고 다니던 세례 증명서를 급히 꺼내 보
여 주었다. 그러자 국군 장교는 성민을 다시 순심의 품에 안겨 주
더니 다급하게 말했다.

"내 말 잘 들으세요. 까딱하면 늦을지도 몰라요. 지금 즉시 부두
로 뛰어가세요. 아마도 이 배가 마지막 배일지 모르니까 속히 가셔
야 되요."

부두로 달려가니 텅 빈 부둣가에 배 한 척이 금방이라도 출발할
듯 엔진 소리를 내고 있었다. 온 힘을 다해 손을 흔들며 달려온 순
심네가 겨우 올라타자마자 배는 출발하였다. 잠시 후, 부두 쪽에서
엄청난 폭발음과 함께 불길과 시커먼 연기가 치솟아 오르기 시작
했다. 후퇴하는 유엔군들이 마지막으로 흥남 부두를 폭파하는 소
리였다. 순심은 그날 일곱 번째 생일을 맞은 성민을 치기온 배 위
에서 부여안고 꼬박 사흘을 버텨서 마침내 거제도에 도착했다.

그때부터 순심네는 낯선 곳에서 피난민 생활을 시작했다. 이북
에서 꽤 넉넉했던 이모부가 가방에 잔뜩 챙겨 온 북한 돈들은 땔감
외에 아무 소용이 없었다. 간신히 난민 수용소 근처에 사는 한 농
부의 배려로 그 집 창고에 대충 방을 꾸민 순심은, 그때부터 이를
악물고 일을 시작해서 성민과 이모부 내외를 먹이고 입혔다.

순심은 무나 호박 등의 살을 썰어 말린 오가리나, 삶은 달걀을 술에 절인 쏘달 같은 음식들을 만들어 머리에 이고 포로수용소 철조망 너머로 포로들에게 몰래 파는 일을 시작했다. 아직 젊고 고왔던 순심은 포로들에게 꽤나 인기가 높았다. 포로들은 순심에게 음식을 받고 돈 대신에 보급받은 옷이나 담요들을 던져 주었다. 그러면 순심은 거기 적힌 'POW'(Prisoner of War, 전쟁포로)를 지우고 시장에 내다 팔았다. 그녀의 억척 같은 노력 덕에 1년 정도 지나 순심네는 거제도 신현읍 내에 비록 쓰러져 가지만 작은 집을 하나 마련할 수 있었다. 그런데 1953년 6월, 이승만 대통령 단독 결정으로 반공 포로들이 석방되고, 마침내 7월에 휴전 협정이 이루어지자 포로수용소도 폐쇄되었다.

수용소를 거점으로 살아가던 순심은, 그동안 모은 돈을 가지고 1954년 초에 경남 울산으로 이사를 했다. 옥교동 개천가 말죽거리 근처에 집을 장만한 순심은 집 한쪽을 터서 국밥집을 시작했다. 거친 우마 장수들을 상대해야 했지만 순심은 노련하고도 억척스럽게 국밥집을 꾸려 나갔다. 게다가 순심의 이모는 손맛이 썩 훌륭하여 손님들을 사로잡았다. 식당이 그럭저럭 자리 잡게 된 어느 날, 순심은 이모님에게 잠시 모든 것을 맡기고 서울로 가는 기차에 몸을 실었다. 오랫동안 비워 놓은 뚝도 마을이 궁금했고, 무엇보다 길민에 대한 소식이 있을까 하는 생각에서였다.

성민이 열한 살 되던 해에 순심의 이모부가 갑자기 돌아가셨다.

290

결국 성민은 이모할머니랑 단둘이 말죽거리 국밥집에서 살아야 했다. 1년 전, 서울로 올라간 순심에게서 아무 소식이 없었기 때문이다. 수소문해 볼 여력도 없었던 늙은 이모할머니는 그저 젊은 순심이 성민을 자기에게 떠넘기고 도망갔다고 생각했다. 그 당시에 이모할머니는 성민을 볼 때마다 "불쌍한 것"이라는 말을 입에 달고 살았다.

세월은 2년이 더 흘렀다. 언제부턴가 이모할머니의 상태가 조금씩 이상해졌다. 멀건 맹물을 손님들에게 국밥이라고 내놓는가 하면 성민에게 남편 부르듯 영감이라 하고, 어떤 때에는 음식을 하다가 식칼을 갑자기 집어던지고 주저앉아 울기도 했다. 할머니가 이럴 때면 성민은 말죽거리로 뛰쳐나가 말들을 구경했다. 자칫 잘못하면 말똥에 고무신을 버릴 염려도 있었지만 백 마리도 넘는 말들이 끈에 매여 코를 푸릉거리는 것을 보노라면 힘이 나고 기분이 좋아졌다. 가끔씩 성민은 몰래 말죽거리 골목 안쪽의 투견장에도 들어갔다. 어른들에게 들켜 쫓겨나기도 했지만 개싸움이 극에 달해 흥분이 고조될 무렵이면 대개들 성민이 와 있는지 신경도 안 썼다. 성민은 개장에서 커다란 개들이 치열하게 싸우며 상대의 귀를 물어뜯어 피가 뚝뚝 떨어지는 모습을 보면 속이 시원해졌다.

하지만 집에 오면 여전히 지옥이었다. 할머니가 더 이상 국밥집 운영을 못하게 된 것은 물론 대소변도 가리기 힘들 정도였기 때문이다. 이런 소문이 주변 이웃들에게 퍼지자 동사무소 직원이 몇 번 다녀가더니, 어느 날 이모할머니의 먼 친척이라는 할아버지 한 사람이 나타났다. 성민을 보자마자 귀엽다며 수염 난 얼굴로 쓰다듬는 그의 입에서는 역겨운 낮술 냄새가 풍겼다. 그런데도 성민은 정신을 놓은 할머니하고만 있는 것이 무서웠기에 그 할아버지가 어느 정도 의지가 되었다. 친척 할아버지는 며칠 동안 이리저리 뛰어다니더니 어느 날 낯선 사람들을 데려왔다. 강원도 산골의 어느 기도원에서 왔다는 그들은 이모할머니를 트럭에 태우고 휙 떠났다.

이후로 성민은 친척 할아버지와 사흘을 더 살았다. 하지만 어느 날, 학교에서 돌아온 성민은 자기 집에 낯선 사람들이 들어와 집 안을 다 부수고 열심히 망치질과 톱질하는 것을 발견했다. 그때 성민의 나이 13살이었다. 성민은 비록 늦게 입학했지만 총명했기에 2년을 월반하여 정상 나이대로 초등학교 6학년이었다. 이상한 낌새를 느낀 성민은 일하는 사람 하나에게 지금 무엇을 하는지 물었다. 집을 개조하는 중이라는 대답이 돌아왔다. 누가 시켰는지 묻자 일꾼은 귀찮다는 듯 낯선 남자를 손짓하면서 주인어른한테 물어보라고 했다. 결국 성민의 염려대로였다. 친척 할아버지는 순심의 말죽거리 국밥집 건물의 명의를 자기 것으로 바꾼 뒤 냉큼 팔아 치우고 떠난 것이었다.

성민은 졸지에 고아가 되고 말았다. 아무 연고가 없어진 성민은 학교가 끝나면 태화강변을 헤매다가 다리 밑에서 잠이 들곤 했다. 새벽녘에 추운 강바람을 맞으며 일어나면 우정동 골목길로 달려가 아직 치우지 않은 쓰레기통들을 뒤져서 사과나 배 껍질 등을 주워 먹었다. 하지만 그 일마저 마음대로 할 수 없게 되었다. 다리 밑에서 자던 성민은 갑자기 나타난 그 일대의 터줏대감 거지 떼를 만나 실컷 얻어터지고는 그들 밑에서 구걸을 해야 했다. 한 학기 후면 졸업을 할 수 있었지만 더 이상 학교도 나갈 수 없었다.

완전히 거지로 살아가던 어느 날, 얻어 온 밥이 적다고 다리 밑에서 기합을 받고 있는데 누군가 성민의 이름을 큰 소리로 부르며 다가왔다. 그 소리에 다른 거지들은 우르르 도망가 버렸다. 성민의 이름을 부르며 다가온 사람은 담임선생님이었다. 성민이 거지 꼴로 돌아다닌다는 반 아이들의 말을 듣고 평소에 성민을 아끼던 선생님이 찾아 나선 것이다. 담임선생님은 성민을 자기 집으로 데리고 가서 씻기고 먹였다. 그 후 성민은 선생님 집에서 생활하게 되었다.

덕분에 성민은 국민학교를 무사히 졸업할 수 있었다. 하지만 그것이 다였다. 가난한 선생님 집에는 어린 자녀들이 넷이나 더 있었다. 좁은 집에 얹혀살던 성민은 차마 중학교에 가겠다는 말을 할 수 없었고 언제부턴가 사모님의 입에 달린 한숨 소리를 듣는 것도 괴로웠다. 그러던 어느 날 저녁, 선생님은 성민을 데리고 밖으로 나갔다. 한동안 담배만 피우며 침묵을 지키던 선생님이 힘겹게 말을 꺼냈다.

"성민아. 내가 니를 아들처럼 한번 키아 볼라 캤는데 아무래도 그럴 행편이 못 되는 것 같다. 그래서 고민고민하다가 한 군데 알아본 데가 있는데 니 거기로 안 갈래?"

"거기가 어딘데예?"

"서울에 있는 소망의 집이라는 데다. 원장님이 교회 장로님인데 인격이 참 훌륭한 분이시데이. 니가 머리가 좋다 카이까 중학교까지는 무슨 일이 있어도 공부시키 주시겠다고 했다 아이가. 어떻노?"

선택의 여지가 없었다. 사흘 뒤, 성민은 서울 상도동 언덕 위의 고아원인 '소망의 집'으로 들어갔다. 선생님 말대로 원장 아버지는 고아들을 진짜로 사랑하는 좋은 분이었다. 약속대로 성민은 중학교 공부를 시작할 수 있었고 어릴 적 이북에서 잠시 다녔던 교회도 다시 다니기 시작했다. 중학교 졸업식 때, 기어이 수석 상장을 들고 돌아온 성민을 보고 고민하던 원장 아버지는 성민을 근처의 상업고등학교에 보내 주었다. 1964년, 마침내 고등학교까지 1등으로 졸업한 성민은 이듬해 서울 명동의 한 은행에 공채로 합격했다. 진심으로 기뻐해 주는 원장 아버지의 얼굴을 보면서 성민은 이후로도 계속 소망의 집에 살면서 원장 아버지를 도울 결심을 하였다.

어른이 된 성민은 말 그대로 분초를 쪼개면서 살았다. 은행에서 받는 월급은 원장 아버지께 모두 내놓았고 고아원 교사 역할까지 겸하면서 그 와중에 야간 대학까지 마쳤다. 이런 가운데 세월은 또 유수처럼 흘러 성민은 스물다섯 살이 되었다. 몇 해 전, 수소문 끝에 겨우 연락이 닿은 강원도 기도원에서 이모할머니가 돌아가셨다는 기별을 받았다. 성민은 강원도 철원 산골짜기로 가서 한 많은 할머니의 뼛가루를 한탄강에 뿌리고 돌아왔다.

바로 그해 그러니까 1969년 어느 날, 성민의 인생에 엄청난 사건이 발생했다. 그동안 성민은 자기 어머니인 순심에 대해서는 일부러 애써 잊으며 살았다. 이모할머니의 말대로 자기를 버리고 혼자만 매정하게 살 길을 찾아간 것이라 믿었기 때문이다. 그런데 은행에서 돌아온 성민에게 원장 아버지는 편지 한 통을 내밀었다. 편지 겉봉에 '청량리 뇌병원'이라고 쓰어 있었다.

내용인즉 김성민 씨의 어머니로 사료되는 여인이 죽었으니 와서 시신을 확인하라는 것이었다. 일주일 안으로 연락이 없으면 곧바로 시신을 화장 처리하겠다고 했다. 병원으로 급히 달려간 성민은 흰 머리털을 산발한 싸늘히 식은 중늙은이의 시신을 대면했다. 15년 만의 만남이었지만 성민은 한눈에 어머니를 알아볼 수 있었다. 슬픔인지 원망인지 답답함인지 담담함인지……, 뭐라고 딱히 규정하기 힘든 감정 속에 성민은 어머니의 시신을 실어 왔고 원장의 허락을 받아 고아원 뒷산에 무덤을 마련했다. 거창할 것도, 복잡할 것도 없는 장례였다. 하지만 그날 장례식에서 성민은 낯선 중년 여인을 한 명 만났고 그녀에게서 놀라운 소식을 들었다.

뇌병원에서 어머니를 마지막까지 돌본 간호사라고 자기를 소개한 여인은, 정순심이 정신 병원에 처음 입원한 것이 환자 기록에 따르면 1954년이라고 했다. 1954년이면 성민이 열 살 때고, 그렇다면 순심이 잠시 다녀 오겠다며 서울로 올라간 바로 그해에 정신 병원으로 들어간 것이었다. 처음에는 노량진 구호병원에 있었는데 하도 난폭해서 약 3년 동안 위험 환자로 분류되었고 주변과 철저히 차단된 독방에 감금되어 있었단다. 3년 후에야 병세가 다소 호전되었다고 판정받았지만, 그 이유는 순심이 실어증에 걸려서 잠잠해졌기 때문이다.

이후로 8년이나 더 지난 1965년에 순심은 청량리 병원의 무료병상으로 옮겨졌고 여러 차례 탈출하려는 시도를 했지만 번번이 실패로 끝났다고 했다. 나행히 청량리 병원으로 와서는 이 간호사의 친절에 어느 정도 마음이 열렸는지 죽기 몇 주 전부터 말이 돌아와 이런저런 이야기를 하곤 했단다.

물론 간호사는 처음에 정신병자의 이야기라 마음 상하지 않는 선에서 들어 주는 척만 했지 내용에는 크게 유념하지 않았다. 그러다가 정순심은 2주 전부터 갑자기 시름시름 앓기 시작하더니 숨을 거두었다는 것이다. 순심이 죽은 후, 병원 측은 그녀의 연고를 찾을 수가 없었기에 무연고자로 화장하려고 했다. 하지만 순심을 볼 때마다 왠지 마음이 짠했던 간호사는 속는 셈치고 그동안 들은 대로 울산 옥교동 동사무소에 연락을 해 보았다.

놀랍게도 순심의 말은 사실이었다. 간호사는 순심이 울산에 살았다는 것을 확인할 수 있었고 우여곡절 끝에 성민의 국민학교 선생님한테까지 연락이 닿아서 서울의 고아원 주소를 알아냈다고 했다. 그녀는 성민에게, 어쩌면 그동안 순심이 한 말이 모두 사실일지도 모른다는 생각이 든다면서 순심에게 들은 사연을 말하기 시작했다. 하도 많이 들어 외울 지경이라며 그녀가 전해 준 사연은 과히 충격적이었다.

1954년 6월, 성민을 울산에 두고 실로 9년 만에 서울로 올라온 순심은 서울역에서 동대문까지 걸어가 다시 전차를 타고 뚝도로 들어갔다. 그런데 순심은 뚝도에서 희한한 광경을 목격해야 했다. 인적 드물던 뚝도에 무슨 일로 이 많은 사람들이 몰려가나 했는데 곧 그 이유를 알 수 있었다.

뚝도에는 과거 나환자 마을이 깡그리 사라지고 대신 어설픈 판자때기 관람석과 가건물이 세워진 경마장이 펼쳐져 있었다. 히힝대는 말 울음과 마권을 들고 흔들며 고함치는 사람들을 보면서 넋이 나간 순심은 곧 정신을 차리고 사무실로 올라가 관리 직원을 찾았다. 까다롭게 생긴 직원이 나와서 무슨 일인지 물었다.

순심은 단도직입적으로 물었다.

"이 땅은 우리 집안 땅입니다. 누구 허락받고 여기 경마장을 세운 겁니까?"

그러자 직원이 콧방귀를 뀌면서 말했다.

"이 아줌마가 돌았구먼. 이 땅은 정부가 엄연히 땅 주인에게 사들인 것이야."

"땅 주인요? 그게 누군데요?"

"김청헌 씨지 누구긴 누구야?"

"뭐라고요? 김청헌 씨는 제 시아버님이세요. 그분은 벌써 돌아가셨고 지금 이 땅은 제 남편 김길민 이름으로 되어 있을 걸요?"

직원은 킬킬 웃으면서 말했다.

"이 아줌마가 진짜로 미쳤구먼. 김청헌 씨가 죽었다고? 그럼 우리 마승회 김청헌 이사님은 누구란 말이야?"

"뭐라고요? 김청헌 씨가 살아 계시다고요?"

"아, 그럼 물론이지. 내일 아침에도 우리 사무실에 시찰 나오실 건데. 하여튼 아줌마, 이제 헛소리 그만하고 빨리 나가요. 강제로 쫓아내기 전에."

그날 밤, 허름한 여인숙에서 뜬 눈으로 밤을 세운 순심은 다음 날 새벽부터 경마장 사무실 앞에 쪼그리고 앉아 있었다. 개장 시간이 되어 출근한 직원은 입구 앞에 쪼그리고 앉은 순심을 보고 기겁을 하면서 소리 질렀다.

"아니, 이 여편네가 또 왔네. 좀 있으면 높은 분들 오실 건데 여긴 왜 또 나타난 거야? 어서 썩 사라지지 못해?"

순심은 직원의 성화에 나가는 척했지만 사실 사무실이 잘 보이는 구석에 계속 숨어 있었다. 오전 10시경에 검정색 차들이 멀리서 나타났다. 사무실 직원들은 우르르 달려 나가 차에서 내리는 사람들에게 깍듯이 고개를 숙이면서 안내를 했다. 멀찌감치 그 모습을 바라보던 순심은 곧 자기의 눈을 의심하지 않을 수 없었다. 검은 중절모를 쓰고 점잖게 직원들의 안내를 받는 사람들 중 하나는 분명히 김주령이었기 때문이다. 세월이 흘렀고 순사 시절의 짧은 콧수염과는 달리 구레나룻과 턱수염을 길게 길렀지만 순심은 그를 분명히 알아볼 수 있었다. 그녀는 반가운 마음이 치솟아 자기도 모르게 소리치며 달려 나갔다.

"장로님, 김주령 장로님."

갑자기 들려온 외침에 멈칫 하던 주령은 순심을 보자 얼굴에 당황한 빛이 역력했다. 하지만 곧 무뚝뚝한 표정을 지으며 자기 이름을 못 들은 척 엉뚱한 곳을 쳐다보았다. 순심은 주령의 코앞까지 달려와 더 큰 소리로 외쳤다.

"장로님. 저 순심이예요. 김청헌 씨 며느리 순심이요. 저 아시잖아요."

직원들이 순심의 팔을 재빨리 붙들어 제압했다. 그러자 그 사람은 의아한 얼굴로 순심에게 말했다.

"처음 뵙는 분인데 뉘신지?"

기가 막힌 순심은 자신이 청헌의 며느리요, 길민의 아내 순심이라고 또다시 말했다. 그 사람은 고개를 한번 갸웃거리고는 그냥 사무실 쪽으로 걸어가기 시작했다. 그러자 직원 하나가 급히 따라가며 말했다.

"김청헌 이사님, 정말 죄송합니다. 뭣들 해, 빨리 저 여자를 끌

298

어내지 않고?"

순심은 자기 귀를 의심하지 않을 수 없었다.

'김청헌이라고? 어째서 저 사람의 이름이 김청헌인가? 저 사람의 이름은 김주령이지 않는가. 김청헌은 내 남편의 아버지, 내 시아버지의 이름인데. 도대체 이게 어떻게 된 일인가?'

사무실 바깥마당으로 끌려 나가 내팽개쳐진 순심은 다시 주령이 타고 온 차를 지켜보며 숨어 있었다. 한 시간 정도 지나자 주령이 사무실에서 나왔다. 순심은 또다시 주령에게 자기를 알아보라고 외쳤다. 순심을 본 주령은 잠시 생각에 잠기는 듯하더니 곁의 직원에게 뭐라고 귓속말을 속삭이고는 차에 올랐다. 그러자 그 직원이 순심에게 다가와 이렇게 말했다.

"이사님은 지금 일이 있어서 잠깐 나가셨다 다시 오실 텐데, 돌아오면 아줌마를 꼭 만나 주시겠답니다. 그러니 사무실에 앉아서 잠시 기다리세요."

그 말에 약간 안심한 순심은 사무실로 들어가 의자에 앉았다. 의외로 직원들도 차를 타 주면서 순심을 친절하게 대해 주었다. 그렇게 서너 시간이 지났을까? 갑자기 바깥마당이 사이렌 소리로 시끄럽나 싶더니 흰 가운을 입은 사람들이 우르르 들어왔다. 경마장 직원들이 순심의 의자 쪽을 눈짓한 순간, 그들은 다짜고짜 순심의 양팔을 꺾고 꼼짝 못하게 붙들었다. 순심은 비명을 지르면서 온 힘을 다해 반항하기 시작했다. 가운 입은 사람의 손길이 자기 가슴을 부여잡자 순심은 겁결에 그 손을 물어뜯었다. 그러자 곧 몽둥이찜질이 쏟아지더니 순심에게 더욱 거친 제압을 가했다.

결국 그들은 순심의 입에 재갈을 물리고 손발도 들것 손잡이에 묶어 그녀를 싣고 나갔다. 온몸을 들썩이며 반항했지만 아무 소용이 없었다. 바깥마당에는 군용 앰뷸런스가 경광등을 번쩍이며 서 있었다. 흰옷 입은 사람들은 차 뒷문을 열고 순심을 짐짝처럼 싣고 나서 문을 쾅 닫았다. 그리고…… 그것이 끝이었다.

여기까지 말한 간호사는 성민에게 뭔가를 불쑥 내밀었다. 오래된 보따리와 십자가가 새겨진 옥색 반지 하나였다. 보따리 속에는 여러 권의 책이 들어 있었다. 그중 《성도일기》라는 책이 네 권 있었다. 간호사가 성민에게 말했다.

"이 책 보따리와 반지는 성민 씨 어머니께서 목숨 걸고 지니고 있던 겁니다. 특히 책 보따리는 평생 몸에 감고 계셨어요. 강제로 목욕시킬 때도 꼭 가까이 두어야만 할 정도였으니까요. 아마 무척이나 소중한 것인가 봐요."

조금 전, 장례식 때에도 바싹 메말라 있던 김성민의 눈에 기어이 눈물이 떨어졌다. 자신을 버리고 도망간 줄로만 안 어머니에게 이런 어처구니없는 사연이 숨어 있었다니……. 눈물과 함께 용광로 같은 분노가 타오르기 시작했다. 성민은 불똥이 튈 것 같은 눈초리로 간호사에게 물었다.

"누구라고 했지요?"

간호사가 성민을 바라보았다. 성민은 재차 물었다.

"그 경마장 이산가 하는 놈 말입니다. 그놈 이름이 뭐라고 하셨지요?"

간호사가 말했다.

"김주령이라고 했어요. 그 이름을 또렷이 기억하는 데는 다 이유가 있지요. 성민 씨 어머니가 입을 연 후부터 밤이면 자주 이런 잠꼬대를 했어요. '김주령이는 천벌을 받을 놈이야. 누가 김주령이 좀 잡아 주세요. 제발 부탁이에요'."

❋

이틀 밤을 두문불출 틀어박혀 어머니의 유품인 《성도일기》를 다 읽고 나자, 성민은 피가 거꾸로 솟구쳤다. 쿵쾅대는 심장을 억제하지 못한 성민은 마침내 회사를 그만두고 김주령, 아니 김청헌으로 변신한 인간을 찾아 헤매기 시작했다.

마승회 이사에서 회장 자리까지 오른 김청헌을 찾는 것은 그리 어렵지 않았다. 하지만 성민은 섣불리 그 앞에 모습을 드러낼 수 없었다. 어머니에 이어 자기도 어떤 해코지를 당할지 모른다고 생각했기 때문이다. 성민은 일단 김청헌이 과거 김주령이었다는 증거들을 찾아다녔다.

하지만 이 작업은 곧 난관에 부딪혔다. 어머니가 잠꼬대로, 잡아서 신고해 달라고 소리쳤다는 김주령이라는 인물은 대한민국 어디에도 흔적조차 존재하지 않았다. 그의 존재를 입증할 만한 서류는 단 한 조각도 남아 있지 않았다. 주민 등록뿐 아니라 호적까지 완벽하게 김청헌의 것만 존재했다.

그런데 그 김청헌의 호적에는 성민의 아버지 이름이 빠져 있었다. '김승하-김진례-김재진-김시제-김진호-김청헌-김정만-김만걸'로 이어질 뿐 성민의 아버지 김길민은 없었다. 비록 유복자로 태어났지만 성민은 어머니를 통해서 아버지의 이름이 김길민이

301

고, 할아버지 김청헌이 세운 나환자촌에서 함께 일한 사연을 익히 들어 알고 있었다. 하지만 가짜 김청헌에게는 김길민이라는 아들이 없었다. 다만 서른여덟 살의 젊은 사업가로 한참 주가를 올리고 있는 김정만이라는 아들과 그의 손자 만걸이 있을 뿐이었다.

그래서 성민은 태평양 전쟁에 끌려갔다는 아버지에 대한 흔적도 찾기 시작했다. 하지만 김길민이라는 존재는 끝내 나타나지 않았다. 그뿐이 아니었다. 심지어 1907년부터 14년 동안 하우고개에 나환자촌이 있었다는 기록도, 1941년부터 약 4년간 뚝도에 나환자촌이 존재했다는 증거도 전혀 찾을 수 없었다.

이쯤 되니 성민은 갈등이 일었다. 사실 성민은 《성도일기》에 존재하는 자신의 할아버지와 아버지, 즉 김청헌과 김길민을 얼굴조차 본 적이 없었다. 그러다 보니 과연 《성도일기》의 내용이 진실인지 의심이 일기까지 했다. 일기 내용으로만 본다면 김주령이라는 인물이 김청헌으로 변신해서 가계 전체를 바꿔치기 했다는 것인데 과연 이런 일이 가능할 수 있을까?

어느 순간부터 성민은 '혹시 내가 헛짓을 하고 있는 것이 아닐까?' 하는 의심이 자꾸 들었다. 결국 명백한 증거 수집에 실패한 성민은 마지막으로 소록도 여행을 계획했다. 과거 할아버지의 나환자촌에 있던 사람들을 혹 만날 수 있을까 해서였다. 특히 《성도일기》에 이름이 남아 있는 철손 아비라는 사람을 만나면 뭔가 해답이 있을 것도 같았다.

소록도에 도착한 성민은 김청헌이라는 존재를 아는 사람을 만날 수 없었다. 하지만 요행히 한 노인 환자가 안짱다리의 철손 아비를 기억하고 있었다. 그의 말에 따르면 철손 아비는 예전 소록도에서

302

용감하게 탈출한 전적 때문에 뚝도에서 소록도로 다시 끌려오자마자 마을 대표로 활동했다. 그러나 1945년 8월, 내부 갈등으로 일어난 시위에서 환자 대표들이 사살된 소록도참사사건 때 그도 죽었다고 했다.

하지만 그 노인은 철손 아비 생전에, 그의 아들 지철손이라는 사람이 가까운 도양읍에서 쌀장사를 하고 있다는 말을 들은 적이 있다고 했다. 성민은 즉시 도양 읍내로 가서 지철손의 쌀가게를 찾았다. 햇살 따뜻한 남향으로 가게를 연 지철손의 쌀가게에는 정미 기계가 탈탈거리며 바쁘게 돌아가고 있었다. 성민이 가게로 들어가자 뺨에 얼룩 반점이 있는 중년 사내가 말을 했다.

"어서옵쇼. 쌀 팔아 드릴깝쇼?"

성민은 고개를 저으면서 지철손 씨를 찾는다고 말했다. 그 남자는 자신이 철손이라고 말했다. 성민은 그에게 물었다.

"혹시 김청헌 씨라고 아십니까?"

그의 얼굴이 금세 환해졌다.

"알고 말고요. 김청헌 님은 우리의 은인이시지요. 그런데 댁은 뉘시오?"

그날 밤, 성민은 《성도일기》의 내용이 모두 사실임을 확인할 수 있었다. 지철손은 아버지 철손 아비와 함께 김청헌이 세운 하우고개의 나환자촌에서도 살았고, 당시 네 살 아래였던 성민의 아버지 길민과 마을에서 뛰놀았던 기억도 난다고 했다. 이후 철손 아비와 함께 소록도까지 붙들려 왔지만 환자가 아니라고 밝혀진 지철손은 다행히 근처 고아원에 맡겨져서 고흥군에 뿌리를 내렸단다. 과거 아버지가 뗏목으로 소록도를 탈출할 때에도 자신이 복사골 하우고

개까지 갈 여행 준비를 해 놓고 육지에서 기다렸다고도 했다. 성민은 갑자기 몸에 활기가 돌았다. 지철손이 도와주면 지금의 김청헌이 가짜라는 것을 밝힐 수 있을 것이기 때문이었다.

하지만 일은 그리 쉽게 진행되지 않았다. 서울로 올라와 소송을 위해 뛰어다니던 성민은, 어느 정도 준비가 되자 지철손에게 서울로 올라와 달라고 전화를 걸었다. 하지만 철손은 갑자기 뚝뚝한 목소리로 자신은 이 소송의 증인이 될 수 없다고 말했다. 왜 그러는지 물으니, 철손은 단지 과거 일이 잘 기억나지 않아서라는 말만 남기더니 갑자기 전화를 뚝 끊어 버렸다.

그의 증언이 가장 유력한 증거였기에 어떡하든지 그를 설득할 요량으로 고흥군에 다시 가기 위해 성민은 급히 시외버스 터미널로 달려갔다. 하지만 매표소 앞에 줄을 선 그에게 가죽 잠바 차림의 건장한 남자 몇이 다가와 갑자기 양팔에 팔짱을 꼈다. 깜짝 놀란 성민이 어떻게 반항하기도 전에 이미 수갑이 채워졌고 금세 검은색 차 안으로 끌려 들어갔다.

발목까지 수갑을 채워 옴짝달싹 못하게 만들고 눈까지 가린 뒤, 그들은 차를 출발시켰다. 얼마나 시간이 지났을까? 어쩌면 짧은 듯 아니면 엄청 오랜 시간이 흐른 것도 같았다. 그들이 눈가리개를 벗겨 주었을 때, 비로소 성민은 사면 모두 시뻘건 페인트가 칠해진 콘크리트 벽 지하방에 꽁꽁 묶여 있는 자신을 발견하였다. 잠시 후, 몽둥이를 들고 들어온 사람들은 성민에게 엉뚱한 질문을 던지기 시작했다.

"김성민. 너 북조선에서 내려온 간첩이지? 순순히 부는 게 좋을걸."

성민이 깜짝 놀라 대답했다.

· "무슨 말입니까? 절대로 아닙니다."

"거짓말 치지 마. 니가 우리 남한의 정부 요인들과 경제인들 뒷 조사하고 다니는 거 이미 다 들통 났어. 죽기 싫으면 솔직히 불어."

기가 막힌 일이었다. 하지만 그의 해명은 아무 소용이 없었다. 곧 끔찍한 고문이 이어졌다. 그렇게 거의 2주일 이상을 고통 속에 보내던 어느 날, 고문을 받고 실신한 성민은 찬 공기에 선뜩 정신을 차렸다. 엉뚱하게도 어느 자그마한 야산 입구에 자신이 버려져 있었다. 아마도 약수터 근처인 듯 새벽 기운을 뚫고 물통을 든 사람들이 곁에 있는 산 계단을 오르내리고 있었다.

수상하게 흘낏거리는 사람들의 시선을 피해 성민은 상도동 소망의 집으로 돌아갔다. 온몸이 만신창이 된 성민을 보고 원장 아버지와 고아원 식구들은 기겁을 했다. 원장 아버지는 성민이 사라지고 난 뒤, 안기부 사람이라는 자들이 몇 번 찾아와서 성민의 방을 뒤지고 원장에게 성민의 어린 시절에 대하여 여러 차례 물어보았다고 했다.

자기 방으로 돌아가 안기부 요원들이 어질러 놓은 것들을 정리하던 성민은 어머니에게 물려받은 책 보따리 속의 책들이 사라진 것을 발견했다. 워낙 낡은 책들이라 들고 다니면 손상될까 봐 장롱 깊이 따로 놓아두었던 김진호, 김청헌 할아버지의 책들이 사라진 것이었다. 하지만 다행히 김청헌의 일기 둘째 권과 아버지 김길민의 일기장은 집을 나서면서 여행 가방에 넣고 나갔기에 무사했다. 고문하던 놈들도 특별히 불온서적 같아 보이지 않는 그 오래된 책들을 없애지 않고 고맙게도 성민의 가방에 다시 넣은 채 약수터에 버린 것이었다.

성민은 즉각적으로 이 모든 것이 아직 한 번도 대면하지 못한 김청헌, 아니 김청헌으로 가장해서 살고 있는 김주령의 짓이라는 사실을 직감하였다. 그는 불길 같은 분노가 일었다. 자기의 가문을 통째로 훔쳐 가고 그것도 모자라 어머니는 정신병자로, 자신은 간첩으로 몰아붙인 김주령은 그에게 절대로 용서할 수 없는 존재였다.

다음 날, 아침 일찍 성민은 고아원을 떠나야겠다고 원장 아버지께 말씀드렸다. 고개를 끄덕이며 듣고 있던 원장 아버지는 책상 서랍을 열더니 뭔가를 꺼내 성민에게 내밀었다. 저금통장과 도장이었다.

"이것은 성민이 너 장가보내려고 내가 조금씩 모아 둔 것이다. 하지만 지금 주어야 할 것 같구나. 독립하려면 방이라도 한 칸 있어야지."

성민이 사양하려고 하자 원장 아버지는 이렇게 말을 이었다.

"본래 네가 벌어 준 돈에서 모은 것이니까 부담 가지지 말아라. 그리고 성민아, 꼭 해 주고 싶은 말이 있구나. 무슨 일인지 잘은 모른다만 절대 감정을 앞세우지 말아라. 모든 것은 하나님의 손에 맡겨야 하는 것이다. 로마서 12장 19절 말씀이 네게 위로가 되었으면 좋겠구나."

한강 다리 아래로 보이는 백사장에는 한여름 뙤약볕 속에 많은 사람들이 물놀이를 하고 있었다. 수상 좌대에도 사람들이 가득했다. 하지만 한강 다리 위에서 아래를 내려다보는 성민의 눈길은 심상치 않았다. 김청헌으로 변신한 김주령이 뚝도 유원지로 가족 나들이를 나와 1박 2일 동안 자기들만의 야영을 즐길 것이라는 소식을 입수한 것이었다. 우여곡절 끝에 그 귀한 정보를 얻은 날, 성민은 시장에서 부엌칼 한 자루를 사서 밤마다 갈아 시퍼렇게 날을 세웠다.

이윽고 운명의 날, 붕대로 만든 칼집 속에 꽂은 칼을 품에 넣고 성민은 아침 일찍부터 다리 위에서 그들이 나타나기를 기다리고 있었다. 정오가 지나자 과연 보기 드문 외제 자가용 몇 대가 도착하면서 김주령의 가족이 내렸다. 일반인들이 북적대는 유원지에서 옆으로 빙빙 도는 커다란 회전 그네에 손자를 태워 주는 김주령의 얼굴에는 여유와 행복이 가득했다.

한참을 유원지에서 놀던 김주령의 가족은 오후에 출입이 통제된 서쪽 담장 너머로 자물쇠를 열고 들어가 자기들만의 모래사장에서 물놀이를 하며 따로 휴양을 즐겼다. 좀더 시간이 지난 후, 성민도 몰래 담장을 넘어 그들의 영역으로 숨어 들어갔다. 어둑한 수풀 속에 몸을 숨긴 성민은 주위 동정을 살피며 주변이 속히 어두워지기를 기다렸다.

긴긴 여름 해가 떨어지고 마침내 밤이 되자 반쪽짜리 달이 한강 위에 둥실 떴다. 한낮의 더위가 채 가시지 않은 모래사장은 여전히 푹푹 쪘다. 저녁 늦게까지 고기를 굽고 술을 마시던 김주령의 식구들은 더워서인지 천막에 들어가지 않고 그냥 모래사장에 깐 큰 돗자리 위에 누웠다. 한참 뒤, 모두 자리에 누운 것을 확인한 성민은 다 잠들었다고 확신할 때까지 좀더 기다린 후 서서히 그들 쪽으로 발길을 옮겼다. 점점 다가가자 매콤한 모기향 연기가 코를 찔렀다. 하늘이 도왔는지 낮에 물에서 실컷 놀고 피곤한데다 술까지 마신 그들은 음악처럼 들리는 강물 소리와 솔솔 부는 서늘한 강바람 아래 모두 깊이 잠들어 있었다. 성민은 사진에서만 보던 주령의 얼굴을 직접 보자 가슴속에 다시 피가 거꾸로 솟는 분노가 꿈틀거렸다.

'내 할아버지와 아버지, 그리고 내 어머니의 원수.'

성민은 품에서 식칼을 꺼내 들었다. 며칠을 간 식칼은 달빛에 시퍼런 날을 번뜩였다. 덜덜 떨리는 마음을 진정하고 숨을 한 번 크게 쉬고 칼을 번쩍 치켜든 순간……, 갑자기 성민은 주령의 곁에 누워 잠든 한 아이의 얼굴이 눈에 들어왔다. 이제 막 열 살이 된 주령의 손자 만걸이었다. 해맑은 얼굴로 이를 뽀득뽀득 갈며 자고 있는 아이를 보자 갑자기 깊은 갈등이 밀려왔다.

'내가 이들을 죽이면 이 아이도 결국 할아버지와 아버지를 잃게 되겠구나.'

그 순간 고아원을 떠나오던 날에 원장 아버지가 알려 준 로마서 12장 19절의 말씀이 떠올랐다. 성민이 찾아 읽은 로마서의 내용은 이랬다.

"내 사랑하는 자들아 너희가 친히 원수를 갚지 말고 진노하심에 맡기라 기록되었으되 원수 갚는 것이 내게 있으니 내가 갚으리라고 주께서 말씀하시니라."

한동안 꼼짝하지 않고 있던 성민은 마침내 주령의 목을 향한 칼을 거두었다. 그는 대신 어린 만걸의 티셔츠에 핀으로 매달린 동그란 명찰을 가만히 뽑았다. 노란색 아크릴로 만든 명찰에는 '김만걸'이라는 이름이 새겨져 있었고 그 밑에 집 주소와 전화번호가 적혀 있었다. 아마 놀러 간다고 특별 제작한 듯했다.

성민은 날선 칼로 명찰 가운데를 힘껏 그어 흠집을 내고는 양손으로 명찰을 분질렀다. 명찰은 강 위에 뜬 반달 모양으로 뚝 부러졌고 이름의 '걸' 부분이 잘려 나왔다. 성민은 조각난 부분을 자기 주머니에 넣고 부서진 명찰을 다시 어린 김만걸의 가슴에 붙여 준 뒤 그 자리를 조용히 떠났다.

아무 말 없이 휠체어에 앉아 성민의 말을 듣던 아버지가 김성민 목사의 말을 가로막으며 자리에서 벌떡 일어났다.

"시끄러워. 거짓말, 다 거짓말이야."

허약한 몸을 겨우 지탱하고 서서 부들부들 떠는 아버지를 보면서 김성민 목사는 준엄하고 우렁찬 목소리로 말했다.

"김만걸. 이제 떠날 때가 임박한 것 같은데 아직도 그렇게 세상의 것을 붙잡고 싶은가? 네 풀꽃 같은 인생 뒤에 반드시 만나야 할 하늘의 심판을 생각하라."

그러고는 허리춤에 달린 열쇠고리에서 뭔가를 빼더니 내게 건넸다.

"민훈아. 이게 그때 네 아버지 가슴에 달려 있던 것이다."

가장자리에 구멍을 뚫은 노란색 명찰 조각이었다. 오래되어 끝 부분이 닳고 닳았지만 그의 말대로 작은 아크릴 조각에는 까만 잉크를 머금은 '걸' 자가 생생히 새겨져 있었다. 연약한 다리를 후들거리며 그 이름표 조각을 보던 아버지가 갑자기 휠체어 아래로 풀썩 쓰러졌다.

그날 밤, 뚝도에서 쓰러져 병원으로 실려 간 아버지는 줄곧 혼수상태였다. 하지만 혼수상태 3일째에 갑자기 정신을 차린 아버지는 김성민 목사를 급히 찾았다. 목사님을 모셔 오자 아버지는 김성민 목사와 변호사만을 방에 불러 놓고 아무도 들어오지 못하게 했다. 꽤 오랜 시간 후, 아버지는 나를 불러 이렇게 말했다.

"민훈아. 이 애비를 용서해다오. 이제부터는 모두 네 몫이다. 네 판단에 모든 걸 맡기마."

내 조상의 치부를 더 말하는 것은 정말 부끄러운 일이다. 하지만 이 길고 긴 사연의 종지부를 찍으려면 하는 수 없다. 내 증조부 김청헌, 아니 정확히 말해서 김청헌으로 가장한 김주령은 일본의 흥함을 보고 조국을 배신하여 일본 경찰의 간부가 되었다. 하지만 그는 타고난 눈썰미로 일본의 패망도 미리 감지했다. 온 백성에게 기쁨이 될 해방의 날이 오면 일본 경찰 앞잡이였던 자신은 끝장일 것이라고 판단한 김주령은, 그때부터 광복 후의 자기 입지를 위해 치밀한 계략을 짜기 시작했다.

그 계략의 희생양이 바로 은진의 조상이자 김성민 목사의 조부인 김청헌이었다. 아들 김길민의 독립운동으로 종로경찰서에 체포된 김청헌을 다시 만난 김주령은 이것이야말로 자신의 입지를 세우기 위한 절호의 기회다 싶어 비밀리에 김청헌의 가문을 통째로 삼킬 계획을 추진해 나갔다. 김주령이 뚝도 나환자촌 교회에서 한동안 환자들을 섬긴 행위 속에는 어쩌면 일말의 양심 같은 것이 들어 있었을지도 모른다. 하지만 아우슈비츠에서 나

치들이 어린아이들을 가스실로 넣기 전에 초콜릿을 먹인 것을
선행이라고 말할 수 없듯 음흉한 계략을 숨기고 좋은 신자의 모
습으로 접근한 김주령의 계략 또한 악한 것이 분명했다.

김청헌의 집에 불을 지른 것, 뚝도 나환자들을 소록도로 보낸
것, 김길민을 죽음의 전쟁터로 보낸 것, 정순심을 정신병원에 보
내어 끝내 죽게 한 것. 그것은 생각하기도 끔찍한 모진 계획들이
었다. 하지만 그 계획들은 완벽하게 성공을 거두었다. 해방 후,
우리 집안은 김주령이라는 매국노의 가문 대신에 순교자 집안으
로 변신하였고, 뚝도에 남은 김청헌의 재산을 바탕으로 대 마태
그룹 가문을 이룩한 것이었다. 하지만…… 모든 악한 계략에는
끝이 있었다.

김성민 목사를 만나고 며칠 뒤, 아버지는 임종하면서 장례식
을 김성민 목사에게 맡긴다는 말을 남겼다. 그날 두 사람의 대화
가운데 어떤 회개가 있었던 것일까? 장례식 내내 김성민 목사는
아버지를 '김만걸 성도'라고 불렀다.

당시 나는 아버지를 잃은 슬픔보다 수치스런 허탈감과 부끄러
움 때문에 죽고 싶을 만큼 고통스러웠다. 우리 집안이 기독교 순
교자의 집안이서나 독립운동가의 후손인 것까지는 바라지도 않
는다. 정당하지 못한 방법으로 돈을 긁어모아 할아버지의 인정
을 받은 아버지의 모습도 전혀 이해 못할 것은 아니다.

하지만 친구의 집안을 배신하고 친구와 그의 아들을 죽이고 며
느리는 정신병원에 보내고 그들이 돌보고 이루었던 나환자들의
공동체도 모두 무너뜨려 버린 김주령이란 사람이 나의 증조할아
버지라는 사실, 그 사람의 더러운 피가 내게 흐른다는 사실이 너

무 괴로웠다. 그런 사실을 모두 알면서도 그들의 재산을 바탕으로 이룬 모든 것을 은폐하고 오히려 가문과 족보까지 훔치고도 당당했던 내 할아버지, 아버지의 뻔뻔함에 모욕감을 느꼈다.

그런데 치욕과 모멸감으로 고통스러워하던 나를, 더 고통스러운 쪽에 있어야 할 사람들이 위로하고 포용해 주었다. 아버지를 묻고 돌아오는 길에 김성민 목사와 은진은, 마태그룹의 비밀이 세상에 알려지기보다 이 모든 것을 통해 이 땅에 좋은 열매를 맺는 것이 하늘의 뜻인 것 같다고 했다. 내내 고개를 들지 못하고 있던 내게 김성민 목사는 뭔가를 손에 쥐어 주면서 이렇게 말했다.

"민훈아, 이것도 다 하나님 뜻일 게다. 비록 악연이지만 결국 네 집안과 우리 집안이 같은 분들을 조상으로 두어 하나로 연합된 것이니, 이제부터 너도 내 아들이나 마찬가지다."

그가 내 손에 쥐어 준 것은 그 옛날 최수연 할머니, 정순심 할머니가 끼던 십자가가 새겨진 오래된 옥반지였다.

"네 아버지도 말했듯이 이젠 모든 게 민훈이 너에게 달렸다고 본다. 과거에 얽매여 고통스러워하는 것은, 네가 할 수 있는 일 중 가장 쉬운 일일 뿐이다. 빨리 털고 일어나 이 복잡하고 오랜 인연 속에 숨어 있는 하나님의 뜻을 발견하도록 해 보거라."

내 손을 꼭 쥐고 있는 김성민 목사의 따뜻한 손등 위로 내 굵은 눈물이 툭툭 떨어졌다.

"야, 김민훈. 뭐하냐? 빨리 플래카드 들고 안 올라와?"

걸걸한 목소리에 퍼뜩 정신이 들었다. 계단 안쪽에 드럼을 설치하던 민재 형이 멍하게 서 있는 나를 보고 호통을 친 것이다. "옙" 하는 대답과 함께 플래카드를 황급히 껴안고 신축 건물 앞에 마련된 공연장 위로 뛰어 올라갔다. 우리는 특별 제작한 플래카드를 청중석에서 잘 보이도록 확 펼쳤다.

'어두움에 빛을 밝힐 〈소망의 집〉 건립 축하 콘서트—사회: 강민'

유명한 가수들을 꽤 많이 초청한 이 콘서트의 시작을 우리가 맡았다. 밴드 이름은 '김은진과 좋은 친구들'로 정했다. 10층짜리 현대식 건물 앞마당에 마련된 공연장으로 사람들이 모여와 어느새 자리를 잡기 시작했다. 초대받은 국회의원들과 시장을 비롯한 고위 공직자들도 많았지만 지역 주민들도 아이들을 데리고 삼삼오오 모여들었다. 물론 강민과 초대 가수들을 보려고 모여든 청소년들도 큰 인파를 이루었다. 하지만 은진의 팬들로 구성된 학교 친구들의 극성스런 모습도 여기저기 볼 수 있었다.

맨 앞자리에 김성민 목사와 야스민 사모의 모습도 보였다. 두 사람은 새 건물이 믿어지지 않는 듯 여기저기 둘러보고 계신 '소망의 집' 원장 아버지를 웃으면서 바라보았다. 그 옆에는 아버지의 장례식 후 얼마 지나지 않아 씻은 듯이 몸이 나은 어머니와 여동생, 그리고 수술이 성공적으로 끝난 누나도 함께 앉아 있었다.

한동안 그들의 모습을 감격스럽게 지켜보던 나는 악기 상자에서 트럼펫을 꺼내 입술에 대고 천천히 소리를 내기 시작했다. 몇 걸음 앞에서 기타를 조율하고 있는 은진의 뒷모습이 눈에 들어왔다. 김은진, 기분 좋은 녀석. 그가 내 차에 친 순간부터 내 인생에 어떤 섭리가 시작되었음을 믿어 의심치 않는다.

내 조상은 처음의 신앙을 버리고 악한 계략으로 주의 살과 피를 범하는 죄를 지었다. 오순도순 마을을 이루고 신앙 속에서 살고 있던 힘없고 가난한 나환자들과 자신의 온 삶을 바쳐 나환자들을 섬기던 친구를 배신하고 그 자녀들을 짓밟으며 자기 잇속만을 챙긴 증조부 김주령의 악한 계략은 3대 만에 고린도전서 11장이 말한 저주를 받고 말았다.

하지만 지난 일을 돌아보면 이 저주는 진짜 저주가 아니었다. 오히려 김주령 할아버지가 우리 집안에 가져온 불행을 종결하는 은혜의 열쇠였을지도 모른다. 힘없고 가난한 자들에게 사기를

314

쳐서 그들의 피 같은 돈으로 성공의 발판을 삼은 아버지는 그래도 돌아가시기 전에 회개의 기회를 가질 수 있었다. 그리고 은진을 친 교통사고로 인해 이 모든 일의 실마리를 풀어 나가게 된 나는 우리 조상이 잃어버린 신앙을 회복할 수 있게 되었다. 무엇보다 모든 사실을 안 어머니와 누나, 여동생도 처음에는 큰 충격에 빠졌지만 기적적으로 건강을 회복하고 안정을 찾아 교회에 다니기 시작하였으니 결국 은혜와 축복임이 분명하다.

마태그룹은 이미 전문 경영인의 손에 맡겼지만 우리 가족 몫의 유산은 김성민 목사와 의논해 주님이 기뻐하시는 일에 사용하기로 했다. 소외된 고아들을 위해 건립된 이 '소망의 집' 건물은 아버지가 내게 맡긴 판단의 첫걸음일 뿐이다. 이제 이 '소망의 집'에서 자칫 저주가 될 뻔한 말씀을 은혜로 삼으시고 원수가 될 뻔한 우리들을 하나 되게 하신 그 분의 뜻을 조금씩 이루어 가리라.

공연 시간이 되었다. 사회를 맡은 강민이 마이크를 들고 무대로 나서자 사람들이 환호성을 질렀다. 강민은 우리 밴드를 멋지게 소개했다. 그러자 기타를 들고 있던 은진이 내 쪽으로 고개를 돌려 살짝 웃고는 시작 사인을 주었다. 그 눈빛을 보자 갑자기 안도감이 가슴 가득 밀려왔다. 나는 뱃속 가득 숨을 들이마시고 청정한 가을 하늘을 향해 힘껏 팡파르를 불기 시작했다.

오래전, 갑자기 어떤 이야기 씨앗 하나가 마음속에서 꿈틀대는 걸 느꼈다. 하지만 당면한 원고가 있어 그냥 마음에 묻어 두고 지나치려 했다. 보통 내 경우에는 마음에 떨어진 글의 씨앗들이 스스로 자체 생명력을 결정한다. 저절로 사라지든지 아니면 좀더 구체적인 모습으로 나중에 다시 나타나든지.

하지만 그 씨앗은 즉시 뿌리를 내리기 시작했다. 그냥 묻어 두기에는 마음을 후벼 파며 뻗어 나가는 뿌리의 느낌이 너무 아프고 생생했다. 그래서 일단 모든 걸 멈추고 씨앗을 주목했다. 그러자 씨는 금세 굵은 기둥으로 자라더니 커다란 가지들을 무성히 뻗어 내고 마침내 거목의 형상을 드러내었다. 그때부터 나는 뭐에 홀린 듯이 그 형상을 글로 스케치하기 시작했다.

가끔은 이런저런 세상살이로 인해 마음이 흐려져 정체기를 겪

기도 했다. 하지만 그럴 때마다 정신을 가다듬고 다시금 형상을 끈질기게 관찰했다. 그러면 나무는 어김없이 자기의 세밀한 이파리 하나까지 구체적으로 보여 주었다. 이러기를 약 3년, 마침내 나는 《마태가의 비밀》이라는 소설을 완성할 수 있었다.

마지막 문장에 마침표를 찍자 나는 무엇을 그리려고 그리도 애타게 이 작업을 해 왔는지 온전히 깨달을 수 있었다. 첨단 스포츠카를 모는 주인공에 대한 이야기부터 조선시대 기독교 박해를 피해 숨어 살던 조상들의 이야기까지, 현재와 과거를 종횡무진 오가면서 나는 한국 기독교 신앙의 원형을 그려 나가고 있었던 것이다.

자발적으로 기독교 신앙을 받아들인 조선의 선각자들은 무수한 박해와 고난의 언덕을 넘어야 했다. 그래도 그들은 자신들이 발견한 진리를 굳건히 지켰고 마침내 오늘날과 같은 우람한 신앙의 산맥을 이 땅에 이루었다.

바로 그 힘의 근원, 그리고 그 힘에서 생명을 얻고 다시 거기에 생명을 바쳤던 분들의 희생……. 나는 출발점을 잊고 방황하는 현대 그리스도인들에게 이런 것들을 보여 주기 위해 이 원고에 매달려 온 것인지도 모른다. 아쉽게도 현대를 살아가는 우리들은 과거의 진실을 너무 쉽게 망각해 버렸거나 또는 엉뚱하게 왜곡된 역사를 진실처럼 간직하고 있기도 하다. 나는 이 소설을 통해 한 가문의 불행을 시작으로 역사 속에 감춰진 진실을 추적해 가면서 과거와 현재의 대화를 시도하고자 했다. 그 속에서 잊혔던 소중한 금맥들이 발굴될 때마다 우리가 다시 새 힘을 얻게 되리라는 소망 가운데.

　물론 이 소설은 상상의 산물이다. 하지만 이 작품에는 실제 역사를 바탕으로 한, 수많은 사람들의 구체적인 경험들이 모자이크처럼 촘촘히 박혀 있다. 내 짧은 인생에 자신의 소중한 경험들을 나눠 주신 모든 분들께 감사드린다. 그중에는 심지어 이름도 기억나지 않는 분들도 많다. 또 장르를 바꾸어 장편 소설 뭉치를 들고 나타난 무모한 사람의 원고를 또다시 택해 주신 홍성사에 진심으로 감사를 드린다.

　많은 사람들이 이 소설을 재미있게 읽으면 좋겠다. 동시에 이 이야기가 퍼져 나가는 곳마다 우리 신앙의 과거를 돌아보고 현재를 가늠하며 새 미래를 만들어 가려는 움직임이 처처에서 출렁거리기를 바란다.

1) CCM이란, Contemporary Christian Music의 약자로 동시대 크리스천 음악이라는 뜻이다. 근래에는 교회에 다니지 않는 사람들에게도 상당히 보급되고 있는 추세다.

2) 정확히 말하자면 중국이 처음 기독교를 받아들인 것은 635년경이다. 서양에서 이단으로 정죄받은 네스토리우스 학파의 사제인 아라본과 그 일행이 중국 장안에 왔을 때 당 태종은 이들을 환영하였고, 곧 그들의 기독교는 '경교'(景敎)라는 이름으로 널리 퍼져나갔다. 이 경교는 약 150년간 중국에서 지속되다가 박해를 받고 사라졌다. 이들의 활동을 기록한 '대진경교유행중국비'(大秦景敎流行中國碑)라는 비석이 지금까지도 전해지고 있다. 혹자는 이 당시 당나라와 깊은 관계를 가지고 있던 신라에 기독교가 전해졌을 확률도 있다고 보지만 명확한 근거는 없다.

3) 허균(1569~1618)은 지봉유설을 쓴 이수광과 동시대 인물이다. 허균은 중국에 가서 만국 지도와 함께 게12장(偈十二章), 다른 말로 12단이라고 하는 천주교의 기도문을 가져왔다고 한다. 십이단의 내용은 1) 성호경 2) 주의 기도 3) 성

모송 4) 영광송 5) 사도신경 6) 반성의 기도 7) 천주 십계 8) 고백의 기도 9) 통회의 기도 10) 삼덕송 11) 봉헌의 기도 12) 삼종기도이다. 물론 허균은 광해군의 스승이었지만 7서자 모반사건에 연루되어 능지처참을 당했기 때문에 《홍길동전》 이후의 기록이 거의 없으므로 더 이상의 근거는 없지만 그가 기독교를 접하고 믿음을 가졌다는 것은 거의 확실한 사실로 받아들여진다.

4) 이 책은 마테오 리치와 비슷한 시기에 중국에 온 스페인의 신부 방적아(龐迪我, 본래 이름은 Pantoja)가 일곱 가지를 극복하며 살아야 한다는 것을 쓴 책이다. 그 일곱 가지는 다음과 같다. 교만, 질투, 탐욕, 분노, 과욕, 음란, 게으름.

5) 김승하는 가상 인물이다. 하지만 은진의 입을 통해서 언급한 다른 사람들은 모두 실존했던 인물이고 더불어 역사적 사건도 실제 존재했던 한국교회사임을 밝힌다.

6) 당시 명동 고개에 있던 최초의 교회인 김범우의 집을 기념하여 천주교에서 그 일대를 사들여 1898년에 완공한 것이 지금의 명동성당이다.

7) 당시 사건의 전모는 《벽위편》(闢衛編)이라는 책에 자세히 기록되어 있다. 《벽위편》은 천주교를 박해하던 당국의 입장에서 이기경이라는 학자가 편찬한 것이다. 여기 나오는 당시 사건을 옮겨 보면 다음과 같다.

"1785년(을사년) 봄에 이승훈이 정약전 정약용 등과 더불어 장례원(명동) 앞에 있는 중인 김범우의 집에서 설법을 하였다. 그때에 이벽은 책건을 머리에 덮어서 이마까지 오게 하여 벽을 등지고 윗자리에 앉고, 이승훈과 정약전, 약종, 약용의 삼형제와 권일신 부자가 모두 스스로 제자라 하여 그를 모시고 앉았다. 이벽이 법을 설하고 가르치되 우리 유도의 스승과 제자의 예에 비하여 더욱 엄하였다. 날을 정하여 모임이 이미 여러 달을 지냈고 양반과 중인 중에 모이는 자가 수십 명이었다. 추조의 금리는 이 모임을 술 마시고 도박하는 것이라 의심하고 들어가 본 즉 모두 얼굴에 분을 바르고 책건을 쓰고 행동함이 해괴하고 이상하여 마침내 모두 잡아 가두었다. 그리고 거기 있던 예수 화상과 책 몇 가지 물건은 추조에 갖다 바치었다."

8) 김범우의 묘는 1989년에 경남 밀양군 삼랑진읍 용전동 산 102번지 만어산 중턱에서 십자가 형태의 돌들과 함께 발견되었다.

9) 이때 윤지충은 나이 33세, 권상연은 41세였다. 이들은 공인된 한국 최초의 순
교자들이다. 한 가지 기억해야 할 것은 당시 조선의 국교가 유교였다는 것이
다. 즉 당시 조선은 유교를 국시로 삼아서 이를 거스르는 것들은 철저히 처단
하던 종교국가였다.

10) 류항검이라는 사람은 이제까지 평신도들이 교회를 운영하던 가성직제도(假
聖職制度) 대신에 진짜 성직을 받은 신부를 조선에 데려와야 한다고 주장했
다. 주문모 신부는 중국 북경신학교 1회 졸업생이었다.

11) 새남터는 지금의 서울 용산구 이촌동 199의 1번지에 위치하고 있다. 1456년
조선 세조 때 성삼문 등의 사육신들이 처형당한 이후로 수많은 사람들이 여
기서 목이 잘려 처형되었다. 특히 신유박해 등을 통해 많은 기독교인들이 죽
은 곳이다. 지금은 이 자리에 천주교 순교 성지가 세워져 있다.

12) 《천주실의》는 주로 중사(中土), 즉 중국 선비와 서사(西土), 즉 서양 선비가 서
로 대화하는 형식으로 이루어진 책이다. 여기 인용된 내용은 서울대학교출
판부에서 2003년에 번역 출간된 《천주실의》를 사용하였다.

13) 이하에 인용된 《기인십편》도 2002년 서울대출판사에서 발행된 책에서 인용
한 것이다. 이 책은 《기인십편》뿐 아니라 마테오 리치의 다른 저작인 《교우
론》(交友論)과 《스물다섯 마디의 잠언》(二十五言)과 함께 실려 있음을 밝힌다.

14) 정약종의 아내였던 유소사는 세실리아라는 세례명을 가졌으며 후에 체포되
어 79세의 나이로 230대의 태형을 맞고 옥중에서 순교하였다. 그녀의 딸인
정정혜(엘리사벳, 1797-1839)노 이때 함께 매를 맞았는데 320대의 매를 맞았
으나 죽지 않았고 다시 서소문에서 침형을 당하여 순교하였다. 두 사람 디
한국 천주교의 103위 성인의 반열에 올라 있다.

15) 이마두는 마테오 리치의 한문식 발음이다.

16) 권서인은 흔히 매서인이라고도 한다. 한국의 초기 개신교 시절 성서공회에
고용되어 성경책과 전도책자를 파는 사람을 이르는 말이다. 이들의 활동으
로 수많은 개신교회가 세워졌고 국민들이 한글을 깨우쳤으며 부인들이 책을
읽을 수 있는 역사가 일어났다.

17) 1884년부터 이수정은 당시 많이 읽던 중국 문리역 성경에 읽기 쉬운 토를 달

아서 일종의 성서번역본을 내놓았다. 그래서 이를 현토한한신약성서(懸吐漢韓新約聖書)라고 부른다.

18) '예수'의 옛날식 표현이다.

19) '그리스도'의 한자식 표기다.

20) 오늘날의 명동성당을 가리킨다. 1898년에 프랑스 신부들이 완공한 종현성당은 1945년에 명동성당으로 이름을 바꾸었다.

21) 우리나라의 정식 개신교 선교사로는 1884년에 입국한 알렌과, 1885년에 입국한 언더우드와 아펜젤러 선교사를 꼽는다. 하지만 그 전에도 1832년에 충청도 홍주만 고대도 앞바다에 정박하여 주민들에게 약과 성경을 나눠 준 독일인 칼 구츨라프 목사나 1866년에 제너럴셔먼호를 타고 왔다가 대동강변에서 성경을 나눠 주고 처형당한 미국인 토마스 선교사 등이 이 땅에 들어온 적이 있었다.

22) 당시 정동에는 언더우드 목사가 목회하던 새문안교회가 있었다. 한국 개신교회 역사와 맥을 같이 하는 이 새문안교회는 1887년 9월 27일 화요일에 정동에서 첫 예배를 드리면서 시작되었으며 1907년에 현재의 자리(종로구 신문로 1가 42번지)에 예배당을 신축하여 지금까지 이어지고 있다.

23) 장대현교회 장로였다가 신학을 공부하여 목사가 된 인물로, 한국에 새벽기도 운동을 일으켰다. 안창호 등과 함께 독립협회 평양 지부를 세워 민족운동을 주도하였고 1919년 3·1운동 당시에는 민족 지도자 33명 중 하나로서 독립선언서에 서명하고 2년간 옥고를 치르기도 했다. 1935년 평양 북간도에서 설교 도중 뇌일혈로 사망하였다.

24) 로버트 하디 선교사는 본래 캐나다 토론토 대학 의과 출신의 의사로 1890년 조선 땅에 들어왔다. 자부심이 강한 성격이었던 그는 처음에는 자기 선교에 열매가 별로 없는 것을 조선인들 탓이라고 생각했다. 그러던 1903년 8월, 강원도 산골 목회에 실패하고 돌아온 하디 선교사가 성서 연구 모임에서 자신의 교만과 사람들을 미워한 죄를 고백하면서 회개의 물결이 시작되었고, 이어서 1904년 1월부터 이 불길이 신자들에게 전달되어 개성 지역 등으로 퍼져나간 것이다. 이후 하디는 서울에도 와서 큰 회개를 일으킨 부흥회를 인도하였다.

이러한 분위기가 연장되어 평양 장대현교회의 동계 사경회 때 엄청난 회개의 역사가 일어난 것이다.

25) 당시 평양 집회의 일정은 다음과 같았다. 오전 한 시간 기도회, 그 후 두 시간 동안 성경 공부, 이어서 오후에 다시 한 시간 성경 공부를 하고 그 후 특정 주제를 놓고 한 시간 동안 토론회를 갖고 나서 거리로 나가 축호 전도를 하였다. 그리고 저녁에 다시 전도 집회를 열었다. 실제로 오후 토론회 때에는 매우 직접적인 기독교 윤리와 도덕 문제(조혼[早婚], 교육, 순결, 흡연 등)를 놓고 공개적으로 토론하였다고 한다.

26) 본래 이름은 윌리엄 헌트(William Hunt)로서 당시 북한의 재령 지방을 선교하던 선교사였다. 그의 아들인 한부선 선교사(Bruce F. Hunt)는 비록 미국인이었지만 1903년 평양기독병원에서 태어났고 후에 신사참배 등에 크게 반대하면서 일제에 의해 옥살이까지 했던 인물이다.

27) 본래 이름은 그래함 리(Graham Lee)로서 당시 길선주 장로가 있던 평양 장대현교회의 담임목사였다.

28) 이 두 사람의 화해는 부흥의 불길을 더욱 크게 일으켰음이 분명하다. 하지만 아쉽게도 강유문은 나중에 신앙을 떠나 포주요 아편중독자로서 가련하게 인생을 마감하고 말았다.

29) 이 교회의 첫 이름은 곤당골교회며 중앙교회라는 이름을 거쳐 지금은 승동교회라는 이름으로 여전히 서울 종로구 인사동 137번지에 남아 있다. 현재 서울특별시 유형문화재 130호로 지정되어 있으며 1919년 3·1운동 당시에는 이 교회 학생들을 중심으로 대대적인 학생 시위가 있었다.

30) 청헌이 자기의 깨달음을 기록한 이 책이 바로 《성각기록지 마태전》이다.

31) 구약성경 전권이 한글로 완역되어 나온 것은 1911년이다.

32) 한글로 번역된 《룻기》와 《삼우엘젼후》는 모두 1907년에 나온다. 청헌이 마태복음을 연구하는 시기는 1907년 2월경이므로 아직 그에게 이 책들이 없었다.

33) 무궁화 사건은 1933년 11월에 실제로 있었던 사건이다. 남궁 억 선생은 1918년 강원도 홍천에 보리울 마을을 건립한 후 민족성을 고취시키기 위하여 학

교 뒷산에 약 7만 그루의 무궁화나무를 재배하여 전국에 보급시켰다. 하지만 일본에게 발각되어 이 나무들은 모두 불태워졌고 선생은 모진 고문을 받아야 했다. 이 사건은 당시 언론에 크게 보도되었고 이때 체포되어 심한 고문을 받은 후유증으로 남궁 억 선생은 1939년 사망하였다. 지금도 강원도 홍천에서는 이를 기념하여 매년 10월 초순경에 한서축제를 개최하고 있다. 한서는 남궁 억 선생의 호이다.

34) 당시 뚝도는 서울시 소속이 아니라 고양군 소속이었다. 실제 서울에 있는 뚝섬에 나환자촌이 세워진 적은 없었다. 뚝도의 나환자촌은 소설 속 상상의 장소다.